# 勉強と居場所

## 学校と家族の日韓比較

渡辺秀樹
金　鉉哲　[編]
松田茂樹
竹ノ下弘久

勁草書房

# まえがき

　本書は，2006 年に開始し，7 年間にわたり慶應義塾大学と韓国青少年政策研究院が実施してきた共同研究プロジェクトでえられた知見をまとめたものである．いま日韓両国では，急速な高学歴化と激しい受験競争，若年雇用の悪化と経済格差の拡大，家族の変容，地域コミュニティの弱体化など，青少年が大人になる過程に多大な影響を与える可能性がある様々な変化が生じている．本プロジェクトでは，数度にわたって日本と韓国の中高生を対象にアンケート調査とインタビュー調査を行い，日韓における青少年の学校・家庭生活及び社会化――社会の一員としての意識・規範等の獲得や就学から就労への役割移行といった社会的な自己形成の過程――の現状と課題を分析してきた．その成果である．

　本書のおもな特徴は次のようになる．

　現在わが国において教育や階層をテーマとした日韓比較研究が盛んになりはじめているが，本書の分析は青少年（中高生）の学校生活・家庭生活等について共通の調査枠組によって実施した調査研究に基づいている．IT 革命による情報の飛躍的な増大，あるいは韓流ブームや人的交流の拡大などによって，日韓双方のイメージは様々に流布している．なかには，イメージが先行して，データの裏付けに乏しいものも含まれる．本書は，実証的な調査研究に基づいて，そうしたイメージを確認し，両者の異同と多様性を探ろうとするものである．日韓比較研究は今後様々なテーマについて拡充されていく方向だが，本書は青少年研究というテーマにおいて，その実証的な研究の先駆けになるものと考えている．青少年を取り巻く，階層・家族関係・ジェンダー・友人関係・学校生活などの複合的な現状，そのなかでの成績や教育アスピレーション，学校適応などをデータに基づいて分析している．この共通の調査枠組によって得たデー

まえがき

タの分析が，本書の中心をなしている．

　いま日本の教育には閉塞感がただよっている．なかでも，青少年の自立の困難は，喫緊の政策的課題になっている．その適切な対応を探るために，欧米の教育や青少年対策が参照されることが多い．他の社会と比較することは，自らの社会を客観化し相対化することを促し，さらには，異なる新たな選択肢の可能性を拡げる．言い換えれば，他の社会を鏡に自らの社会を映して自省し示唆をえる契機となるということであろう．比較社会的な調査研究は，言語の違いをはじめ様々な課題をクリアしなければならないが，その意義は大きい．

　次にどの社会と比較するかという問題がある．先進的な政策や事例が多くみられる欧米を比較対象とするのも一案であり，それがこれまでの研究の多くの例である（調査環境が整っているということも理由である）．しかし，社会・経済・文化（宗教）・教育環境あるいはそれらを支える歴史が大きく異なる欧州諸国と比較するのではなく，そうした条件が相対的に類似し，また交流機会の多い近隣諸国と比較することの意義を再確認する必要があるだろう．韓国と比較することによって，既にいわれてきたこととは異なる日本の青少年教育の特徴，その良さや改善が求められる点についてのより現実的な示唆を得ることができるのではないだろうか．

　日本の青少年教育の特徴の1つは，学校が幅広い生徒に対して基本的な教育と生きる場（生活の場）を提供しており，学校内外における彼らの人間関係や社会観の形成——社会関係資本（ソーシャル・キャピタル）づくり——に寄与していることであろう．韓国と異なり，日本では学校という空間が学業だけに特化した場ではなく，生徒たちがそこに集うことで，様々な関係を形成し，生活をする場になっている．日本の生徒たちは，学校を中心にして，自分たちのアイデンティティを確認する居場所を見出している．逆にいえば，そこに居場所を見出せない生徒にとっては，ダメージが大きいと予想される．ひとたび，学校から離れると異なる居場所を見出しにくいという側面も浮上する．いじめや引きこもりにつながる特徴ともいえる．

　家族もそうした生徒たちの生活を支える上で，重要な社会関係資本として機能している．家族において，学業のみならず，多様な内容のコミュニケーションをはかることが，子どもたちの生活の質を高め，ひいては高い学業達成に結

び付く．とすれば，家族のありようが青少年の社会化に与える影響は大きく，その違いが，格差となって顕われることも予想できる．韓国も日本も，たとえば子どもの教育費用負担が大きく，いわば家族主義的な社会とみられるが，その内実にどのような違いがあるか確かめてみるのも意味があるだろう．

　日本の青少年教育の問題のひとつは，社会の階層が固定化しつつある影響も受けて，高い進学意欲をもって学ぶ者が一部の進学校の生徒に限られることといわれる．韓国では，1970年代の教育平準化政策のなかで，高校間の学力格差が撤廃され，日本のようなアカデミック・トラッキングが存在しない．他方で韓国における大学入学は，日本と同様に学力試験によって選抜され，よりプレスティジの高い大学への入学を目指しての受験競争は日本以上に激しい．こうした状況のなか，韓国の多くの子どもたちは，出身家族の状況にかかわらず，高い意欲をもって学習に取り組んでいる．貧しい家庭であっても，家族ぐるみで子どもの学習や受験をサポートしようとしている．韓国のこうした状況は，子どもたちが非常に激しい競争にさらされてはいるものの，出身の家族間にみられる学力や進学意欲をめぐる格差を小さくしている．教育達成をめぐる格差が拡大し，意欲格差社会ともいわれる日本社会において，教育機会の格差を改善していくうえで，広範な生徒が高いモチベーションをもって学び，家庭も子どもの教育により関心をもって支える韓国の状況から得られる示唆は何か．

　青少年の社会化の過程を，制度や文化，そして構造のなかで総体的に捉えようとするとき，韓国社会との比較から得られる示唆は大きいと確信している．

　本書が，日韓双方の青少年の自立の過程をとりまく状況の理解を前進させ，自立を促す方向に状況を変えていくための政策的な示唆に富むものであることを願っている．

渡辺秀樹

# 勉強と居場所

学校と家族の日韓比較

目　次

目　次

まえがき ……………………………………………………………渡辺秀樹　i


序　章　変容する社会と青少年の社会化……松田茂樹・竹ノ下弘久　1
　1．教育・雇用・学校適応とその困難　1
　2．理論的背景　5
　3．研究の経緯と方法　12
　4．本書の構成　15


　　　第Ⅰ部　教育と政策

第1章　青少年政策の日韓比較 …………………………………金鉉哲　21
　　　　――教育から雇用への移行過程をめぐって
　1．成人期移行問題への問い　21
　2．比較の視座――競争の有り様　22
　3．青少年政策の変化と政策疲労現象　26
　4．青少年政策と地域の事例――限界と可能性　34
　5．終わりに　37

第2章　子どもの成績と親のサポート…………竹ノ下弘久・裵智恵　40
　1．階層研究のなかの教育機会の不平等　40
　2．教育社会学と家族社会学による教育達成についての研究　41
　3．制度編制と教育達成との関わり　44
　4．日本と韓国における教育システムと家族的背景　47
　5．分析戦略　50

6．データと変数　53
7．記述統計からみる親の教育への関与　56
8．親の教育に対する関与と学業達成　57
9．家族的背景と親の教育への関与　63
10．考察と結論　67

第3章　家族ぐるみの学歴競争　……………………松田茂樹・裵智恵　72
　　　　　──家庭環境に左右される進学意欲
1．進学意欲と家庭環境への注目　72
2．日韓米の進学率と進学意欲　73
3．進学意欲を左右する家庭環境　77
4．家庭の教育支援　88
5．日本の教育向上のために　94


第Ⅱ部　日常

第4章　青少年のジェンダー意識と教育アスピレーション…裵智恵　101
1．はじめに　101
2．先行研究　102
3．方法　105
4．分析結果　107
5．結論　114

第5章　居場所を求める若者／受験競争する若者……阪井裕一郎　120
　　　　　──インタビュー調査にみる日韓の学校生活と友人関係
1．インタビューから探る若者の現在　120

目　次

　2．学校空間と友人関係の現在——先行研究の検討　121

　3．日本の中高生の日常を探る——首都圏でのインタビュー調査から　127

　4．受験競争する韓国の中高生——成績に規定される人間関係　137

　5．韓国の若者のリアル——2人の高校生から考える　141

　6．おわりに　145

第6章　日韓青少年の学校生活を支える要因 …………小澤昌之　150
　　　　——学業・学習観と生活のあり方を手がかりに

　1．本章の研究課題　150

　2．日本の中高生に関する学校生活の現状　150

　3．韓国の中高生に関する学校生活の現状　154

　4．使用するデータと変数　158

　5．分析結果　159

　6．まとめと考察　165

終　章　研究の総括と課題 ………………………………渡辺秀樹　171

　1．日韓の比較研究と日韓の共同研究　171

　2．本書の知見から　175

　3．本調査の課題　177

文　献 ……………………………………………………………………179

あとがき ………………………………………………………渡辺秀樹　195

索　引 ……………………………………………………………………201

序　章

# 変容する社会と青少年の社会化

　　　　　　　　　　　　　　　　　　　　　　松田茂樹・竹ノ下弘久

## 1．教育・雇用・学校適応とその困難

### 1.1. 日本の青少年の閉塞感

　本書は，2006年以降足掛け7年間にわたり，慶應義塾大学と韓国青少年政策研究院の研究者が共同で実施してきた研究プロジェクトの成果をまとめたものである．この研究会の名称は「青少年社会化研究会」といい，その略称は，The Youth Education and Socialization Research Project の頭文字をとって，「YES 研究会」という．「青少年」とは12歳から成人に達するまでの間の年齢を指す言葉である．主に中学生や高校生が該当する．この時期は，身体面・精神面の成長が著しく，大人社会の一員になるために重要なライフステージである．最近，青少年という言葉が使われる機会は減っているが，この年齢期が大人になるために非常に重要な意味をもっていることに変わりはない．われわれは，この年齢期に注目するために，あえて青少年という幾分古風になりつつある言葉を使っていた．

　いまわが国の青少年期には，閉塞感がただよっている．たとえば，教育における階層格差の問題がある．社会階層が高い家庭の子どもたちはよく学ぶ一方，そうでない家庭の子どもたちは勉強することに意味を見出せず，学力が身につかない状況が生じている．このことも影響して，PISA（OECD 生徒の学習到達度調査）などの国際学力調査における日本の子どもたちの成績は，かつてより

も低位にとどまっている．その原因がこれまで実施してきたいわゆる「ゆとり教育」にあるといわれ，現在国をあげて教育力の強化をすすめている最中である．また，若年雇用の悪化という問題がある．2人に1人が大学・短大まで進学するまでに高学歴化がすすんだものの，折角高等教育を受けても正規雇用者として就職することが難しくなっている．これでは，青少年たちが勉強してきた努力が報われないばかりか，彼らが勉強することの意義を喪失させかねない．若者の雇用の問題には，近年日本の経済成長が停滞していることも影響している．

　目を隣国に転じると，韓国は，国際学力調査における成績がわが国よりも良く，大学進学率は7割を超える．そのようにして輩出した人材が，自動車やIT産業など輸出志向型の製造業を支えている．厳密には両国の間に経済発展段階の差があるとはいえ，学校制度，製造業の種類，さらには過去の儒教文化など日韓には共通点が多い．青少年教育に関して，わが国が教育や経済面で一定の成果をあげているこの隣国の取り組みからえられる示唆は少なくない．

　ただし，韓国の高い大学進学率の陰には，中高生の時期から多くの者が塾に通い，大学進学の際には熾烈な受験競争が繰り広げられるという面がある．高い経済成長率にもかかわらず，就職できない若者たちも多い．20～50代における女性の労働参加は，日本よりも少ない．韓国もまた青少年の教育や若者の就職等における社会的課題を抱えているのである．

### 1.2. 日本と韓国の状況

　詳細は次章以降にゆずるとして，ここでは日韓の青少年が置かれている教育面と就職面の概略をみよう．

　教育面をみると，両国とも高等教育への進学率が高い．高等教育とは，日本では大学と2年制の短期大学など，韓国では大学と2～3年の専門大学である．その進学率は日本では58％，韓国では93％である（文部科学省 2012）．韓国は，1980年代以降に高等教育の入学定員を大幅に拡大して，その後進学率が急上昇した．

　勉強をめぐる問題をみると，日本では，子どもたちの学力が低下してきており，ゆとり教育がその犯人であるという議論がなされている．ただし，その背

景には，インセンティブ・ディバイド（苅谷 2001）といわれる社会階層の高い家庭の子どもたちと低い家庭の子どもたちの間での学習意欲の格差が拡大していることがある．近年，私立中高一貫校の方が大学進学に有利であるという理由から，首都圏を中心に私立中学受験が激しくなるなど受験競争が低年齢化している．当然，私立中学を受験する子の家庭とそうでない子の家庭の間には，階層差がある．

　一方，韓国は，1974年に内申書と居住地域に基づいて抽選により高校進学者を割り振る高校平準化措置を導入して，高校受験競争を緩和した（馬越 1981；有田・中村・熊谷・藤田 2002）．ただし，同じ高校内において学力差が大きくなったことで，生徒によっては授業の水準と自分の学力水準のギャップが大きいものになった．これが，塾などの学校外教育を利用する生徒を拡大させることになった．また，青少年たちは，高校受験・大学受験において進学意欲の加熱・冷却を繰り返して，より上位の学校や社会階層を目指して競争をしていくものだが（竹内 1995），韓国における高校平準化措置は学力差が目にみえる受験競争を大学入学時まで先延ばししたために，広範な学力層の子どもたちが大学受験に突入することになった．これらを背景にして，韓国においては，多くの生徒が夜遅くまで塾に通い，熾烈な大学受験競争をするようになっている．

　学校生活についてみると，わが国の中学・高校においては，下位校や低学力の生徒は教師と対立するような反学校文化に染まる傾向は薄らいでいる．一見すると，生徒たちが学校に適応するようになり，学校生活が平穏なものになったような感じがある．しかしながら，不登校やいじめなど，生徒たちの学校生活への適応の問題はかたちを変えて存在し続けている．中学校の全児童に占める不登校児の割合は，1990年代前半は1％台であったが，2011年には2.64％へと増加している[1]．学校が把握するいじめの認知件数は減少傾向にあるが，これはいじめが陰湿化して把握しづらくなったことも影響している．

　これら日本で生じている問題は，韓国においても存在している．不登校やいじめなどのかたちで生徒たちの学校生活への適応の問題が生じる背景には，生徒の友人関係の希薄化や教師と生徒の信頼関係の崩れがあるとみられる．

　就職面についてみると，日韓とも高学歴化が就職に結びついていない現実が

ある．日本では，若年の非正規雇用者が増えてきている．雇用者に占める非正規雇用者の割合は，2011年時点において全年齢では35.5％であるのに対して，15～24歳の若者では50.5％にのぼる[2]．学歴別にみると高卒者よりも大卒者の方が初職において非正規雇用につく割合は低いものの，大卒者も就職において安泰ではない．正規雇用者であっても，一旦職を辞めると，次に就くことができる仕事は非正規雇用しかないことも少なくない．低賃金で働く労働者は「ワーキング・プア」と呼ばれ，社会問題になっている．完全失業率も，全年齢では4.5％であるが，15～24歳では8.2％と高い．

韓国では非正規雇用者の割合が，1997年のアジア通貨危機以降に上昇して，2002年まで50％を超えていた．その後は低下してきたものの，2010年は40.6％で日本以上に高い[3]．正規雇用者に比べて非正規雇用者の所得は低い．1970年代後半から80年代半ばまでに生まれた若者は，非正規雇用になる者が多く，その収入の低さから彼らは「88万ウォン世代」と呼ばれている．また，10代や20代の若年層の失業率は，全年代の平均失業率を大きく上回っている[4]．日韓におけるこのような若年労働市場の悪化は，両国の学生たちの向学心に冷や水をあびせることになりかねない．

以上にあげたように，いま日韓両国では，急速な高学歴化と激しい受験競争，若年雇用の悪化と経済格差の拡大，不登校の背景にある学校適応の問題など，青少年たちの身に多難が降りかかっている．これらは，青少年が大人になる過程に大きな影響を与える可能性がある．

### 1.3. 研究課題

われわれのプロジェクトでは，日本と韓国の中高生等を対象にしたアンケート調査やインタビュー調査を行い，日韓青少年の生活と意識を調べてきた．次章以降の各章で取り上げるように具体的な研究課題は大小多岐にわたるが，大きくは日韓比較の観点から次の3つの課題を明らかにすることを目的にしている．

第1は，日韓の中高生の学習意欲・進学意欲（教育アスピレーション）の実態を解明することである．日本においては，家庭の階層によって生徒の学習意欲に大きな格差が生じていること，特に低い階層の家庭の子どもの学習意欲が

低いことが問題になっている．これに対して，韓国の生徒の学習意欲は総じて高い．韓国では生徒の階層による学習意欲の差が日本よりも小さいとみられる．両国生徒の学習意欲を支えている背景要因の違いを明らかにすることにより，わが国の教育再生へのヒントを得ることができるとみられる．

　第2は，日韓中高生の社会化を支えるネットワークの実態を解明することである．青少年は，親，友人，教師といった人たちのなかで支えられ，大人への階段を上っていく．そのための「居場所」を生徒たちに提供するところが学校である．現在わが国では不登校など生徒の学校適応に関する社会的問題が発生しているところをみると，その背景に生徒の友人関係が希薄化したことや親子のコミュニケーションが少なくなったというような変化があるかもしれない．

　第3は，前2者の分析結果をもとに，青少年の社会化を支えるための政策的課題を提示することである．日韓，特に本書を出版するわが国の青少年が，どのようにすれば階層の違いにかかわらず高い学習意欲・進学意欲を保持することができるだろうか．生徒たちが学校生活に適応し，充実した学校生活を送ることができるためには，社会化を支えるネットワークはどうあるべきだろうか．本書では具体的な答えまで到達できていないところもあるが，ヒントは分析結果のなかにある．

　なお，本書は，日韓を比較分析する際に，両国を水平的関係として扱っている．先駆けて経済大国になった日本が，韓国に青少年の教育のあるべき姿を垂範するというものではない．かといって，経済活動で勢いを増す韓国に対して，日本が遅れている問題を指摘するだけのものでもない．本書は，現状を客観的にとらえ，両国が青少年にとってより高い教育機会と生徒たちが生きやすい教育の場を考えるための方向性を探るものである．

## 2．理論的背景

### 2.1. 社会化概念とその社会関係資本論への接合

　本書は，日本と韓国の青少年のおかれている状況にアプローチするために，社会化を，子どもの教育や発達，そして子どもの教育，発達に対する家族，学校，他の諸社会からの影響を考察するための導きの概念として用いる．社会化

とは，一般には，個人が社会で生きていくために必要な知識，技能，役割，規範を内面化し，学習する過程を指す．パーソンズの構造機能分析は，しばしば，個人を「過社会化」された存在と想定する傾向があったが（Wrong 1961），今日では，個人のライフコースにおける社会化の過程を考えるとき，様々な他者との相互行為過程やその影響関係に注目する意義が論じられてきた（渡辺 1975, 1989）．

　加えて，社会化のあり方やそのプロセスは，具体的な社会変動の局面とともに大きく変化してきたことも留意する必要がある．渡辺は，マーガレット・ミードの『サモアの思春期』に描かれる家族や子どもの社会化のあり方を，核家族が大きく制度化，普及した現代社会と対比しながら，社会化のあり方の相違を概念化する．伝統的社会では，核家族と外部社会とを隔てる境界は薄く，子育てや子どもの社会化は，地域に居住する他の親族や地域の他の大人たちに大きく開かれたものであった．それに対して，現代社会においては，核家族の境界は総じて厚く，ソーシャライザーとしての親，とりわけ母親は，子どもに提供する知識や情報を取捨選択するゲートキーパーとしての役割を果たす．複数の大人が子どもの社会化に関与する社会から，親といった特定の大人のみが子育てに関わる社会へと大きな変化を遂げた（渡辺 1989）．

　1つの理念型として，子どもの社会化は，就学前の幼児期ほど親に多くの権限や責任が集中する傾向にあるが，子どもの成長とともに，親は子どもに伝達される情報のすべてを統制することが難しくなる．学校に通うようになると，子どもは日中は親の手を離れ，学校のなかで社会化される．学校で出会う友人たちもまた，同輩集団（ピア・グループ）として当該社会のなかで流通する様々な規範，役割を伝達する．情報化社会のもとでは，マスメディアやインターネットは，子どもの社会化過程に大きな影響を及ぼすと想定される（渡辺 2008）．

　このように，子どもの社会化をテーマとする研究は，社会化が行われる中心的な場としての家族と他の諸社会のなかで，子どもたちが取り結ぶ重要な他者との相互行為過程を経験的に記述し，概念化する試みを続けてきた（野々山・渡辺編 1999）．筆者らは，社会化論が家族や子どもを中心とした相互行為過程に着目するという点で，これらの概念枠組みや知見は，社会的ネットワーク論や社会関係資本（ソーシャル・キャピタル）論と接合可能なものと考えている．

たとえばボットは，夫婦関係のあり方が，夫婦が家族外で取り結ぶネットワークのあり方によって影響を受けることを明らかにする（Bott 1955=2006）．松田は，そうしたネットワーク論の視点を育児や子育ての領域に応用し，育児ネットワークのあり方と育児をめぐる不安や満足度との関係を明らかにする（松田 2008）．

他方でコールマンは，社会関係資本論を子どもの教育達成に応用する（Coleman 1988=2006）．コールマンによれば，子どもの教育達成において，家族内の社会関係資本と，地域社会における社会関係資本が重要な役割を果たす．階層研究ではこれまで，家族的背景と子どもの教育達成との関係を考察するとき，家族の背景のうち，その経済的側面と文化的側面に関心が限定されがちであった．しかし，家族内の社会関係資本を重視する立場からは，いかに親たちが経済的に裕福で，学校社会に有用な文化的素養を身につけていたとしても，親が仕事に多くの時間を費やし，子育てや子どもとの対面的なコミュニケーションに十分な時間を割くことができなければ，親のもっている有利な資本（学習に有用な文化資本や学業への子どもたちの動機づけ）は子どもたちへと伝達，継承されることは困難となるだろう．このように，コールマンや後に続く研究は，親子間の詳細な相互行為過程が子どもの教育達成や学校適応にどのような影響を及ぼすか，調査研究を続けてきた．私たちの研究プロジェクトでも，社会化論と社会関係資本論を，重要な理論概念としながら，日本と韓国における質問紙調査の設計と実査，調査結果の考察，本書の企画と執筆を行ってきた．

### 2.2. 若者文化論からみる青少年の社会化と人間形成

本書は社会化を，個人が特定の社会的世界へと参入するなかで，その社会で必要とされる知識，規範，役割などを習得する過程としてとらえ，様々な領域を包含する包括的な概念として用いている．青少年の社会化と人間形成を対象とする研究は数多いが，それらが必ずしも社会化を鍵概念として使用してきたわけではない．以下では，本書が対象とする中学生や高校生を中心とする青少年を，社会学がこれまでにどのように把握してきたのかについて，概括する．

社会学者の手による若者文化論の多くは，社会一般に流通する言説としての「若者」に注目し，それらは本当に現実の若者の実情を反映したものかどうか，

実証的な調査データにもとづき検討を行ってきた（浅野編 2006）．若者文化論を本書の議論に応用する際に注意しなければならないことは，それらの議論は，世代論へと傾斜するあまり，特定の時期に生まれた世代が，共通の歴史社会的状況におかれ，マクロな社会的出来事の体験を共有しているという強い仮定をおくことで，彼らが世代的に類似の特徴を有する存在として描かれる傾向にあることである．すなわち若者文化論は，階層，ジェンダー，地域，エスニシティなどの点で多様な若者を，世代という観点から同質的な集団として捉える傾向にある（古市 2011）．若者文化論を本書の枠組みに取り込む場合，そうした問題点に留意する必要がある．

青少年の社会化を主題とする本書の立場からは，若者の友人関係やアイデンティティをめぐる議論は，若者文化論が導く知見として興味深い．前節でもみたように，子どもたちは，就学年齢に達し，学校に入学し在籍するなかで，少しずつ社会化の場を家族から学校へと移していく．学校には複数の主体が混在するなか，教員と学校での友人が，子どもたちの社会化において主要なアクターとなる．学校の内外で取り結ばれる友人関係やその相互行為の内実，その結果として現れる若者の自己やアイデンティティのありように，若者文化論は大きな関心をもってきた．浅野は，若者の友人関係に，多チャンネル化，状況志向，繊細さという3つの変化を読み取れると指摘する．社会の流動性が増大するなか，若者は様々な場面で友人を形成している．多様な場面での友人の形成は，状況に応じた友人との付き合いや自己の使い分けを必要とし，状況志向的に，「繊細」に相互行為を行うことが要請されている（浅野編 2006）．

土井は，現代の若者たちが，学校での日々を生き抜くためのスキルとして，周囲の人間との衝突を避け，相手から反感を買わないように，高度で繊細な気配りを伴った人間関係を営んでいると論じ，これを「優しい関係」と呼ぶ（土井 2008）．本田は，土井の議論も参照しつつ，若者の社会的世界における対人能力の重要化という仮説を導き，実証的な検討を行う．そして，こうした若者のコミュニケーション能力の重要性は，若者の世界のなかだけで個別的に生じているというよりも，産業構造の変化のなかで若者に求められる能力そのものに変化が生じた結果であるとし，そうした変化をハイパー・メリトクラシー化と表現する（本田 2005）．

これらの議論を，先に論じてきた社会化論との関係を意識しながら整理しなおそう．幼児期の社会化では，親は子どもの社会化において独占的な地位を占めるが，子どもが小学校に入学すると，親だけでなく家族以外の主体，とりわけ学校のなかで出会う教師と同輩（仲間）集団は，子どもの社会化に大きく関与するようになる．年齢が大きくなるほど，子どもたちの仲間集団のもつダイナミクスを親が統制することは難しくなる．そうしたダイナミクスは，しばしば下位文化とも呼ばれ，教育社会学では，生徒集団のなかで形成された下位文化の動態が明らかにされてきた．そうした仲間集団の下位文化は，全体社会の構造のなかに位置づけられている．イギリスの労働者階級出身の子どもたちによる学校への対抗文化を調査したウィリスは，生徒たちの学校文化への抵抗は，子どもたちの出身階級の論理のなかに大きく埋め込まれていることを鮮やかに描き出す（Willis 1977=1986）．その意味で，青少年の社会化において影響力を有する仲間集団も，学校をとりまく社会のなかに大きく埋め込まれており，その影響関係を理解することが肝要である．

　近年，若者について論じる社会学的な調査研究には，日本社会が経験するマクロな社会変動と関連づけながら，若者のおかれている状況を調査し，整理するものが多くみられる（玄田 2001；本田 2005）．そして，現代社会における若者の生きにくさを，労働市場，社会経済構造，階層構造の変化と結びつけて論じている（本書第1章も参照）．これまでの若者文化論は，世代論に依拠して若者を均質的な実体と仮定して考察する傾向にあったが，階層論の視点を組み込むことで，社会化過程における若者内部の多様な差異にアプローチすることが可能になるだろう．

## 2.3. 階層論からみる青少年の社会化

　社会化論の源流の1つとされるG. H. ミードから始まる象徴的相互作用論では，家族を主要な場とした相互行為のなかで，子どもたちは規範や役割を学習する．そうした考えに立てば，社会的行為の意味をとりまく，社会と文化との関わりは，重要な考察の対象となる．とはいえ，家族を主要な場とする相互行為のなかで，子どもの社会化がなされるとき，それは，社会の物質的な状況から遊離したなかで行われているわけではない．様々な社会的領域における意味

のシステムは，社会経済的な動向，社会的資源の分配のあり方やその結果として生じる機会の不平等と密接に結びつきながら変化を遂げていると考えることは，理にかなっている．先にあげたウィリスやブルデューの文化資本論は，教育達成や職業をめぐる意味づけ，動機づけのあり方が，階層ごとに異なる形で編成されていることを明らかにする．したがって，青少年の社会化を階層研究の視点から定位することは，本研究にとってきわめて重要である（この点については，本書第2章も参照）．

　階層研究は，長い間，親子間の階層的地位継承のあり方を明らかにすることに関心をもってきた．現代産業社会では，世代間の階層の再生産は，教育を媒介として行われる要素が大きく，家族的背景と教育達成との結びつき，すなわち教育機会の不平等に大きな関心を寄せてきた．階層論の視点から家族と教育との関わりを明らかにする研究は，日本では主に教育社会学者によってなされてきた．そのため，教育に関わる要因については，多くの媒介関係を特定し，明らかにする研究が多くみられる半面，家族的背景を詳細に捉える試みは，これまで十分になされてこなかった．教育機会の不平等を明らかにするとき，家族的背景として両親の学歴と父親の職業がしばしば用いられ，両親，とりわけ母親の学歴が家族の文化的資源を，父親の職業が家族の経済的資源を代表する指標とされ，子どもの教育達成に及ぼす影響力の推定が行われてきた（Ishida 1993）．

　しかしながらこうした研究は，社会化論の立場からは，子どもの社会化が実際に行われている家族内の相互行為過程を記述する視点が欠落し，きわめて不十分なものにみえる．そうした理論的な欠落を補うものとして，先に取り上げたコールマンらの社会関係資本論は注目に値する．コールマンは，経済資本や文化資本だけでなく，家族内の社会関係資本が，子どもとの直接的なコミュニケーションや親子間の相互行為を左右し，その結果，子どもの教育達成に影響することを明らかにする（Coleman 1988=2006）．社会化論を社会関係資本論と接合することで，家族内の相互行為過程が，子どもの教育達成をどのように左右するかを明瞭に記述し，説明することができる．こうした理論枠組みは，家族内の相互行為だけではなく，青少年の地域社会との関わり，仲間集団内部の相互行為，教師と生徒との関係の分析にも応用可能である．

さらに，階層研究の立場から子どもの社会化にアプローチすることは，日本と韓国の比較においても重要な示唆を与えてくれる．階層研究では，家族，学校，労働市場という3つの社会的領域のつながりに着目しながら，社会的資源の不平等配分に接近する．個人による家族，学校，労働市場の移動の様相は，マクロな制度的状況によって大きな影響を受ける（Allmendinger 1989; Shavit and Müller 1998）．たとえば，家族的背景の教育達成に及ぼす影響力の強さは，その社会の家族政策によって大きく形作られる．また，教育制度がどのような形で編成されているかも，教育の不平等に大きく関係する．マクロな学校と労働市場との接続のあり方が，青少年の学校から労働市場への移行を大きく左右する．労働市場への移行後のキャリア形成も，その社会の労使関係や労働市場構造の影響を受ける．これらの階層移動を左右する諸制度は，現状では国民国家ごとに異なる形で編成されており，階層と不平等を国際比較することで，マクロな制度編成がミクロな階層移動や不平等，そして本書の主要な関心である青少年の社会化にどのような影響を及ぼすか明らかにすることができる．

　日本と韓国は地理的，文化的な近接性，戦前期の日本における植民地支配，戦後のアメリカの大きな影響など，歴史的に発達してきた諸制度について考察する上で，他国と比べて多くの類似点を有する．他方で日本と韓国は，戦後の経済発展や産業化のあり方，教育制度の変遷などの点で，いくつかの相違点も存在する．国際比較を行うとき，日本と何らの社会的文脈を共有していない他国を対象に取り上げることは，あまり得策ではない．比較を行うには，比較対象となる国々に一定の共通の基盤がなければそもそも比較を行うことはできないからだ．韓国における青少年の社会化を考えることは，日本の特徴を明らかにする上で，また，現在の日本が場合によっては別の道をたどったかもしれない社会の状況を考える上で，非常に示唆に富む．韓国と日本に多くの共通点があることで，両国の比較によって浮かび上がってきた相違を容易に特定することができ，その原因を明確にすることができるだろう（中村ほか編 2003）．

序　章　変容する社会と青少年の社会化

## 3. 研究の経緯と方法

### 3.1. 経緯

　本研究は，2006 〜 2012 年度にかけて，慶應義塾大学と韓国青少年政策研究院の研究者からなる「青少年社会化研究会（通称 YES 研究会）」（代表：渡辺秀樹慶應義塾大学教授）が実施してきたものである．

　研究の開始は，韓国青少年政策研究院（National Youth Policy Institute: NYPI）[5]が主宰した青少年の社会化に関する 5 ヵ国（韓国・日本・アメリカ・ドイツ・スウェーデン）比較調査研究プロジェクトである．本書の編者の 1 人である金鉉哲が中心となってこの研究は実施された．2006 年度は「青少年の家族における社会化」をテーマにして各国共通のアンケート調査を実施し，2007 年度は「青少年の友人関係や教師との関係が社会化に与える影響」をテーマにして中高生に対するアンケート調査およびインタビュー調査を実施している．家庭生活，友人関係，学校生活が青少年の社会化とどのような関わりがあるか，それが国によってどのように異なるか，青少年の社会化環境に対してどのような政策的対応が必要か，という問題を明らかにしようとして，国際共同研究は実施された．初年度の調査結果については，2007 年にソウルで開催された NYPI と韓国社会学会共催の国際カンファレンスで報告をしている．

　ほぼ同じ時期に渡辺秀樹と裵智恵は，国立女性教育会館の「家庭教育に関する国際比較調査」（2005 〜 2006 年）に参加して，韓国の現地調査を行った．日韓の親子関係や家族観，あるいは社会化環境の異同について検討してきた[6]．ここでえられた知見は，本研究に活かされている．

　2008 〜 2010 年度には本研究会として科学研究費補助金（基盤 B：「研究題目：青少年の社会化ネットワークと教育達成に関する日韓比較研究」，研究代表者：渡辺秀樹）を取得して，発展させた調査研究を実施した．実施した調査は，東京とソウルの中高生を対象とするアンケート調査，首都圏の中高生等に対するインタビュー調査である．首都圏におけるインタビュー調査は，2007 年に実施した中高生インタビュー調査と同じ対象者を追跡する意図で実施した．また，一般財団法人地域社会研究所からの助成によって，ソウルでの高校生グループ

インタビュー調査も実施している．

　2011～2012年度は，自主的な研究会を開催して，それまでの調査でえられたデータを総合的に分析した．そして本書の刊行に至った．

### 3.2. 研究方法

　本研究会では前述の一連の研究によって多数の調査を行った．本書では，紙幅の制約からそのうちの主なデータを用いた分析を行っている．使用したデータの調査概要を以下に記す．

#### 3.2.1. 青少年の社会化に関する国際比較調査

　韓国青少年開発院が主催した国際共同研究「青少年と社会化（Socialization of Youth）」において，2006年に世界5ヵ国（日本・韓国・アメリカ・ドイツ・スウェーデン）の中学生と高校生を対象に実施した調査である．この調査は，各国の青少年の社会化環境を調べることを目的としている．本書の第3章ではこのうち日本・韓国・アメリカの個票データを，第4章では日本と韓国の個票データを用いた分析を行っている．

　各国の調査方法は次の通りである．韓国調査は，1次抽出単位を学校とし，層化二段無作為抽出で全土にある約2千高校から60校を抽出した．各校では，無作為に1つのクラスを抽出した．調査は自記式で行われた．アメリカ調査は，専門リサーチ会社が保有するインターネットモニターのうち中学生・高校生の子どもをもつ者を対象にインターネットを利用したオンライン調査として行われたものである．日本調査は，一般社団法人中央調査社に委託して，島しょ部を除く東京都内に住む高校1～3年生の男女個人を対象に，訪問留置法で実施した．調査対象は，住民基本台帳から層化二段無作為抽出により選ばれた．このうち，日本は東京，韓国はソウル，アメリカは大中都市に居住する高校1～2年生のサブ・サンプルを分析に使用した．使用するサンプル数等は第3章，第4章を参照．

#### 3.2.2. 青少年の生活についての調査

　これは，本研究会が，2010年2月～2010年3月にかけて，日本と韓国で行

った調査である．

　東京調査は，一般社団法人中央調査社に委託して，層化二段無作為抽出法によって選ばれた，東京都在住の13〜17歳の男女個人を対象に訪問留置法によって実施した．サンプル数は1,000人，有効回収数は711人である．

　ソウル調査は，株式会社日本リサーチセンターに委託して，同時期に実施したものである．調査対象は，ソウル特別市に住む13〜17歳の男女個人である．行政区および性別・学年によるサンプル数の割当を行い，それに基づいて調査員が調査地点内で回答者を選定して質問紙を配布し，後日回答済みの質問紙を回収した．割当時のサンプル数は750人，有効回収数は771人である．

　この調査のデータは，本書の第2章と第6章で用いている．

### 3.2.3. 日韓中高生の母親に対するインターネット調査

　本研究会が，2010年に，中学2年生から高校2年生の子どもをもつ，東京とソウル市に在住の母親に対して行ったインターネット調査である．親が希望する教育段階，塾などの利用状況，教育費，親の教育への関与などを調べることを目的にしている．調査は，ヤフーバリューインサイト株式会社に委託して実施した．対象者は，同社のインターネットのアンケート調査サイトに登録している母親である．各学年の子どもをもつ母親を均等に割付した．対象者はインターネット上の調査サイトにアクセスし，サイトの指示に従って調査に回答した．サンプル数は，日本の母親が300人，韓国の母親が300人である．この調査のデータは，第3章において用いている．

### 3.2.4. 日韓中高生等に対するインタビュー調査

　インタビュー調査は，株式会社クリエイティブ・プランニング・アンド・プロモーション（以下CPP）に委託して，2007年8〜10月に首都圏に住む中学2年生から高校2年生の男女12人，その年代の子をもつ母親5人，首都圏の中学校・高校の教師3人に対して，個人に実施した．対象とした生徒は，男子と女子および中学校と高校それぞれ半数ずつであり，公立学校／私立学校，男女共学校／男子校／女子校の全てのパターンが含まれるようにした．母親は，インタビューの対象となった生徒の親のうちの3人である．教師は，いずれも

共学で，公立中学校の女性教師1名，私立中高一貫校の男性教師1名，公立高校の男性教師1名である．インタビューは，CPPのインタビュアー1名に原則当研究会のメンバー1名が同行して実施した．平均的なインタビュー時間は対象者1人あたり1時間半前後である．この調査から約2年後の2009年12月～2010年1月，同じ対象者のうち協力がえられた9名（女子5名／男子4名）を対象に第2回目の調査を行っている．これらのインタビュー調査は，中高生の生活，友人関係，親子関係，教師との関係の実態を把握することを目的としたものである．半構造化面接法を用いてインタビューを行ったが，所要時間は各90分程度である．

また，韓国青少年開発院が実施した中高生に対するインタビュー調査のデータも用いる．この調査は，2007年7～8月に韓国の中学生36名，高校生20名を対象に行なわれたものである．面接時間は各60分から90分である．

これらインタビュー調査のデータは，第5章で用いている．

## 4．本書の構成

青少年の社会化とかれらをとりまく社会的状況を明らかにする本書は，大きく2部構成をとっている．第Ⅰ部は，教育達成を大きなテーマとして設定し，日本と韓国の中学生と高校生のおかれている状況について考察する．第1章では，学校から労働市場への移行のあり方をめぐって，近年の韓国と日本における青少年を対象とする社会政策について検討を行う．日本と韓国は，圧縮した近代化の道を歩んできたなかで，経済的な繁栄と高学歴化を経験したが，20世紀後半からの経済危機と長引く不況によって，青少年たちの社会化環境は大きく変わりつつあり，青少年たちをめぐる社会政策の重要性がますます高まっている．日韓両国は，新たな社会変化に応じ，それぞれ青少年たちに新しい能力を身につけさせるための様々な取り組みをしてきた．しかし，階層間格差の広がりをも目にすれば，社会政策が完全に問題の解決へと至っているわけではないことがわかる．けれどもいくつかの地域での取り組みは，新たな可能性をみせており，地域社会の活性化が大きな鍵となっている．第1章では，今後の日韓の目指すべき方向性として，多元的な競争構造にもとづく教育から労働市

場への多様な移行のあり方が提起されている．

続く第2章と第3章では，それぞれ異なる視角から教育達成にアプローチしている．教育社会学者のブードンによれば，教育機会の不平等は，出身階層によって学業成績の分布が異なることと，学業成績が同じであっても出身階層によって進学率に格差が存在することという，2つのメカニズムが理論的に定式化できる．前者は1次効果，後者は2次効果と呼ばれる．第2章では，日韓の中学生の学業成績の形成メカニズム（1次効果）に着目し，第3章では，日韓の高校生の教育アスピレーションの規定メカニズム（2次効果）に焦点があてられる．これら2つの章では，教育達成に関するこれまでの研究が，家族的背景を十分に考慮してこなかったことをふまえ，社会化論の観点から親子間の相互行為過程を把握することを重視している．

第2章では，近年のアメリカにおける社会関係資本論を家族や教育達成に応用する諸研究を参照し，家族の社会化のありようが，子どもの学業成績にどのように影響するのかについて考察を行った．本章では，親の子どもの教育への関わり（parental involvement）という概念を用いて，家族内における親子間の相互行為過程の把握を試みた．そして，親の子どもの教育に対する関わりが，子どもの学業成績をどのように左右するのか，また，家族の社会経済的地位や家族形態といった家族的背景に関わる要因によってどのような影響を受けているのかについて検討を行った．さらに日本と韓国を比較することで，両国における教育システムや福祉レジームの違いが，親の子どもの教育への関わりと子どもの学業成績との関係にどのような影響を及ぼすのか，明らかにしている．

第3章「家族ぐるみの学歴競争——家庭環境に左右される進学意欲」では，比較対象国として米国を加えて，日韓米の高校生の家庭環境と進学意欲の関係を分析した．特に注目するのは，高等教育の普及段階の状況によって，家庭環境が子どもの進学意欲に与える影響の違いである．高等教育はアメリカ，日本，韓国の順に広まったが，当初最も普及が遅かった韓国における大学等への進学率は，過去20年間の間に急速に高まり，現在は日米以上に高い．この普及段階の違いによって，子どもの教育を支えるものとして家族がもっている「財的資本」「人的資本」「社会関係資本」が進学意欲を左右する影響にも違いが出ることを明らかにする．分析の結果，わが国は韓国よりも親の社会経済的地位が

子どもの進学意欲に与える影響が強いことが見出される．韓国は家庭の階層にかかわらず子どもたちの進学意欲が高いという特徴がある．また，本章では日韓中高生の母親に対するアンケートも分析して，子どもたちの進学意欲の違いの背景に，両国における親の教育への関与の違いがあることを明らかにする．

　第Ⅱ部では，教育達成を主題とする第Ⅰ部と異なり，青少年の日常生活の世界へとアプローチしていく．第4章では，高学歴化，男女平等イデオロギーと業績主義の広がりなど，日韓共通の社会変化に注目し，そのなかに生きている青少年たちの経験について計量的な手法を用いて検討する．女性の社会進出，男性の家族役割参加に対する要求／期待の高まりのような，ジェンダーをめぐる変化は，家族という社会化のエージェントを通じて青少年のジェンダー意識にどのような影響を及ぼしているのか．青少年のジェンダー意識と，彼／彼女らの教育アスピレーションの間には，どのような関連があるのか．そして，それは国と性別によってどのように異なるのか．これらの研究問題に答えながら，本章では，日韓両国の青少年にとって家族と学校がもつ意味を，ジェンダーの側面から考えていく．

　続く第5章では，インタビュー調査のデータをもとに日韓の中高生のリアリティに迫る．ここでは，われわれが首都圏でおこなった中高生へのインタビュー調査，NYPI が作成した報告書のインタビューデータ，さらに2009年に韓国で刊行された若者のインタビュー録を参照しながら，計量的な調査だけではみえにくい若者たちの考えや意識を明らかにしていく．分析を通じて，学校空間や友人関係，学校に対する生徒や親の期待，パーソナル・メディアの使用状況をめぐる日本と韓国の相違が浮かび上がってくる．本章では特に，「コンサマトリー／インストゥルメンタル」という分析軸を設定し，成績や受験競争への関心を中心に生活が展開する韓国の若者と，「居場所」をめぐる関心が生活の中心となっている日本の若者の対照を示していく．

　最後に第6章では，日本と韓国の中高生における学校生活の実情について比較を行いながら，学校生活での適応感を促す要因について考察している．最初に日韓中高生の生活環境の違いについてみると，第1に学校で重視するポイントに関しては，韓国の中高生は予習・復習面などの学業面，日本の中高生は校則や学級のルールなどの学校生活面と違いがみられた．第2に性別に関しては，

日本は女子生徒ほど学校に適応する傾向がみられ，韓国のみ父学歴が正の影響を示した．また両国とも成績が良いほど学校に適応する傾向がみられたことから，学校成績の高さの程度が学校適応を促すモデルが現在も依然として存続していることが確認された．

注
1) 文部科学省『平成23年度「児童生徒の問題行動等生徒指導上の諸問題に関する調査」について』．
2) 内閣府『平成24年版子ども・子育て白書』．
3) 財務省財務総合政策研究所「世界経済の新たな動きに関する研究会」(2012) の韓国現地調査報告．
4) 注3) と同じ．
5) 2007年4月以前は，韓国青少年開発院 Korean Institute of Youth Development: KIYD という名称．
6) この国際比較調査研究の成果は，牧野ほか (2010) として出版されている．

# 第 I 部

# 教育と政策

# 第 1 章

## 青少年政策の日韓比較
―― 教育から雇用への移行過程をめぐって

金　鉉哲

## 1. 成人期移行問題への問い

　いまや 30 歳になっても一人前になれない時代になった．国によって青少年の定義は違うものの，青少年政策の対象年齢が引き上げられる動向が見られる．少なくとも，各国は，若者たちの成人期移行問題に関して，頭を悩ませていることに違いない（Jones and Wallace 1992; 이광호 2012 [イクァンホ 2012]; 김현철 2009 [キムヒョンチョル 2009][1]）．日本はそもそも「青少年育成大綱」の対象年齢を 30 歳未満にしていたが，「子ども・若者育成支援推進法」及び「子ども・若者ビジョン」では，施策によって対象年齢を 40 歳未満まで引き上げている．学校から職場へ直行あるいは移行する時代が終わったのは，日韓に限られた現象ではなく，グローバルな現象である．ヨーロッパでは，すでに経験されている．エリクソン（Erikson, E. H.）は，青少年期のモラトリアムがこれほど長くなるとは，想像もできなかっただろうが，いまの現象は，心理的なモラトリアムというより，高まりつつある社会の不確実性から生じるモラトリアムである．しかし，ここでは，このような延長されたモラトリアム現象をどのように見て取るかの判断を中止して[2]，日韓における成人期移行過程を比較した上で，その答えを探りたい．

　一般に，日本と韓国は，類似点が多いといわれている．青少年の育成をめぐる社会環境や変化において，欧米に比べて日韓は非常に類似している．両国と

もに，早いスピードで就学率が上がり，短い間に「大衆教育時代」や「大衆高等教育時代」[3]に入り込んだ（苅谷 2001；金 2005）．まさに圧縮した経験である．両国はおおむね高度経済成長とともに，「大衆教育時代」に入る．この時期は，新卒神話を誕生させた時代であり，若者雇用の問題はまだ表面化していなかった．しかし，徐々に激しくなる受験競争やそれに対する批判に社会の関心が集まった．大衆高等教育時代を経て，「大学全入」ともいえる時代になったが，この時期には，経済危機（日本の場合はバブル崩壊，韓国の場合は為替危機）に直面し，長引く不況あるいは雇用なしの成長に伴って，若者雇用の悪化と社会の二極化が生じた．しかも，こうしたすべての経験を早いスピードで経験したのである．いわゆる圧縮した近代化の経験であった．

　圧縮した近代化を経験するなかで得たものも多いが，様々な問題も生み出された．「ポスト青年期」という新しいステージ（宮本 2004），あるいは「88万ウォン世代」[4]（우석훈・박권일 2006［ウソクフン・パククォンイル 2006］）が登場する時代になり，青少年政策の重要性がますます高まりつつある．実は近代社会において青少年政策は統制の機能も果たしたのであるが（Foucault 1975; Platt 1977; 김현철 2002［キムヒョンチョル 2002］），いまや青少年政策は重要な社会資本として機能しているといってよい．最近の社会変化は新しい若者政策を次々と登場させている（宮本 2012）．特に教育の問題は，日韓の青少年における成人期移行と社会化の特徴を比較するのに最も重要なテーマである．日韓の比較には様々な次元があるが，ここではまず両国の競争構造の違いに注目し，両国における成人期移行の支えとしての青少年政策を比較してから，今後の成人期移行システムにおいて望ましい方向性を探りたい．このために，まず両国の青少年政策に関する文献を検討した．さらに政策が実際どのようにして動き，どのような成果を果たしているのか，その現状を把握するため，両国の中央部署や地域の教育委員会，そして教師と民間団体の人々などに対して実施したインタビューの結果をふまえて考察を行った．

## 2．比較の視座——競争の有り様

　日韓の青少年を取り巻く社会環境や政策の動向を比較するために，理念型と

しての競争の有り様の両端を想定した（図 1-1）．理念型の 1 つの端は「富士山型」で，もう 1 つの端は「八ヶ岳型」である．あらゆる社会には，それぞれの競争の構図がある．非常に単純な競争のルートしか持たない，あるいは，ほぼ 1 つのルートしかもたない一山主義あるいは少数特権主義（深代 1976：1）[5]ともいえる富士山型の社会もあれば，多様な競争のルートをもつ八ヶ岳型の社会もあるだろう．競争ルートの多様性の度合いによって，様々な構図を持つ社会があるということである．八ヶ岳型のなかでも，もっとも多様な競争のルートをもつ理想的な競争の型を「ヒマラヤ山脈型」と呼びたい．

　韓国は，どちらかといえば富士山型である．韓国の学閥主義をカースト制度に例える論者もいる（김동훈 2001 ［キムドンフン 2001］）が，それほど学閥一山主義の傾向が強い．日本社会も富士山型と呼ばれる場合もある．たとえば，首都圏等のごく一部の地域だけが日本の経済成長をけん引する富士山型の成長モデルから，各地域がそれぞれの固有資源や知識・情報を生かし，独自性を発揮することで，各地域の経済力を全体として底上げしつつ経済成長を達成する八ヶ岳型の成長モデルに転換する必要があるという指摘もある（総務省 2008）．さかのぼると，1970 年代，OECD 教育調査団報告書のなかで，日本の教育が求めるべき競争の有り様が八ヶ岳型であると論じられたことがある[6]．しかし日本は，ヒマラヤ山脈型とまでは言えないものの，韓国と比べて，富士山型とヒマラヤ山脈型との間のいずれかに置かれている八ヶ岳型の社会として位置づけた方がよい．

　人口や所得が相当の比率で首都圏に集中しており，同時に首都から離れたところに第 2 の成長の地域をもつ二極体制を特徴とする点で，日韓には驚くべき類似性がある（안승미 1991 ［アンスンミ 1991］）．両国ともに，首都圏への集中度が高いが，日本を「太陽系」とすれば，韓国は「ブラックホール系」である．太陽系が，首都圏を中心に集中度は高いが，周りの衛星都市や地域に様々な社会的資本がある程度均等に割り当てられている形とするならば，ブラックホール系は，ほとんどの社会的資本が首都圏に集中している形を意味する（김현철 2007 ［キムヒョンチョル 2007］）．このような違いは，いくつかの例をあげて説明できる．

　中央集権型で権威主義的な行政の組織をもつ点においても両国は非常に似て

第Ⅰ部　教育と政策

いるが，韓国は日本より過剰な監督段階があり，行政の効率性が劣っていると評価されているが（이근재・강상목，2010［イグンジエ・カンサンモク，2010]），行政機能がどれほど中央から地方へと割り当てられているかも，富士山型か八ヶ岳型か，あるいはブラックホール系か太陽系かの違いを測る尺度となるだろう．

富士山型　　　　　　　　　八ヶ岳型

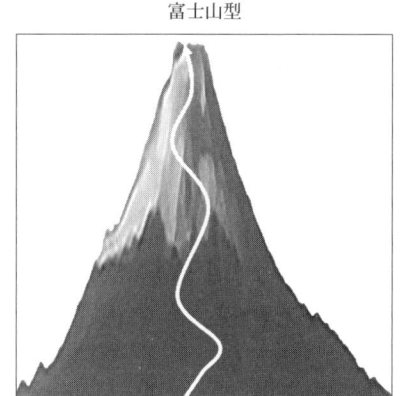 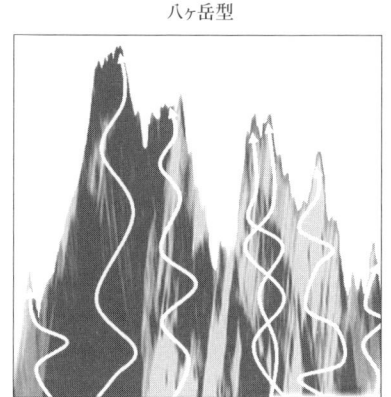

図1-1　競争構造のスペクトル（富士山型〜八ヶ岳型）

　経済が大企業中心か中小企業中心かによっても，富士山型か八ヶ岳型かを論じることができる．2010年代以降，韓国では経済の民主化がもっとも大きな社会の争点となっている．いままで大企業中心の経済政策が中小企業や自営業にはもちろん社会全体にも悪い影響を及ぼしたという批判が高まりつつある．韓国銀行調査局（2008）の長寿企業の国際比較結果を見てみると，日本と韓国の違いがもっとも明確にあらわれている．日本は世界でもっとも長寿企業が多い．創業以来100年以上存続する企業が約5万社あり，200年以上の企業も3,146社あるのに比べて，韓国は創業以来200年以上経った企業はなく，100年以上の企業は2つしかない．この調査は，確かに日本は富士山型ではなく，八ヶ岳型であることを示している．これは単なる長寿企業の数の差を示すのではなく，経済構造のなかでの大企業と中小企業が占めるそれぞれの重みをあらわしてもいる．大企業中心で中小企業が営業しにくい社会環境であると富士山型の社会といえ，経済構造のなかでの中小企業の比重が重い場合には八ヶ岳型

社会といえよう．最近，韓国では，大企業が中小企業や自営業者の担うべき事業まで手を伸ばす状況に対して，規制を強化し始めている．

このような現象は，技術者に対する政策や意識も関係している．韓国の場合，高度経済成長期において，職業系高校の支援を強化していた．様々な分野の職人を育て，1967年から技能五輪国際大会に出場し，1977年に初優勝を果たしてから，1993年と2003年が準優勝だったのを除けば，2011年まで優勝を独占してきた．にもかかわらず，社会全般に職人意識が薄い．職業系の高校生の70％以上が大学へと進学する現象（図1-2）は「技術者を見下げる」社会的風土をあらわしている．このような社会風土は，後に述べる体験事例の日韓の違いを生む背景となる．図1-2でわかるように，韓国では2000年以降，職業系の高校生の大学進学率が就業率を上回り，2007年以降は進学率が70％を越えた．韓国政府はこれを意識し，職業系高校の就業率を学校評価の指標として強調している．その影響で，最近は職業系高校の就業率が再び上がり始めているが，学校評価を意識して就業率を膨らませる現象があるという実態調査結果も出ている（박홍근의원실 2012 [パクホングン議員室 2012]）．

日本の場合は，生産工程・労務職への就職は多いものの，工業高校出身者の割合は約8％と少なく，72％は普通科高校の出身者である．この現象は就職先のミスマッチとしてみなされてもいる（藤田 2010:4）．また，2012年3月現在，専門学科の就職率は95％を超えている．この違いも日韓の競争構造の違いを反映していると思われる．

大学の序列からも，韓国が富士山型で日本が八ヶ岳型であることを説明できる．日本は，旧帝国大学が全国に分布し，各地域の拠点となっており，それぞれ競争力をもつ．韓国は，1960年代から1970年代にかけて地方の国立大学の位相が今より高かったのを除けば，1980年代以降は首都圏の大学，特にSKY（ソウルにある最上位3つの大学[7]）を頂点にする序列化が進んだ（金 2005）．そのなかでも特に国立ソウル大学が占める独占的な地位が非常に高い．ソウル大学を廃止し，フランスのように国立大学の平準化が必要だと主張する論者（김상봉 2004 [キムサンボン 2004]；교육혁명공동행동연구위원회 2012 [教育革命共同行動研究委員会 2012]）も少なくない．

総じて地域・企業・大学の序列などの社会的構造からみると，韓国は典型的

第Ⅰ部 教育と政策

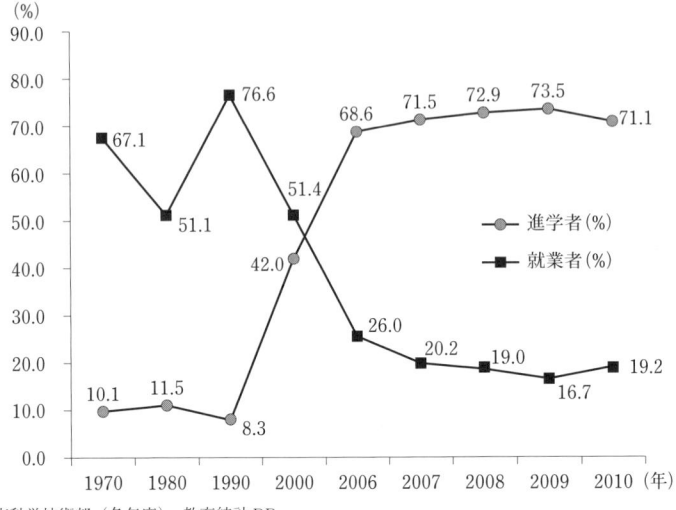

```
(グラフ: 職業系高校生徒の大学進学率と就業率(韓国))
進学者(%): 1970: 10.1, 1980: 11.5, 1990: 8.3, 2000: 42.0, 2006: 68.6, 2007: 71.5, 2008: 72.9, 2009: 73.5, 2010: 71.1
就業者(%): 1970: 67.1, 1980: 51.1, 1990: 76.6, 2000: 51.4, 2006: 26.0, 2007: 20.2, 2008: 19.0, 2009: 16.7, 2010: 19.2
```

資料:教育科学技術部(各年度),教育統計DB.

図1-2 職業系高校生徒の大学進学率と就業率(韓国)

な富士山型の社会で,日本は韓国に比べて,富士山型からある程度離れた八ヶ岳型の社会だといえよう.

## 3.青少年政策の変化と政策疲労現象

　近代社会において,教育は,青少年の生き方にもっとも大きな影響力をもつ社会的要因である.近代的国家であればどの国でも多かれ少なかれ学歴社会であるが,日本と韓国は,特に高学歴社会である.図1-3のように,日本と韓国は,OECDの国家のなかでも,25歳〜34歳の若者で短大以上の教育を受けた人口の比率がもっとも高い.この影響で,韓国の労働力は,高齢化しつつも,若い世代が高学歴であるために全体として高学歴化が進んでいると報告されている(고용노동부 2012 [雇用労働部 2012]).

　日本と韓国は,圧縮した近代化のなかで,学歴主義があまりにも急激に広がったため,激しい受験競争という異常な社会現象を生み出した.学歴社会ならどの国でも受験というものはある.しかし日本と韓国は,競争の度合いと広が

第 1 章　青少年政策の日韓比較

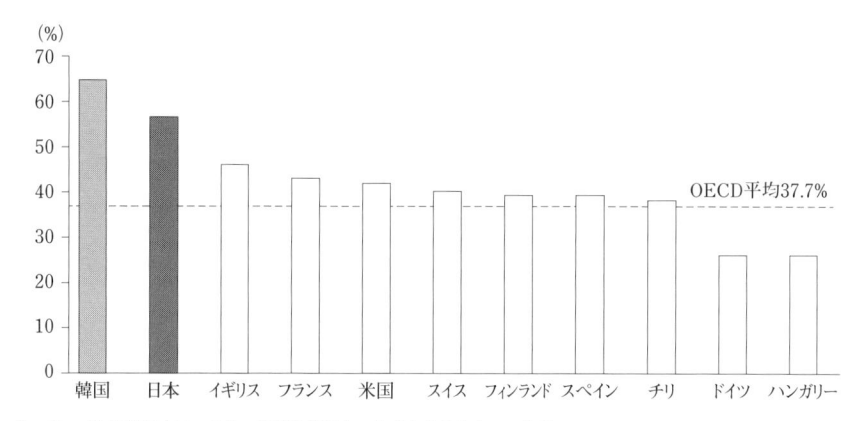

注：25～34歳若者人口のうち，短期大学以上の教育をうけた人口の比重
資料：OECD（2012）．Education at a Glance.

図 1-3　OECD 国家の高等教育履修率

りがあまりにも激しい．それによって，ある程度，教育機会の平等は成し遂げられたものの，様々な副作用が生み出された．これに対して異論はあるまい．

　図 1-4 の結果は，その栄光と影を同時的かつ要約的に物語る．日韓の生徒の認知能力，つまり学力は，OECD 国家の平均をはるかに超え，しかも最上位圏に置かれているのに，自信や興味などの情意領域においては，逆に下位圏に属する．最近注目を集めているフィンランドとの違いはここにある．フィンランドは，学力は世界一であり，情意領域の得点も低くはない．さらに，アメリカの場合，情意領域の点数は最上位圏であるのに対して，認知能力点数はOECD 国家の平均にも至らない．しかしアメリカの競争力は，15 歳の低い認知能力点数によって弱まることもなく，むしろ高い情意領域の点数が長期的には認知能力にも肯定的な影響を及ぼすのではあるまいか．

　PISA の結果に各国は敏感に反応しているが，もちろんこの点数だけで，各国の教育を評価するのは無理がある．しかしながら，高学歴社会である日本と韓国がともに高い認知能力—低い情意領域点数というジレンマ状況におかれているのは，注目すべきである．このような調査結果は，両国の青少年政策を評価する基準となる同時に，両国の青少年政策に大きな影響力を及ぼしている．

　韓国では，こうした現状を教育熱の肯定的な結果としてみなす人々もいるも

第 I 部　教育と政策

図 1-4　PISA 結果の比較

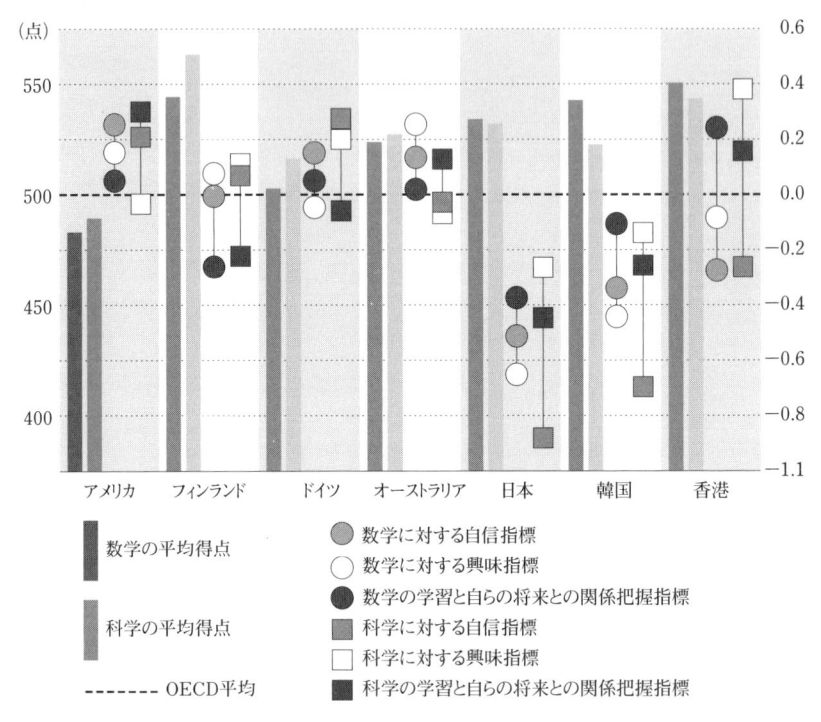

注 1：数学の調査結果は PISA2003，科学の調査結果は PISA2006 によるものである．
注 2：数学と科学の得点は，左の垂直線基準．自信・興味・関係把握指標は，右の垂直線基準．
資料：文部科学省（2010），「平成 22 年度文部科学白書」より再作成

のの，一貫して受験競争の副作用を防ぐ政策の計画と実施が社会的な争点になってきた．もっとも争点になっているのは平準化政策だが，これは韓国の教育制度の特徴として，もっとも知られている政策でもある．まず，平準化政策の変遷を述べてみたい．1968 年，中学校入学に無試験制度を導入して，小学生たちを入試の圧迫から救おうとしたのが平準化政策の始まりであった．当時，韓国社会では，「180 万の中学生を入試の地獄から救出しよう！」というキャンペーンが広がっていた．平準化政策は，中学校教育課程を正常化するため，高校進学の際，試験で選抜しないことを前提にし，学生・教員・施設の完全平準化を目標とした政策である．1974 年にソウルと釜山で始まり，1975 年には仁川，大邱，光州まで広がった．高校進学資格試験の成績が 1974 年平均 171

点から1975年154点，1976年150点に落ち込み，「下向平準化」論争が起こったものの，いくつかの研究からは，平準化地域の高校と非平準化地域の高校との大学入試での差異はみえなかった．これらの研究を根拠にし，1979〜80年には平準化が15都市に広がったが，1980年以降広がりは止まった．農村地域では，中卒者の進学する高校がないため，進学ができなくなる矛盾が発生した．政府は1982年に補完計画を打ち出し，1980年代後半には転換期を迎える．社会の民主化が進むにつれ，教育を需要者（＝生徒）中心のものにし，中央から地方へ権限を譲ろうという声が上がりはじめた．こういった雰囲気のなかで，いくつかの地域は次々と平準化政策を廃棄し始めたが，その後，非平準化によって否定的な経験をした地域は，再び平準化に戻った．2002年の大学入試で高校の内申成績の比重が大きくなったのも，平準化を強化する一翼を担った．内申成績の比重が高くなると，上位の非平準化の学校に通うのは良い内申成績をとるのに不利になったからである．

　このように，平準化政策は振り子のように拡大と縮小を繰り返してきた．実は平準化政策に対しては最初から反発した人たちもいた．主に一流高校であったKS（京畿高校・ソウル高校）による人材育成が大事であると主張する人たちであった．実際，平準化政策は30年あまりの経過を経て，KSに象徴される超一流高校出身のコネを断絶させる役割を果たした．「平準化政策が少なくとも高校の水準では学閥主義の弊害を減らした」という研究結果も出された（함인희・양재진 2004［ハムインヒ・ヤンジャジン 2004］）．

　こうして高校は平準化されたが，学閥主義は，高校レベルのKS学閥から，大学レベルのSKY学閥へと移った．さらに，高校段階においても，いわゆる特殊目的高校や自律私立校など様々な新名門高校の出現によって，学閥主義は受け継がれた．つまり，平準化政策は依然として存続するが，平準化か非平準化であるかに関係なく，高校の自律化によってすでに序列化は相当進んでいる．いまの平準化は，一流の高校を除いた一般高校レベルでの平準化にすぎない．言い換えれば，平準化はもう働いていないと言っても過言ではない．「英語幼稚園―私立の小学校―国際中学校―特殊目的高校―名門の大学」というエリートコースも新しく生まれてきた（전영수 2012［ジョンヨンス 2012］）．

　韓国で高校平準化の問題は教育平等政策の象徴的なものであったが，いまは

日本のように進学校と非進学校との序列化が進んでいる．不思議なことに，韓国では，このように序列化が進んでも，教育アスピレーション（あるいは教育熱）は冷却せず，上がり続けている．この点においても，日本と韓国の違いが浮き彫りになる．日本の場合は，序列化が教育アスピレーションの冷却に影響を及ぼしたとされるが（전영수 2012［ジョンヨンス 2012］；김진숙 2012［キムジンスク 2012］），なぜ韓国では，教育アスピレーションが冷却するどころか，加熱する一方であるのか．

いわゆる「脱韓国現象」（손준종 2005［ソンジュンジョン 2005］）ともいえる「早期留学」ラッシュ現象が起こっている．早期留学は，為替危機が起こった1998〜1999年には少なかったが，2000年代に入ってから増え始め，2006年に一気に急増した．以降，2008年までは横ばいを続け，その後は減少している（図1-5）．これは，冷却現象というより，経済不安などが原因であるとみなされている（교육과학기술부・한국교육개발원 2011［教育科学技術部・韓国教育開発院 2011］）．こういう現象に伴って「雁パパ（キロギ・アッパ）」[8]あるいは「雁家族」が誕生したわけである．

ほかでは，上位の大学への編入を望む若者たちが増えている．1992〜1994年の間，5,000人ぐらいであった編入学者は2007年には37,388人まで増加する（이지민 2009［イジミン 2009］）．編入学問題だけにとどまらない．卒業後，失業状態に置かれるのを避け，休学する学生たちも増え，「大学5年生」が一般的な現象となっている．

こういう受験競争の過熱ぶりは，いわゆる「スペック」[9]の競争をも生み出した．今の韓国はスペックの共和国（전영수 2012［ジョンヨンス 2012］）だといってもおかしくない．韓国では平準化政策が中学受験や高校受験に苦しむ青少年たちを救った効果はあるとはいえ，依然として高い教育アスピレーション（あるいは教育熱）に変化はみられない．富士山型の競争構造のあり方が変わらない限り，変化は起こりにくいと考えられる．

成人期移行の問題が社会的な争点になったのは，いうまでもなく若者雇用の問題と関係している．しかし，図1-6と図1-7からわかるように，日韓ともに青年失業率やニートの比率は他のOECD国家と比べて良好であり，国際比較からみると，特に日本のニートの問題は良好な状態である．韓国に比べて，日

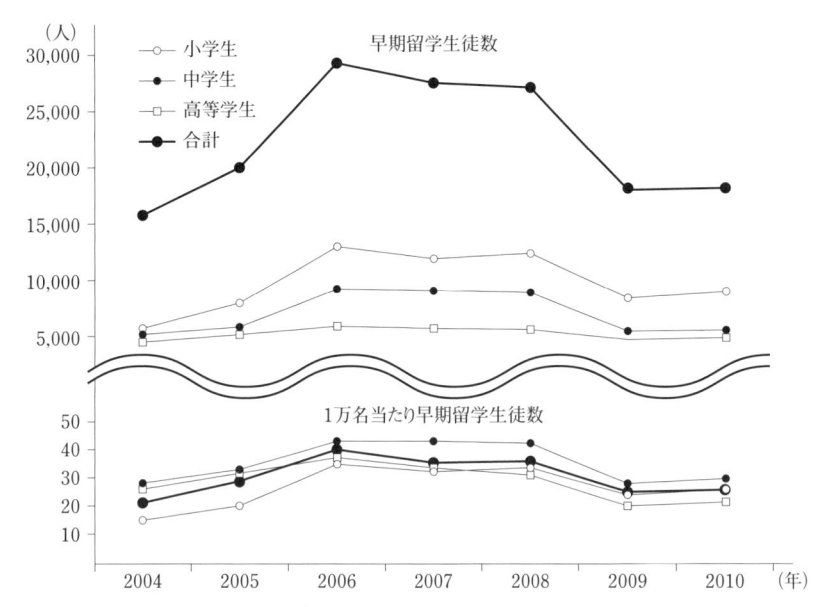

```
(人)
30,000          早期留学生徒数
          ─○─ 小学生
25,000    ─●─ 中学生
          ─□─ 高等学生
20,000     ━●━ 合計

15,000

10,000

 5,000

    50          1万名当たり早期留学生徒数
    40
    30
    20
    10
       2004  2005  2006  2007  2008  2009  2010 (年)
```

資料：教育科学技術部・韓国教育開発院 2011「絵でみる幼小中等教育1―早期留学現況」

**図1-5　早期留学の推移（韓国）**

本の状況は全般的によいといえるが，時期によっては逆転する場合もある．たとえば，2012年10月基準では，15～24歳の青年失業率は韓国（6.9％）より日本のほう（7.5％）が高い（総務庁2012；통계청 2012［統計庁2012］）．ともあれ，両国の若者たちが抱えている問題，たとえば，「意欲の低下」や「スペック競争への疾走」などの問題は，確かに昔には存在しなかった問題には間違いない．日本と韓国は，OECD国家のなかで比較的，安定的であるにもかかわらず，特に高学歴社会であるがゆえに，問題がより深刻に感じられる．1997年以降，下がり続けている日本の大学生就職内定率が問題の深刻さを物語っている．

　これらの問題を受けて，様々な政策が登場する（宮本2012）が，それらの青少年政策は，いつも根本的な問題の解決までは想定しないので，限界がある．つまり，競争の有り方の変化には関わらない．ゆえに，政策は一貫性を失いがちである．突破口を探さないからだ．

　日本で「学歴主義」に対する問題解決策として導入された「ゆとり教育」も例外ではない．ゆとり教育が強調する新しい学力，つまり「生きる力」の概念

第Ⅰ部　教育と政策

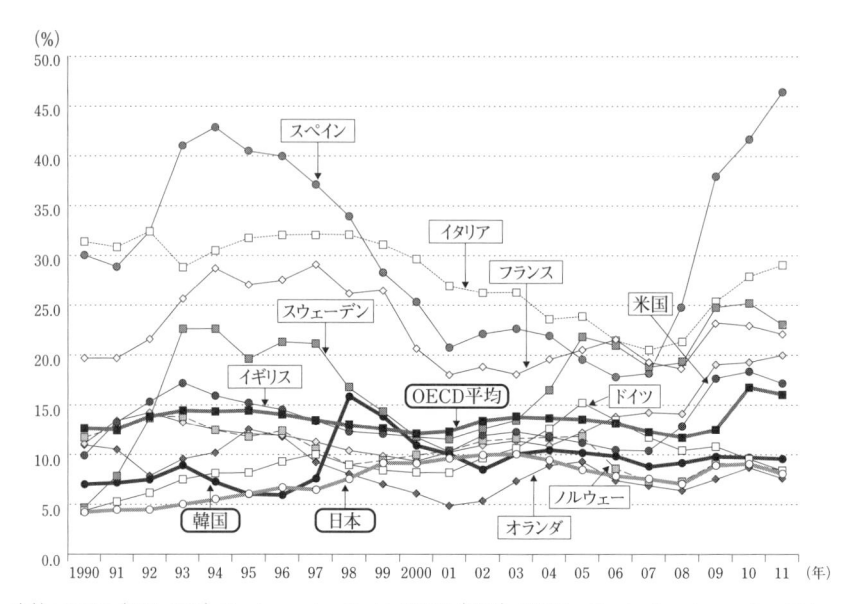

資料：OECD（2002, 2005）, Employment outlook；OECD（2012）, OECD estimates based on national labour force surveys から作成

図 1-6　OECD 国家の青年失業率の推移

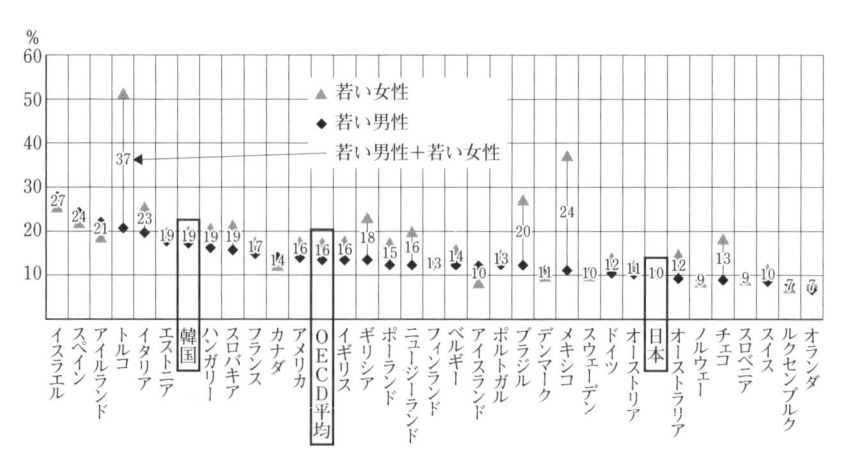

＊各国の順位は，男性ニートの比率が高い方から並べられている。
資料：OECD. Table C5.4a and Tables C5.4b and C5.4c（available on line）. See Annex 3 for notes（www.oecd.org/edu/eag2012）

図 1-7　OECD 国家の青年失業率

は，OECD の DeSeCo (Definition and Selection of Competencies) プロジェクトの影響を受けたものでもあるが，この新しい学力観に基づいてゆとり教育を引き継いで導入された「学校週五日制」，「総合的な学習の時間」，「キャリア教育」などの政策は「学力低下」の論争に巻き込まれてしまった．その結果，文部科学省は，「完全学校週五日制」を基本方針としているが，それを実施している学校の数は減っている[10]．総合的な学習の時間も学力低下の批判をうけて，習得単位数が削減されることになった（田村 2010）．

同じく韓国も OECD の DeSeCo プロジェクトの影響をうけた．これによって，創意性や人間性が強調されるなか，2011 年から総合的な学習の時間に似た「創意的体験活動」[11] が導入された．韓国では，日本とは逆に，創意的体験活動が導入された後，2012 年から学校週五日制が導入されたが，それによって，学校では創意的体験活動の時間を取りにくくなった．しかしキャリア教育と様々な体験活動は一層強化されつつあり，学力低下論のような課題は浮かび上がってこない．政策を取り入れるパターンに少し違いはあるが，学歴主義への批判から，新しい学力観の強調，学校週五日制や総合的な学習の時間あるいは創意的体験活動，キャリア教育の導入に至る流れや変化には，日本と驚くべき類似性がある．しかもその次の段階として両国ともに強調しているのが，キャリア教育であり，そのなかでも，特に進路体験や職業体験が強調されている．これらは，もちろん若者雇用の問題を意識した政策である．あえていえば，新しい学力やキャリアの経験を身につけることによって，成人期への移行をスムーズにするという政策理念を背景にしている．

しかし，昔のようなスムーズな成人期移行システム，特に日本の場合は，いわゆる「日本的システム」（Brinton 2011；苅谷 2002）を取り戻すことはできないかもしれない．昔のシステムをどのように評価するかとは別に，社会構造の大きな変化を取り戻せる可能性は低く，それが必ずしも理想的であるともいえない．

不確実性は，言い換えれば多様性を意味する．しかし，日韓の教育政策で取り入れている多様性と理想としての多様性には食い違いがある．政策で取り入れている多様性が，単に多くの公的サービス事業の多様性，たとえば，入試制度の多様性とか，学校タイプの多様性などを意味するのであれば，理想として

の多様性は構造的なもので,八ヶ岳型への移行を意味する.

　だが,青少年政策の取り組みとしての多様性は,このような構造的な多様化を目指さない.様々な基本計画やプランなどが続々と出されるが,実際には計画通りに政策が動かない.構造的な変化なしでは,問題の根本的な原因を,青少年や若者たち,あるいは彼ら／彼女らの能力や学力におくというあやまちをおかしかねない.これが政策の揺れを招く原因の1つであり,いわゆる「政策疲労」(苅 2002) の現象のもとなのである.つまりいくら新しい政策が投入されても,学歴の競争構造が変わらないかぎり,学校現場はあまり動かない,あるいは動けないのだ.こうした政策疲労現象は,韓国の学校や地域の様々な青少年関連機関においても蔓延している.疲労社会ともいえる現象は産業社会ならどの国でも経験する現象であるかもしれないが (한병철 2012 [ハンビョンチョル 2012]),特に日本と韓国の教育現場ではこうした現象が著しい.

## 4.青少年政策と地域の事例——限界と可能性

　青少年たちが新しい能力を身につけることは,成人期移行に関する青少年政策の中心となっている.日本の場合は,ゆとり教育以降,「生きる力」をはじめ,「必要な力」,「基礎的・汎用的知識や能力」などが強調されている.総合的な学習の時間においては,「自ら課題を見付け,自ら学び,自ら考え,主体的に判断し,よりよく問題を解決する資質や能力の育成」(田村 2010:2) など,キャリア教育に関して,一人ひとりの発達や社会人・職業人としての自立 (文部科学省国立政策研究所生徒指導センター 2012) などが強調されている.韓国では,創意性や人間性を備えたグローバルな人材の育成などが強調されている (교육과학기술부 2010 [教育科学技術部 2010]).結局,「能力さえ身につければ」というような言い方で,問題が個人の能力や努力に還元されてしまう.別の言い方でいえば,「体験論」(苅谷 2002) が強調されるのである.体験論の弱点は,その効果を立証することが難しいという点である.そのため「印象論」としてみなされてしまうこともしかたがない.

　そもそも体験論は,内発的動機付けを強調するわけであるが,内発的動機付けの効果さえもみられないという実証的な研究も出されている (海野・片瀬

2008).この点は,体験論を強調する側,特に政策側も気にする点である.

　しかし,体験効果を計量的に立証するのはなかなか難しい.日本青少年振興機構(2009)は,子どものときの体験活動の経験が多ければ多いほど,学歴も年収も高いという調査結果(回顧的調査)を提出しているが,方法論的には問題がある.体験活動の効果を立証したいくつかの研究においても,その効果が鮮やかに出たわけでない.韓国においても,体験活動の効果を計ったいくつかの研究があるが,はっきりとその効果が出たわけではない(김기헌 외 2010［キムキフンほか 2010］; 이기봉 외 2011［イギボンほか 2011］; 김현철 외 2012［キムヒョンチョルほか 2012］).これに比べて,文部科学省は,もっともはっきりしたデータを出した.全国学力・学習状況調査のデータから,職場体験活動が充実した地域の学校が基礎的・汎用的能力関連の項目において全国の平均値を上回るという分析結果を出し,職場体験活動の活性化が基礎的・汎用的能力の向上に有効であることを立証した(国立教育政策研究所生徒指導研究センター 2012).だが厳密にいえば,何が本当の原因なのか特定するのは難しい.この調査結果は,体験論に対する批判を意識した結果であると思われる.

　しかし体験活動の効果が実証されないから,効果がないというわけではない.正確にいえば,効果があるという証明が出来なかったといったほうが正しい.短期的な体験による何らかの効果を立証することは,まず不可能である.体験の効果がすぐ出るわけではない.体験の効果は長期的にわたって出るはずだが,長期的な効果を立証することは方法論的に難しい.長期的な経験をする間に,媒介する変数があまりにも多いからだ.つまり,体験の効果が生じる過程は,混沌(カオス)の状況にあるといっても過言ではない.創意性に関する研究のなかでは,10年の法則(Sternberg 2009)ということが言われる.1つの領域で10年ほどの反復的な経験の積み重ねがあって,はじめて創意性というものが発揮できるという法則である.

　こういった経験において,もっとも大事なのは,動機付け,特に内発的な動機付けである.あるテーマや課題に関して動機付けができると,フロー体験をする段階に入る(Csikszentmihalyi 1999).その後,10年ぐらいの経験の積み重ねを経て到達する目標課題,たとえば,創意性までの経路は,実証することの出来ない「見えざる経路(invisible path)」である(김현철 외 2012［キムヒョン

チョルほか 2012］）．こういう論理は，単純に体験論を支持しているのではない．チクセントミハイがいうように，フロー体験は「能力と挑戦の高い水準」が確保できる状況で起きる（Csikszentmihalyi 1999）．つまり，特定の条件を備えた体験が重要であることを意味する．単純にあらゆる体験がいい結果に繋がるのではない．教育現場の政策疲労の状態で，形式的な体験活動が活性化される場合にはむしろ逆の効果がでる可能性すらある．しかし，情意領域において体験活動は有意味な効果をもつとされるし（김현철 외 2012［キムヒョンチョルほか 2012］），多様な体験の機会を子どもたちに与え，学校と地域が変わる事例もある．こうした事例が体験活動の効果をすべて立証してくれるのではないが，体験活動政策の意義をみせてくれる．もっとも著しい効果は，子どもたちの内発的な動機付けや情緒的な変化である．これらの変化は，すぐさま構造的な変化をもたらすわけではないが，現場の変化が構造の変化を導く可能性も考えられる（中川 2000）．政策と現場との間に食い違いがあるにもかかわらず，学校や地域の目立つ変化を目にすることができる．

　筆者は，変化の可能性を探るために，日本と韓国の中央省庁（部署）と地域の教育委員会や地方自治体，また学校や民間団体の人々にインタビューを行った[12]．前述したように，日本と韓国は中央中心の行政の傾向が強いものの，中央で立ち上げた政策が必ずしも地域でうまく動くとは限らない．これは日本でも韓国でもよく目にする現象であり，韓国でより顕著にあらわれている．ここには，2つの理由があげられる．1つは，学歴競争があまりにも強いことだ．もう1つは，地域の格差が大きく，地域の連携が乏しいことだ．これは，現場の人々たちが一貫して語るものである．その結果，中央と地方との間の食い違いが大きい．日本の場合にも中央と地域との間に食い違いが感じられる．たとえば，内閣府が推進している地域連携事業の場合，内閣府が出した事例集にいくつかの事例が載っているが，地域の担当者たちの話によると，地域連携はそれほどすすまないという．そこには様々な理由があるが，地域でそれぞれ省庁の事業を行っている各エージェントが連携をとるのが難しいためとされる．いわゆる省壁というものだ．しかしこのような食い違いがあるものの，すべての政策がまったく働かないわけではない．中央からの計画通りにうまく行かないケースも少なくないが，徐々に良い事例も広がっている．そこには，実証の出

来ない変化の勢いが存在する．一言でいうと，良い学校と良い地域が増えつつあるのだ．様々な事例を一括して，韓国と日本の違いを述べると，日韓ともに良い学校や良い機関の事例はあるが，日本の場合は地域の連携によって変化をもたらしている地域事例が多いものの，韓国の場合は地域連携の事例が非常に稀である．この違いも社会が富士山型か八ヶ岳型かの違いによって生じると考えられる．たとえば，兵庫県の「トライやるウィーク」のような中学生の職場体験活動が，日本では広がりつつある．東京の「わくわくウィーク」や上越市の「夢チャレンジ」など．これらの政策は，地域の連携の支えがないと，あまり実現できない．韓国でも，類似した事業が始まり，変化の兆しもみられるが，地域の連携を取るのに苦労している．

前述したように，このような変化は，構造的な変化をもたらさない限り，限界がある．しかし，構造的な変化は，十分条件ではない．学校の現場や地域での変化も必要である．そのためにも，教育現場での政策疲労現象の解消が必要である．いくらよい公的サービスであっても，それの担い手である教師や地域の民間指導者たちが，あふれる政策に振り回され疲労状態におちいると，政策がうまく働かない．そこで図るべき戦略は，子どもたちの参画を促すことである．ハートのいう参画（Hart 1997）の大事さは，体験活動の効果を挙げる方法にもなるが，政策疲労現象を防ぐ方法にもなる．子どもたちが自分で，体験活動の担い手になるためである．いくつかの事例は，その可能性をみせてくれる（김현철 외 2012 [キムヒョンチョルほか 2012]）．このような変化が，富士山型から八ヶ岳型へと移行する力にもなれる．なぜなら，子どもたちのために地域の連携をとる努力と子どもたちの参画が地域の活性化を促すからだ．

結局，3つの変化が必要である．最初に，競争の構造的な変化である．次は，地域ネットワークの構築で，最後に子どもたちの参画である．

## 5．終わりに

前述したように，教育現場での実践は，構造的な変化をもたらさないかぎり限界がある．一国の社会構造から受ける影響だけにとどまらない．特に今日では，グローバリゼーションの影響を無視することはできない．グローバリゼー

ションの影響や国際金融システムの動揺，国際分業の変化というようなより大きな社会変動の影響力にも注視すべきである．金融の問題はもう一国の問題ではなくグローバルな問題である．

　このような状況のなかで，学校から職場へのスムーズな移行は可能なのか．昔，完全雇用の時代，年功序列が一般であった時代は，「成長とあふれる職」の時代であった．我々はそれをスムーズな移行と呼んでいた．成人期移行のルートにボトルネック現象がなかったためである．今いくら頑張っても，過去に戻ることはできない．社会環境や構造自体が変わり，成人期の移行過程も変わった．実は，成人期移行のパターンは時代によって変わるものである．今は新たな変化が余儀なくされている．

　もちろん，昔のような経済成長と充分な職の総量が確保できれば，問題は一気になくなるかもしれないが，そういう時代がまた訪れるか否かは不透明である．これからも高齢化は一層進む一方だろうし，スムーズな成人期移行だけで，受験競争から子どもたちを救うことはできない．特に富士山型の競争構造では，いくら頑張っても根本的な変化は起こらない．韓国はもちろん，日本もより多様な社会的ルートを作らなければならない．多様な競争のできる構造的な変化への道は現実から遠いようにみえるが，専門職業教育の強化と「同一労働同一賃金」原則や職業間の賃金格差の縮小で大きな変化ができるし，八ヶ岳型社会への入り口となる．このような変化がないと，学校現場での実践も苦しみを避けられない．特に韓国において，このような変化がより一層求められる．オランダやデンマークやスウェーデンなどの国におけるいわゆる「柔軟な安定性（Flexsecurity）」は，未来の社会価値として注目すべきである．このような構造的な変化を伴うのならば，青少年政策はある程度重要な役割を果たしうるが，もっと効果的であるためには，青少年たちが自己主導的に参画できるような実践と社会的仕組みが必要である．スムーズな移行より参画的な移行が今求められる．

## 注

1) ［　　］内には，韓国語文献の日本語読みを記載している．以下同．
2) ここではフッサールの現象学的な見方としての「判断中止」を意味する．
3) 韓国では，「大衆教育時代」あるいは「大衆高等教育時代」という言葉はないが，現象としては，そのように呼ばれておかしくはない．
4) 韓国では 1970 年代終盤から 1980 年代中盤に生まれた世代に，大卒で非正規雇用に追いやられている者が多い．
5) 1976 年発刊された OECD 教育調査団報告書の翻訳版である『日本の教育政策』の序論で深代惇郎は，日本の教育競争の特徴を少数特権主義と表現した．
6) OECD 教育調査団報告書の翻訳版『日本の教育政策』の解説で天野郁夫は，当時の「永井文相が「八ヶ岳」をスローガンに，東大・京大への集中的な投資をやめ，個性的で具体的な改革構造をもつ大学に投資の重点を移し，競争状態をつくり出すことによって，ピラミッドの頂点の拡大をめざそうとしている」(310 ページ) と述べている．
7) SKY は，ソウル大学（Seoul University），高麗大学（Korea University），延世大学（Yonsei University）のイニシャルである．ソウル大学は，1926 年設立された京城帝国大学の後身で，国立大学．京城帝国大学は，戦前期日本本土にあった 7 つの帝国大学以外に，朝鮮と台湾にあった 2 つの帝国大学の 1 つである（竹内洋 1998；정선이 2002［ジョンソイ 2002］）．
8) 子どもと母親だけで英語圏へ留学し，父親は自国で働いて仕送りをするライフスタイルで，こういう父親を「雁パパ」という．
9) 「スペック」とは，英語の spec（specification の省略形）．学歴も大きくみればスペックであるが，低い学歴を補うために取ったり身につけたりする資格や英語の点数や証明できる様々な経験などをスペックという．
10) 文部科学省は「完全学校週五日制」を基本方針から除外したわけではないが，実際には，多くの学校が完全週五日制を実施していないと思われる．完全週五日制を導入した当初とは違って文部科学省は，完全週五日制実施学校の統計を公表していない．
11) 韓国の教育科学技術部は「創意的体験活動」を通じて多様な経験をし，それを記録して，多様なポートフォリオとして使い，一種のインタビューによる大学入試制度である「入学査定官制度」とつなげることを目的にしている．
12) インタビューは，2010 年から 2012 年にわたって行った．韓国では，3 年間，随時実施したのに対して，日本の場合は，2010 年から 2012 年にかけて 3 回のインタビューを行った．日本の対象は，文部科学省，内閣府，地域の教育委員会（気仙沼，兵庫県，盛岡，横浜，上越，東京都，神奈川県），教師，民間団体などで，韓国の対象は，女性家族部，教育科学技術部，民間団体，教師などである．

# 第 2 章

# 子どもの成績と親のサポート

竹ノ下弘久・裵智恵

## 1. 階層研究のなかの教育機会の不平等

　1990年代以降，日本社会における雇用の流動化が進展するなか，格差，社会的不平等に関わる問題は，多くの人々が注目する問題となってきた[1]．階層研究の基本的な理論枠組みに，ブラウとダンカンの地位達成モデルがある．これは，社会的不平等の形成メカニズムを，個人のライフコースという時間的順序の中で生起する問題ととらえ，家族，学校，労働市場という現代社会において重要な3つの諸制度を，個人が移動していくものと捉える（Blau and Duncan 1967）．労働市場で獲得する職業的地位をめぐって，学歴の重要性はこれまで階層研究のなかでも繰り返し主張されてきた．

　学歴と職業との結びつきを考える上で重要なことは，学校教育を受ける機会が，様々な社会的状況や地位にかかわらず，多くの人々に対して平等に保障されているかどうかである．教育機会の不平等は，それが教育の次元だけにとどまらず，職業生活にも波及することで，その人の生涯にわたるライフチャンスを大きく左右する．そのため，どのような家族的背景が，どのようなメカニズムのもとで人々の教育達成を左右するのか，多くの知見が蓄積されてきた．ミクロなパースペクティブに着目する研究は，家族の経済的資源，文化的資源が，子どもの教育機会の不平等に影響することを明らかにする．

　教育機会の不平等形成のメカニズムを理論的に定式化するモデルに，レイモ

ンド・ブードンの議論がある（荒牧 2010）．ブードンは，教育機会の不平等を，階層ごとに学業成績の分布が異なること（1次効果）と，学業成績が同じであっても階層間で進学率に格差が存在すること（2次効果）の2つに区分して議論を展開する．ブードン自身はとりわけ，教育選択に対する出身階層の影響が，学力をコントロールした上でも成り立つことを主張し，2次効果に注目する意義を強調する（Boudon 1974）．本章と次章の第3章は，いずれも教育達成を扱うものであるが，本章は，このブードン・モデルのいうところの1次効果に注目し，次章は，2次効果について検討する．本章では，後の学校段階における教育達成の分岐となる学業成績に着目し，それを左右する家族的背景のメカニズムについて，これまでの先行研究について検討を加え，日本と韓国を事例に明らかにする．

## 2．教育社会学と家族社会学による教育達成についての研究

日本を中心とした教育機会の不平等に関する研究を概観すると，日本の代表的な研究の多くは，教育社会学者によって担われてきた．教育社会学者が中心となることで，結果的にそれらの研究の多くは，家族よりも教育に分析の重点を置いてきた．たとえば，各学校段階の移行に際しての選抜のあり方や後期中等教育における高校間格差の構造（トラッキング）に焦点を当て，こうした教育をめぐる諸制度が，教育機会の不平等にどのような影響を及ぼすのか，家族的背景と教育達成との結びつきをどのように左右するのかについて，研究がおこなわれてきた（竹内 1995；中西ほか 1997；荒牧 2001）．他方で，家族的背景については，そのメカニズムを深く追求するというより，両親の学歴と父親の職業を測定し，それと子どもの実際に達成した教育水準との関係を明らかにするもの，その時代的な変化について分析するものなどが多くみられる（Ishida 1993；荒牧 2000）．その場合，父親の職業は家族の経済的資源を，両親の学歴，とりわけ母親の学歴は家族の文化的資源を表すものと考えられてきた．他には，きょうだい数やきょうだいのなかの出生順位，ジェンダーが，結果としての教育達成にどのように影響するのかについても研究がおこなわれてきた．しかしながらこれらの研究も総じて，両親が2人ともそろっている核家族を前提とす

るものである．ひとり親家族をはじめとする異なる家族形態のあり方と，子どもの教育達成やその後のライフコースとの関係に注目する研究は，つい最近までみられなかった[2]．

他方で，アメリカの教育達成に関する研究に目を転じると，教育に関わる選抜制度，トラッキングなどに注目する研究ばかりでなく，家族社会学者の手による教育達成についての研究も多く見られる．とりわけアメリカでは，離婚率の増加とともに，ひとり親家族で育つことが，子どもたちの教育達成やその後のライフコースにどのような影響を及ぼすのか，パネルデータを用いた研究が蓄積されている．両親の学歴や職業といった社会経済的な地位を表す変数だけでなく，家族形態（Family Form）という変数が多くの研究で使用され，家族形態による格差・不平等が繰り返し報告されてきた．

加えて近年のアメリカの研究では，社会関係資本をめぐる理論枠組みを，子どもの教育達成を左右する家族的背景の1側面を考えるために応用する研究が多くみられる（Parcel et al. 2010）．代表的な研究として，コールマンの研究がある．コールマンは，家族内の親子関係は，子どもの教育機会を左右する重要な家族的背景であると主張する（Coleman 1988）．従来の研究で用いられてきた両親の学歴と職業では，家族内の社会関係資本を把握することはできない．親がどれほど高い学歴を保持し，知的な教養をもっていても，親が子どもとコミュニケーションのための時間を取ることができず，もっぱら仕事にばかり集中している状況では，親の高い学歴やそれに伴う認知的スキルは子どもへと継承されることはない．したがって，親の子どもの教育に対する関わり（parental involvement）は，子どもの教育達成に影響を及ぼすと考えることができる．

親の子どもの教育への関わりが，子どもの学業成績や教育達成にどのような影響を及ぼすかについては，研究によって一貫しない傾向もみられる．マクニールは，親の子どもの教育に対する関わりを概念的に精緻化し，それらを4つの次元に区分する．それらは，親と子どもとの討論，親の学校の活動（PTAなど）への参加，親の子どもの行動に対する監視，子どもの教育に対する直接的なサポートの実践である（McNeal 1999）．とりわけ，親による直接的な子どもの教育に対するサポートの実践は，これまでにも，子どもの学業成績に対して否定的な影響を及ぼしていることが報告されてきた（Ho Sui-Chi and Willms

1996).この場合,たとえば親が子どもの宿題を直接みてあげることで,子どもの学業成績が低下するというよりも,子どもが学校での学習に問題を抱えた結果,親が直接的に子どもの学習をサポートしていると解釈する方が妥当であろう.すなわちこうした結果がみられた場合,親の子どもの教育に対する関わりと学業成績との間の因果関係は逆転していると考えた方がいい（McNeal 1999）.

加えて,親による子どもの教育への関わりが子どもの教育達成に及ぼす影響は,学業に関わる成果がどのように測定されているかで異なる.とりわけ,学校内での学業達成に着目する場合,その構成要素は認知的側面（文字の読み書き能力,演算能力など）と行動的側面（学校をずる休みせず,きちんと毎日学校に行けるか,机に向かって学習する行動が習慣化されているかなど）の2つに区分できる.コールマンによれば,親の子どもの教育に対する関わり,とりわけ,親による学校の活動への参加や親同士のネットワークの形成は,子どもの行動に目を光らせることを可能にする.こうした親の学校活動や親同士のネットワークという社会関係資本は,子どもの行動をよりよくコントロールすることに大きく貢献する（Coleman 1988）.

さらに,マクニールらの研究の重要な点に,親の教育に対する関わりが子どもの教育達成に及ぼす影響力の強さは,親の社会経済的背景によって左右されるというものがある.なぜなら,親が子どもの学業の成功を最大限に手助けするためには,経済資本や文化資本を保持することが必要となるからである.言い換えれば,親が子どもの教育に積極的に関わったとしても,低い社会経済的背景の家庭では,効果的に子どもの学業を手助けすることができないからである（McNeal 1999; Park 2008）.この仮説が妥当であるなら,親の教育への関与は,親の社会階層から決して自由なものではなく,世代間での階層の再生産に寄与することになる.

こうしたアメリカの研究と類似の問題関心を有する日本の研究に,本田由紀の研究がある.本田は,特に母親の子どもの教育への関わりが,子どもの教育達成やその後の職業達成にどのように影響するか検討を行った.本田はその際,母親の子どもの教育への関わり方を,探索的因子分析の結果にもとづき,「きっちり子育て」と「のびのび子育て」という2つに類型化し,2つの異なる子

育てのあり方が，教育達成や職業達成にどのような違いをもたらしているか考察する[3]（本田 2008）．本田の研究は，これまでの日本の教育社会学が十分に注目してこなかった論点をとりあげ，興味深い知見を導いているものの，筆者らの立場からは，以下の点で問題がないわけではない．第1に，母親のみを対象とすることで，父親の影響についての分析が欠落している．第2に，親の子どもの教育への関わりを，探索的因子分析の結果からアドホックに概念化しており，これまでのアメリカを中心とする先行研究との関係が不明確で，理論的な視点を欠いている．本章は，本田の研究の到達点と問題点をふまえ，次節以降で論じる日韓の制度編成の相違も考慮に入れたうえで，分析モデルや仮説の設定を行う．

## 3．制度編成（Institutional arrangements）と教育達成との関わり

家族的背景の様々な側面は，子どもの教育達成に対して，どのような国，地域であっても一様な影響を及ぼすと考えられるだろうか．たとえばシャビットらは，産業化された13の諸国の教育機会の不平等を比較し，20世紀におこった劇的な教育の拡大にもかかわらず，多くの産業化された国々で，出身階層間での教育機会の不平等は安定的に推移してきたことを報告する（Shavit and Blossfeld 1993）．高学歴化や教育の拡大が進展するなかでも不平等が持続しているとする「persistent inequality」仮説は，国ごとの制度編成の相違よりも，国家を越えたより普遍的な教育機会の不平等のトレンドに注目するものであった．こうした研究知見をベースに，最大限に維持される不平等（Maximally Maintained Inequality）仮説などが，ハウトらによって提起され，多くの国でこれらの仮説の検証が行われてきた（Raftery and Hout 1993）．

その一方で，国によって異なる制度編成のあり方に着目し，様々な諸制度の相違が階層移動のプロセスにどのような影響を及ぼすかについて明らかにする研究もみられる．シャビットらは，教育システムの階層化や標準化の度合いといった教育システムの違いが，学校から職場への移行のあり方にどのように影響するのか分析する．階層化とは，中等教育段階の差異化の度合いをあらわし，階層化の度合いの高い教育システムでは，高等教育に進学可能な学校が，一部

の学校に限定される．たとえば中等教育段階で職業系の学校を選択した場合，高等教育への進学の資格が得られないことが，階層化の高い教育システムの一例としてあげられる．教育の標準化とは，教師の養成のあり方，学校の予算，教科内容などが，国レベルで標準化されている度合いをさす（Allmendinger 1989; Shavit and Müller 1998）．

　こうした教育制度の相違は，親の子どもの教育に対する関与と子どもの学業成績や教育達成との関係を，どのように左右するのであろうか．エリクソンらは，中等教育システムの階層化に注目し，早期の教育選択が求められ，中等教育の階層化の高い教育システムであるほど，子どもの教育達成に及ぼす親の階層の影響力が強くなることを主張する．子どもが幼いほど，子どもの学業能力に関する情報が少なく，親自身が自己の保有する経済的，社会的，文化的資源にもとづいて，子どもの教育選択に介入する傾向が強い．ドイツの場合，10歳の時点で中等教育を選択しなければならず，その時期の選択が，後の高等教育への進学可能性を左右する．スウェーデンも，以前はドイツと類似の教育システムを有していたが，子どもの教育機会に対する家族的背景の影響を和らげる観点から，戦後の数次にわたる教育改革のなかで，幼い時点での選択を求め，相互に排他的な複線型の教育システムから，アメリカ的な単線型の教育システムへと移行していった（Erikson and Jonsson 1996）．

　バッハマンらはさらに，親の子どもの教育に対する関与に直接的に注目する．親の子どもに対する教育期待を指標として用い，それが，子ども自身の教育アスピレーションにどのように影響するか分析したところ，その国の教育システムにおける中等教育段階の階層化の程度によって異なることを明らかにした．すなわち，中等教育の階層化の度合いの高い国では，親の教育期待よりも進学した中等教育の学校の種別（普通科か職業科か）によって大きな影響を受けることを示し，親の教育期待の効果が強い地域は，中等教育段階において階層化の度合いの低い地域に限定されていた（Buchmann and Dalton 2002）．

　教育システムの標準化の効果に注目した研究によれば，親の子どもの教育に対する関わりと子どもの教育達成との関係を次のように明らかにする．アメリカのように教育の標準化の低いシステムを採用する国では，地域ごとに教科内容や教育組織の運営のあり方が異なるため，学校での教育のあり方を親が明確

に理解するためには，親自身も学校への活動に積極的に関わる必要がある．しかしながら，そうした親の学校活動への関わりは，親の社会経済的地位によって左右されるため，国レベルでの教育システムの標準化の度合いが低い場合，親の子どもの教育に対する関わりがどの程度子どもの教育を高めることに寄与するかは，親の社会経済的地位によって影響を受けることが考えられる（Park 2008）．こうした教育システムでは，出身階層は親の教育に対する関わりを通じて，再生産される傾向が強い．

　教育システムの階層化と標準化に加えて，全体的な進学率の動向や政府による公的な教育支出のあり方，家族，教育，労働市場に関する福祉政策も，マクロな制度編成として教育機会の不平等に影響を及ぼすと考えられる．先に述べた，シャビットらの国際比較研究では，13ヵ国中11ヵ国で，産業化の進展や教育の拡大にもかかわらず，教育機会の不平等が減少することなく持続しているが，オランダとスウェーデンでは，教育機会の不平等の減少が観察された（Shavit and Blossfeld 1993）．とりわけスウェーデンは，伝統的に強力な労働運動のもと，長く社会民主主義政党が政権を担い，より普遍的な福祉給付が行われてきた．そのため，社会全体の経済格差や生活水準をめぐる格差の度合いが小さく，階層間の平等な資源の分配の結果，教育機会の不平等も低い水準にとどまると予想できる（Erikson and Jonsson 1996）．エスピン・アンデルセンが整理した福祉レジームの類型は，家族，教育，労働市場など数多くの政策領域にまたがるものであるが，スウェーデンは，普遍主義の立場から公的な福祉サービスの提供を重視する社会民主主義レジームの典型として位置づけられてきた（Esping-Andersen 1999）．社会民主主義レジームは，家族，教育，労働市場をめぐる政策を通じて，経済的な格差の是正と平等化を重視することから，教育機会の不平等も，他国と比べて小さいと考えられる．政府による福祉支出の増大と経済発展を通じた生活状況の平等化は，教育機会の不平等の縮小に大きく貢献するものであろう（Breen et al. 2009）．

　福祉の充実による生活状況の平等化だけでなく，教育支出のあり方も教育機会の不平等と大きく関係する．アルムらは，私的な教育費負担の比率の相違と，それによる高学歴化の進展，および教育機会の不平等との関係について次のように述べる（Arum et al. 2007）．多くの国々で，戦後，高等教育の拡充が進め

られてきたが，国公立の高等教育機関が大半をしめる国では，国家の教育予算の制約から，教育の拡大が抑制されてきた．他方で，私立の教育機関の設立を許容する国では，私立の教育機関の新設を通じ，教育の拡大がもたらされ，結果として高等教育への全体の進学率を大きく押し上げる効果をもった．ただし，ハウトらによる最大限に維持される不平等（MMI）仮説にもとづけば，高等教育の進学をめぐって上層が飽和状態に達しない限り（全体の進学率が8割から9割程度に達することを目安とする研究が多い），下層との進学率の格差は縮小しない．現状では，高等教育進学率がこれだけ高く推移している国は非常に少なく，私立の高等教育機関の設置を通じて全体の進学率が上昇しても，教育機会の不平等を縮小させていくことは難しいと思われる．他方で，高等教育における私的負担の割合が高いほど，家族的背景が子どもの教育達成に及ぼす影響力は増大するものと予想され，教育機会の不平等は大きいものと予想できる（Arum et al. 2007）．

## 4．日本と韓国における教育システムと家族的背景

　国際比較研究で用いられてきた教育制度の考え方に依拠すると，日本と韓国の教育制度はどのように位置づけられ，そこから教育機会の不平等はどの程度存在するものと予測できるだろうか．日本と韓国は，多くの先行研究によって類似する教育制度を有する国として位置づけられてきた．日本は，戦前期にヨーロッパの教育制度に大きな影響を受け，複線型の教育制度を発達させてきた．韓国も，戦前は日本の支配下にあり，日本の教育制度の影響を大きく受けた．戦後は，両国ともアメリカの影響を受け教育制度が形成され，複線型から単線型へと移行した．現在では日本と韓国ともに，6年間の小学校と3年間の中学校での教育が，義務教育とされている．そして，3年間の高等学校の後に，高等教育に進学する．高等教育は，4年制の大学とそれよりも期間の短い短期大学がある．3年間の高校については，普通科と職業科に分かれているが，どちらの種類の学校に進学しても，高等教育機関に進学することができる（中村ほか 2002）．中等教育段階における階層化という観点からみると，日本と韓国の教育システムは，階層化の度合いが低いものと特徴づけられてきた（Mueller and Shavit 1998).また，教育システムの標準化という点でも，両国の教科内容や教員養成のあり方は，中央政府の統制を受け，国レベルで標準化されている度合いが高い（Park 2008）．そのため，日本と韓国の教育システムは，その階層化と標準化という点で類似する特徴をもつとされてきた．

　しかし高等学校に着目すると，選抜システムや高校間の序列構造という点で，日本と韓国は大きく異なる．日本では，高校進学に際し入学試験が課され，入学の難易度が高校間で異なる．入学が難しいとされる公立高校の多くは，戦前からの旧制中学を母体とし，著名な大学への進学実績がある．こうした高校間の序列構造はトラッキングという概念で理解され，進学した高校の特性によって大学・短大をはじめとする高等教育への進学可能性が大きく枠づけられてきた（竹内 1995）．他方で，韓国でも高校進学に際し以前は入学試験が課されてきたが，1974 年に高校間の格差構造を縮小するために人文系（普通科）高校に対する平準化政策が導入され，人文系高校の学校単位での入学者選抜は，国公立と私立を問わず全廃された．学区全体で人文系高校への進学者を一括選抜した後，選抜に通過した進学者は学区内の高校に抽選で振り分けられることとなった（熊谷 2009）．その結果，高校間の入学試験難易度をめぐる序列構造は大きく撤廃された．

　他方で，大学をはじめとする高等教育の序列・格差の構造に着目すると，日本と韓国は類似の状況に置かれているともいえる．入学試験にもとづく入学の難易度が学校によって異なり，これが高等教育における学校間の序列構造を成している．多くの若者たちは，大学への進学を目指すだけでなく，序列構造のなかでもより上位の学校への進学を目指して受験勉強にはげむのである（竹内 1995）．

　より良い高等教育機関への進学準備のために，生徒たちは多くの時間と労力を費やしている．日本と韓国の生徒たちの多くは，塾や家庭教師など，学校以外の場でも何らかの教育を受け，親たちは子どもの学校外での教育に多くのお金を費やしている．塾通いをはじめとする学校外での教育は，日本と韓国の双方でみられる現象である．韓国では，高校平準化措置が取られたことで，1 つの高校に多様な学力水準の生徒が入学し，能力別学級編成が禁止されたことも相まって，実際の学習指導に大きな困難が生じた．その結果ますます多くの高

校生が，高等教育への進学準備のために，塾通いや家庭教師などの学校外での授業を受講するようになった（有田2006）．

以上みてきたように，日本と韓国の教育システムは，高校進学における選抜のあり方という点で違いをみせるが，高等教育への進学について入学試験によって選抜を行い，入学の難易度が学校によって異なる点で共通の基盤をもつ．後の学校段階への入学準備のために，公教育は十分な機能を発揮することができず，その結果，学校外教育への投資が日本と韓国の双方で活発に行われている．また親たちは，子どもたちが受験に向けて万全の態勢で臨めるよう，様々な支援を行うことが求められてきた．その意味で，日本と韓国の教育システムは，親が子どもの教育に積極的に関わることを求めてきたといえる．

加えて，日本と韓国の福祉政策のあり方や公的な教育支出の構造も，ミクロな次元での家族の子どもの教育に対する関わりを左右する．韓国や台湾を含む東アジア諸国の福祉政策は，以下のように特徴づけられる．経済発展に寄与するという側面から福祉政策の選別が行われ，公的な福祉支出の水準は全般的に低い．福祉に対する公的支出の水準の低さは，家族を福祉の中心的な担い手として位置づけることで，補われてきた（Holliday and Wilding 2003）．日本でも，男性稼ぎ主モデルや性別役割分業を前提とすることで，福祉やケアの主たる担い手として，妻や女性が想定されてきた（大沢 2007）．こうした福祉政策を採用してきた国々では，他のOECD諸国と比較し，家族や子ども向けの福祉支出，成人向けの福祉支出が，大きく抑制されてきた．OECDのデータベースによれば[4]，2007年の家族向けの公的支出の規模は，対GDP比でOECDの平均である1.9％と比較して，日本は0.8％，韓国は0.5％と非常に低い．家族主義的な福祉レジームと位置づけられる南欧諸国でも，スペインが1.2％，イタリアが1.4％である．北欧諸国では，スウェーデンが3.4％，デンマークが3.3％と，非常に多くの予算を家族向けの福祉に振り向けており，自由主義とされるイギリスでも対GDP比で3.2％を家族向け福祉に配分している．

教育に対する公的支出を概観すると，初等・中等教育に対して，他のOECD諸国の平均が対GDP比で3.5％であるのに対し，日本は2.5％と最低水準であり韓国は3.4％とOECD平均に近い．他方で，高等教育に対する教育支出の構造は日韓で似通っている．高等教育に対する公的支出の対GDP比は，

日本が0.5％，韓国が0.6％であり，高等教育の私的支出は，日本が1.0％，韓国が1.9％と私的支出が公的支出を大きく上回る．アメリカを除いた他のOECD諸国では，高等教育費用の大半は公的に賄われており，私的に負担する割合は非常に少ない（OECD 2011）．実際に，日本，韓国，アメリカでは，高等教育全体のなかで私立の教育機関が占める割合が高く，これらの3ヵ国では2008年時点で高等教育の学生のおよそ8割程度が私立の学校に在籍し，フランス，ドイツ，デンマーク，スウェーデンなどのヨーロッパ諸国では，おおむね8割から9割の学生が公立の学校に在籍する[5]．

こうした高等教育に占める私立の教育機関割合の高さは，確かに高等教育全体の進学率を高めた．2008年時点で韓国の高等教育への進学率は83.8％と他のOECD諸国よりも非常に高く，日本も56.2％と高い進学率を示している．他方で，私立の教育機関が少ないドイツでは，高等教育進学率は41.1％と韓国のおよそ半分にとどまる（労働政策研究・研修機構 2012）．とはいえ，前述のように日本と韓国は，高等教育における私的な費用負担の割合が高いことから，家族的背景にもとづく教育機会の不平等が大きいことが予想される．日本と韓国における家族を対象とした福祉政策や公的な教育支出の構造をみるかぎり，他の先進諸国と比較して，家族，教育，福祉をめぐるマクロな次元での諸制度は，子育てや子どもの教育において家族が経済的にも社会的にも重要な役割を果たすことを大きな前提としている．

## 5．分析戦略

以上のような特徴をもつ，日本と韓国の教育制度，福祉レジームのなかで，子どもたちやその家族は，どのようにして教育達成を可能にしているのだろうか．本章は，家族の子どもの教育に対する関わりを概念化する上で，マクニールらの研究を大きく参考にする．マクニールは，親の子どもの教育に対する関与を，親と子どもとの討論，親の学校の活動（PTAなど）への参加，親の子どもの行動に対する監視，子どもの教育に対する直接的なサポートの実践という4つの次元に区分する．本章が用いるデータでは，残念ながら親の学校活動への参加が測定されておらず，これについて検討することはできないが，他の3

つの側面については，質問紙の中でそれと類似の項目が測定されているため，これらについて量的データを用いた検討を行う．加えて，親子関係の質を測定する上で重要と思われるものに，親の子どもに対する情緒的サポートがある．親が子どもを情緒的，精神的にサポートすることで，子どもの心理的安定を促進し，そのことで子どもが落ち着いてじっくりと学習に取り組むことが可能となり，結果として子どもの学力を高める効果をもたらすと考える．したがって本研究では，子どもの情緒的サポートも加えて，より多面的な検討を行う．

　さらに，親による子どもの教育に対する関わりとして，塾通いや家庭教師をつけるなど，公的な学校教育以外の場での教育投資をあげることができる．これらは本田由紀の研究では，「きっちり子育て」を構成する下位尺度として，「成績が上がるよう母親が直接的に子どもの勉強の指導をする」ことと，同じ系列のものと位置づけられる．しかしながら他の先行研究では，親が直接的に子どもの勉強をみること，子どもとの会話や討論の機会を増やしていくこと，子どもを塾に通わせることは，それぞれ異なる次元に属するものと把握されてきた．本研究でも，それらの先行研究にもとづき，子どもを塾に通わせることを，他の親の教育への関与と比較しながら考察する[6]．

　これらの5つの項目でみたとき，親の教育への関与はどの程度子どもの成績を高めることに貢献しているのだろうか．日本と韓国の教育システムは，いくつかの点で類似しているが，高等学校の序列構造や選抜システムという点では大きく異なっている．こうした教育システムの相違は，親の子どもの教育に対する関わりと子どもの成績との関係に，どのような影響を及ぼしているのか考察する．そして，こうした親の教育への関与は，親の社会経済的地位や家族形態によってどのような影響を受けているのだろうか．社会階層論や教育社会学では，家族の保有する経済資本，文化資本，社会関係資本が，ミクロな次元で子どもの教育達成に影響を及ぼす重要な要因として，これまでに論じられてきた．家族内の経済資本や文化資本は，社会関係資本としての親の子どもの教育に対する関わりにどのような影響を及ぼすのか．最終的に，家族内の経済資本と文化資本は，社会関係資本を通じて，教育機会の不平等を再生産してしまうのか．そうした点について検討する．

　これらの点について，先行研究の知見をふまえると次の結果が予想される．

韓国では,「大学進学段階集中型」で「一元的」な選抜システムが形成されている. すなわち, 生徒にとっての決定的な選抜が大学進学段階に集中し, 中学・高校入学段階の選抜制が大きく低下したことで, 大学進学競争が一層過熱している (有田 2006). こうした競争は, 子どもたちだけでなく親たちをも大きく巻き込んでいる. そのため韓国では, 家族の社会階層にかかわらず, 親は熱心に子どもの教育に取り組んでいると思われる. その結果, 家族的背景が子どもの学業成績に及ぼす影響力は, 韓国では全般的に小さいことが考えられる. ただし, 多くの親たちは, 子どもの塾通いなど, 進学準備のために学校外での教育に多額の費用を費やしている. 経済的な負担が必要な子どもの塾通いについては, 親の経済資本の効果が一定程度あらわれることも予想される. そのため韓国では, 親の子どもの教育への関与を考える上で, 塾通いなどの学校外での教育が, 教育機会の不平等を支える重要な役割を果たしていると思われる[7].

他方で日本では, 韓国とは異なり, 高等学校の序列構造が現状でも存在し, 早期の段階から選抜が行われている. そのため, 親の子どもの教育への関与は, 子どもの教育達成を支える重要な要素となる. 早期の段階から選抜がおこなわれることで, 大学進学に向けた教育選択は, それ以前の段階の教育選択の制約を大きく受ける. 先行研究にもとづけば, より早期の教育選択を要求する教育システムであるほど, 家族的背景にもとづく教育機会の不平等は大きい. そのため日本では, 親の子どもの教育に対する関与が, 子どもの学業成績に及ぼす効果は, 韓国よりも大きくなることが予想できる.

さらに親の教育への関与は, 親の社会経済的地位だけでなく, 家族形態によっても大きく左右される. ふたり親家族と比べて, ひとり親家族や, 単身赴任などで父母のいずれかと別居して暮らす家族は, 親の教育への関与の点でどのような相違が存在するだろうか. ひとり親家族の場合, 親は, 経済的役割と家事・育児役割をひとりで遂行することが求められ, 役割過重状態にあることが示唆される. ひとり親家族では, 親は複数の役割を限られた時間のなかで遂行しなければならず, 親子間で密接なコミュニケーションをとることが困難な状況にあることが予想される. 加えて日本と韓国は, 家族向けの公的な福祉支出の水準が, 他のOECD諸国と比べて極端に少ない. ひとり親家族に対する公的福祉や経済的支援の不足のため, 親は限られた時間を仕事へと振り向けざる

をえず，子どもたちの教育への関わりを一層困難なものとしているだろう．

　加えて，日本では結婚生活は継続しているものの，夫が仕事のために家族から離れ，別の地域に単身赴任する事例が散見される．日本全国に支社をはりめぐらす大企業では，社員に様々な地域での就業経験を積ませるため，全国転勤を要請する．しかし，従業員とその家族が，様々な理由から地域移動が困難である場合，夫のみが単身で別の地域に暮らし，週末のみ自宅に戻る（目黒・柴田 1999）．こうした家族では，父親は仕事のために自宅を離れることが多く，子どもとのコミュニケーションのために十分な時間を確保することは難しいだろう．このように，本章が注目する親の教育への関与は，階層研究が繰り返し強調してきた親の社会経済的地位だけでなく，家族形態によっても大きく左右されるだろう．本章は，社会経済的地位に還元しえない家族の様々な側面が，子どもの教育達成にどのように影響するのか明らかにしていきたい．

## 6．データと変数

　本章では，2010 年 2 月から 2010 年 3 月にかけて，日本と韓国で行われた「第 2 回青少年の生活についての調査」を用いる．本調査は，家族社会学の視点から，親子間の相互行為の内容や質について詳細に質問し，親の子どもの教育への関与に注目する本章にとって，もっとも適したデータである．本調査は，東京都とソウル特別市行政区に在住する中学 2 年から高校 2 年の生徒を対象に行われているが，本章では，中学 2 年生と 3 年生だけを対象に分析を行う．先行研究では，高校生を対象とする研究が多い半面，義務教育段階にある中学生を対象とする研究が相対的に少ないという状況をかんがみ，中学生に注目した分析を行う．本章が使用するデータは，東京とソウルという大都市居住者に限定されたものであり，分析結果の解釈には注意を要する．分析で用いるいずれかの項目で無回答の対象者を除外した後で，最終的に本研究で分析に使用するケース数は，日本が 334 名，韓国が 378 名となった．

　中学生は確かに，入学試験による選抜制の度合いが低く，日韓の生徒たちは教育システムという点で似たような状況に置かれているようにもみえる．しかし韓国では，高等教育に至るまでの段階で，入学試験による選抜の要素が戦後

第Ⅰ部　教育と政策

表2-1　分析に使用する変数の記述統計量

| | 最小値 | 最大値 | 日本 (N=334) 平均 | 標準偏差 | 韓国 (N=378) 平均 | 標準偏差 |
|---|---|---|---|---|---|---|
| 成績 | 1 | 5 | 3.13 | 1.14 | 3.18 | 1.20 |
| 性別（女性＝1） | 0 | 1 | 0.46 | 0.50 | 0.47 | 0.50 |
| 父親の学歴 | | | | | | |
| 高卒 | 0 | 1 | 0.28 | 0.45 | 0.27 | 0.44 |
| 短大以上 | 0 | 1 | 0.54 | 0.50 | 0.53 | 0.50 |
| 母親の学歴** | | | | | | |
| 高卒 | 0 | 1 | 0.39 | 0.49 | 0.39 | 0.49 |
| 短大以上 | 0 | 1 | 0.52 | 0.50 | 0.43 | 0.50 |
| 父親の職業（基準：ブルーカラーと農業）** | | | | | | |
| 専門管理 | 0 | 1 | 0.36 | 0.48 | 0.18 | 0.38 |
| 事務 | 0 | 1 | 0.17 | 0.38 | 0.22 | 0.41 |
| 販売・サービス | 0 | 1 | 0.09 | 0.28 | 0.19 | 0.39 |
| 無職 | 0 | 1 | 0.02 | 0.15 | 0.02 | 0.15 |
| 無回答・父不在 | 0 | 1 | 0.22 | 0.42 | 0.27 | 0.45 |
| 家族の経済状況 | 1 | 7 | 4.28 | 0.97 | 4.35 | 0.96 |
| 家族形態（基準：ふたり親家族)** | | | | | | |
| ひとり親家族 | 0 | 1 | 0.10 | 0.31 | 0.04 | 0.21 |
| 父母が別居（単身赴任など） | 0 | 1 | 0.06 | 0.24 | 0.02 | 0.14 |
| 拡大家族 | 0 | 1 | 0.17 | 0.38 | 0.10 | 0.30 |
| 私立中学 | 0 | 1 | 0.27 | 0.45 | | |
| 学校外教育投資 | 0 | 1 | 0.56 | 0.50 | 0.56 | 0.50 |
| 母親のフルタイム就業 | 0 | 1 | 0.19 | 0.39 | 0.22 | 0.41 |
| 父親の教育への直接的関与 | | | | | | |
| 子どもとの討論** | 3 | 12 | 7.78 | 1.95 | 7.35 | 2.24 |
| 教育への直接的支援** | 1 | 4 | 2.21 | 0.99 | 2.74 | 0.95 |
| 子どもへの情緒的支援 | 1 | 4 | 2.36 | 1.06 | 2.46 | 0.94 |
| 母親の教育への直接的関与 | | | | | | |
| 子どもとの討論 | 3 | 12 | 8.20 | 2.17 | 8.19 | 2.08 |
| 教育への直接的支援** | 1 | 4 | 2.34 | 1.06 | 3.14 | 0.85 |
| 子どもへの情緒的支援** | 1 | 4 | 2.62 | 1.06 | 2.91 | 0.89 |

注：日本と韓国で，用いた変数の分布に有意な相違があるか検討を行った．連続変数には分散分析を，カテゴリーの変数にはクロス集計とカイ二乗検定を行った．$^+p<.10$　$^*p<.05$　$^{**}p<.01$

の教育改革を経て大きく取り除かれている半面，日本では，高等学校における入学試験にもとづく選抜が行われ，学校間の序列構造が存在している．さらに都市部では，私立を中心とした中高一貫校や私立大学付属の中学・高校と一貫教育を行う学校もある．これらの私立中学に入学を希望する場合，小学生の段階から入学試験に向けた準備を進めなければならない．このように，日本の教育システムでは中学校段階からの選抜が許容され，子どもの進路形成において

親の果たす役割は大きく，私立の教育機関への進学であることも考えると，親の社会経済的地位の影響力も大きくなるだろう．

分析に用いる変数は，表2-1に掲載した．従属変数には成績を用いる．本章が使用する成績は，学校内での成績の相対的な位置を上から下までの5段階でたずねたものである．親の子どもの教育に対する関わりは，父母別に測定されたものを用いる．子どもとの討論は，政治や社会の事柄，学校での出来事などについて話し合う頻度を4段階で測定しており，3つの質問項目の得点を足し合わせたものを子どもとの討論の尺度とした．教育に対する直接的支援では，勉強や成績について相談する頻度を，情緒的支援は，心配や悩み事の相談にのる頻度を用いた．親の子どもの行動に対する監視では，それを直接的にたずねた項目がなく，母親がフルタイムで就業しているか否かを，それに代わる指標として用いた．この場合，母親がフルタイムで働いていると，子どもの監視が困難であると考えた．学校外教育投資では，現在塾に通っているか，または家庭教師のもとで勉強しているかどうかをたずねた設問から変数を構成し，これらを利用している者を1，その他を0とコードした．

その他の家族的背景に関わる変数として，両親の学歴と父親の職業を用いた．親の子どもの教育への関わりを左右する家族形態については，一緒に暮らしている同居者の構成についての質問と，両親の職業をたずねる質問のなかで親の有無をたずねたものがあり，この2つの情報をもとに構成した[8]．ひとり親家族は，父または母のどちらかと現在一緒に暮らしておらず，職業の設問でも，父または母はいないと回答した人を，ひとり親家族とみなした．現在，父または母と別居しているという判断は，父と母のいずれかとは同居していないが，親の職業の設問で両親ともいると回答している人を，一時的に父母と別居しているとみなした．加えて，こうしたひとり親家族に対し，両親2人と同居し祖父母とも同居する人たちを拡大家族と捉え，祖父母との同居の効果についても併せて検討する．なぜなら，祖父母との同居は，家族内の社会関係資本を豊かにするものとも捉えられるからである．とはいえ，祖父母が孫の成長や発達にどう寄与するかは，祖父母の年齢や健康状態によっても大きく左右される．介護が必要な高齢者との同居は，ケア役割を担う母親の負担を増し，かえって親の子どもへの関わりを低減する効果をもつかもしれない．そうした点も考慮し

ながら，家族形態の効果について検討する必要がある．

さらに日本を対象とする場合，中学生の一部は，国公立の中学だけでなく私立中学に在籍する者も含まれており，成績や親の教育への関わりを分析する際，そうした学校の効果を統制する必要がある．そのため，現在私立中学に通う者を1，その他を0とするダミー変数を作成し，分析に用いることとした．そして成績や親の関与において，子どもの性別による違いを統制するため，ジェンダーをコントロール変数として用いた．

## 7．記述統計からみる親の教育への関与

表2-1には，多変量解析で用いる各変数の平均値と標準偏差を掲載した．各変数の記述統計を国別に集計する際に，これらの項目について日韓で統計的な有意差の有無を確認するため，連続的な数値の変数には分散分析を，カテゴリーの変数にはクロス集計とカイ二乗検定をそれぞれ行った．従属変数として用いる成績は，日本と韓国ともに「平均して中くらい」という選択肢に回答が集中し，正規分布しており，両国で大きな相違はみられない．親の教育に対する関わりについては，日本と韓国で統計的に有意な差がみられた．父親の子どもに対する関わりに注目すると，子どもとの討論は，日本の父親の方が積極的であったが，子どもの教育に対する直接的支援では，韓国の父親の方が得点が高かった．情緒的支援では，日韓で有意な差はみられなかった．母親との関係をみると，子どもとの討論という点では，両国の母親に有意な差はみられなかったが，教育に対する直接的支援，情緒的支援いずれも，日本の母親よりも韓国の母親の方がより積極的に関わっている様子がみられた．本田由紀が主張する，子どもの教育に「強迫的なまでに」熱心に関わる母親とは，日本よりも韓国の母親により特徴的にみられるものかもしれない．加えて，子どもの監視可能性の代理指標として用いる母親のフルタイム就業については，日韓両国とも2割程度であり大きな相違はみられなかった．

子どもの塾通いや家庭教師など，学校外教育投資は，日韓ともに56％の回答者が利用しており，日韓でほとんど違いがみられない．とはいえ，今回の分析からは除外しているが，高校生の学校外教育の受講には両国で大きな違いが

ある．日本の高校1,2年生では，学校外での教育を受講する者は全体の29％だが，韓国の高校生では59％に達している．日本では高校受験に向けて，多くの中学生が学校外での教育を利用するが，高校段階になると利用する層は限られてくるようだ．こうした傾向は，近年の大学入試の多様化，推薦入試による選抜の比重の拡大と並行して，一般入試の学力試験による選抜の比重の低下とも大きく関係しているのかもしれない（中村 2011）．

次に，その他の家族的背景の結果についてみてみる．父親の学歴については，日本と韓国で大きな違いはみられないが，母親の学歴では，日本のほうが韓国よりも短大以上の学歴をもつものが多い．父親の職業についても有意な違いがみられ，とりわけ専門管理職に従事する父親が，日本では36％と3分の1を超えるが，韓国では18％と2割に達していない．家族形態に着目すると，韓国では両親とその子どもからなる核家族が大半を占め，ひとり親家族が4％，父母が別居している家族が2％と少ない．他方で日本では，ひとり親家族が1割に達し，父母が別居している家族も6％である．両親がいて祖父母と同居する家族も，韓国よりも日本のほうが多い．

日本の回答者についてのみ集計した項目に，私立中学に通っているかどうかがある．本章で用いる調査は，東京都に限定して行われたことを反映し，中学生の27％が私立中学に通っていると回答する．日本でも東京のような大都市では，かなり多くの子どもたちが中学受験を経験し，私立中学に通っており，早期の段階での選抜が日本の大都市でより顕著であることがうかがえる．

## 8．親の教育に対する関与と学業達成

本節では，重回帰分析という手法を用いて，中学生の学校での成績が，どのような家族的背景によって左右されるのか検討する．その際，親の教育への関与が，成績に対してどのような影響を及ぼし，他の家族的背景の効果とどのように異なるかを際立たせるため，モデルを4つに区分して分析を行った．モデル1では，親の教育への関与以外のその他の家族的背景，具体的には，両親の学歴と父親の職業，家族の経済状況，家族形態，性別を，従属変数である成績を左右する要因として分析に用いた．モデル2では，親の教育への関与の変数

として学校外教育投資を，親の子どもに対する監視可能性として，母親のフルタイム就業を分析に投入した．モデル3と4では，親の教育への関与として，子どもとの討論，教育への直接的支援，子どもへの情緒的支援を用いた．モデル3では，それらのうち父親の関わりを，モデル4では母親の関わりを変数として分析に投入した．分析結果は，表2-2に掲載した．

　モデル1では，母親の学歴，父親の職業，家族の経済状況，私立中学への通学で統計的に有意な効果がみられた．母親の学歴では，母親が短大以上の学歴をもつ場合，中卒かそれ以下の学歴の者よりも子どもの成績が有意に高かった．父親の職業では，父親がブルーカラーや農業に従事する者よりも，父親が専門管理や事務職に従事する者のほうが，子どもの成績は高かった．家族の経済状況では，経済状況が良好であるほど子どもの成績は良い傾向がみられた．こうした結果からは，全般的に家族の社会経済的地位の高い生徒ほど，良好な成績を収めていることが理解できる．家族形態については，両親からなる核家族を基準としたとき，統計的な有意差はみられなかったが，両親の学歴と職業，家族の経済状況を除いて，家族形態の効果を確認すると，ひとり親家族の生徒ほど，成績が低い傾向がみられた．家族の社会経済的地位をコントロールした結果，ひとり親家族のネガティブな効果が消えることは，ひとり親家族が社会経済的に不利な状況におかれており，その結果として子どもの成績が低くなっていることが推察される．

　モデル2では，親の教育への関与のうち，学校外教育投資と母親のフルタイム就業を追加で投入したが，いずれも統計的に有意な効果はみられなかった．変数や対象は異なるが，成人を対象とする全国調査データを用いて学校外教育投資の最終的な教育達成に及ぼす効果を検討した都村らの研究には，学校外での教育経験は，必ずしも教育達成を高めるものになっておらず，その効果は，1951年から60年生まれの出生コーホートだけにみられる限定的な現象であると述べられている．塾通いをはじめとする学校外教育が一般化した現状では，進学塾に通うだけでは，教育達成に有利に働かなくなっているという（都村ほか 2010)[9]．本調査の結果も，日本における学校外教育の現状を反映したものとなっている．母親のフルタイム就業についても，母親がフルタイムで働いているからといって，それが子どもの監視の可能性を低め，学力にマイナスの影

響を及ぼしているという傾向は認められなかった.

モデル3では，父親の子どもの教育への関与について係数の推定を行った．その結果，父親の関与では，子どもとの討論や子どもへの情緒的支援が，子どもの成績を高める有意な効果をもつことが明らかになった．調整済み決定係数の変化をみても，父親の関与の効果が大きいことがうかがえる．モデル3の結果で興味深い点は，モデル1と2で有意な効果がみられていた父親の職業が，父親の子どもの教育に対する関与を追加で投入したことで，影響力が消失してしまったことである．これは，父親の職業階層の成績を高める効果は，父親の子どもの教育に対する関わりを媒介にして成立していることを示している．すなわち，父親が専門管理や事務職に従事するものほど，子どもの教育に熱心に関与し，その結果，子どもの成績が高くなっていることが，結果からうかがえる．

モデル4では，母親の子どもの教育への関わりの効果について検討したところ，子どもとの討論や教育への直接的支援については，有意な効果がみられなかったが，子どもへの情緒的支援についてのみ，成績を高める効果が認められた．日本の結果は，父親と母親ともに必ずしも教育や学習に焦点をおかずに，普段から日常的に子どもとコミュニケーションを図っていく，子どもと積極的に接していくことが，子どもの学習環境の安定をもたらし，それが子どもの成績を高めていくことを示唆している．先行研究では，母親の子どもの教育への関わりが社会のなかで過度に強調され，それが母親を追い詰めていることが論じられてきたが，本章の分析結果が提示する経験的現実は，父親が積極的に子育てや子どもの教育に関わることの重要性を示すものであろう．

韓国の結果についてみてみたい．モデル1では，母親の学歴と父親の職業で成績を高める有意な効果が観察された．母親が短大以上の学歴を保持し，父親が専門職や管理職の仕事に従事するほど，子どもの成績も高い傾向がみられた．先行研究では，韓国の教育達成について階層間格差は小さいことが述べられているが（中村ほか 2002），東京とソウルという大都市に限定した私たちの調査では，ソウルの子どもたちも東京の子どもたちと同程度に，両親の学歴や職業といった社会経済的地位によって，学校内での成績が左右されていることがわかった．そして，モデル2からモデル4まで，親の子どもの教育に対する関与

第Ⅰ部 教育と政策

### 表 2-2 成績を従属変数とする重回帰分析（国別）①

| 日　本 | Model 1 | | Model 2 | | Model 3（父親） | | Model 4（母親） | |
|---|---|---|---|---|---|---|---|---|
| | b | s.e. | b | s.e. | b | s.e. | b | s.e. |
| 性別（女性＝1） | 0.050 | 0.122 | 0.053 | 0.122 | 0.013 | 0.119 | 0.052 | 0.123 |
| 父親の学歴（基準：中卒） | | | | | | | | |
| 高卒 | −0.137 | 0.234 | −0.165 | 0.239 | −0.126 | 0.235 | −0.156 | 0.240 |
| 短大以上 | 0.126 | 0.250 | 0.109 | 0.254 | 0.217 | 0.248 | 0.064 | 0.255 |
| 母親の学歴（基準：中卒） | | | | | | | | |
| 高卒 | 0.277 | 0.245 | 0.282 | 0.247 | 0.225 | 0.241 | 0.281 | 0.249 |
| 短大以上 | 0.516⁺ | 0.264 | 0.509⁺ | 0.265 | 0.387 | 0.260 | 0.536* | 0.266 |
| 父親の職業（基準：ブルーカラーと農業） | | | | | | | | |
| 専門管理 | 0.474* | 0.206 | 0.453* | 0.209 | 0.323 | 0.205 | 0.411⁺ | 0.209 |
| 事務 | 0.482* | 0.224 | 0.458* | 0.227 | 0.346 | 0.221 | 0.406⁺ | 0.228 |
| 販売・サービス | 0.203 | 0.261 | 0.186 | 0.263 | 0.156 | 0.256 | 0.232 | 0.263 |
| 無職 | 0.104 | 0.454 | 0.095 | 0.455 | 0.035 | 0.442 | 0.114 | 0.453 |
| 無回答 | 0.465* | 0.232 | 0.446⁺ | 0.234 | 0.381⁺ | 0.228 | 0.386 | 0.237 |
| 家族の経済状況 | 0.156* | 0.073 | 0.152* | 0.073 | 0.133⁺ | 0.071 | 0.141⁺ | 0.074 |
| 家族形態（基準：ふたり親家族） | | | | | | | | |
| ひとり親家族 | −0.400 | 0.259 | −0.382 | 0.262 | −0.019 | 0.269 | −0.206 | 0.281 |
| 父母が別居（単身赴任など） | 0.012 | 0.260 | 0.018 | 0.261 | 0.157 | 0.257 | 0.032 | 0.262 |
| 拡大家族 | 0.048 | 0.164 | 0.049 | 0.165 | 0.083 | 0.161 | 0.043 | 0.165 |
| 私立中学 | −0.288⁺ | 0.149 | −0.246 | 0.159 | −0.280⁺ | 0.154 | −0.258 | 0.159 |
| 学校外教育投資 | | | 0.102 | 0.133 | 0.086 | 0.130 | 0.107 | 0.133 |
| 母親のフルタイム就業 | | | −0.024 | 0.161 | −0.060 | 0.157 | −0.013 | 0.161 |
| 親の教育への直接的関与 | | | | | | | | |
| 子どもとの討論 | | | | | 0.118** | 0.035 | 0.025 | 0.033 |
| 教育への直接的支援 | | | | | −0.124 | 0.082 | −0.119 | 0.076 |
| 子どもへの情緒的支援 | | | | | 0.201* | 0.078 | 0.159* | 0.077 |
| 定数項 | 1.768** | 0.393 | 1.754** | 0.395 | 0.810⁺ | 0.449 | 1.473** | 0.452 |
| N | 334 | | 334 | | 334 | | 334 | |
| Adjusted R2 | 0.087 | | 0.083 | | 0.138 | | 0.091 | |
| F 値 | 3.12** | | 2.77 | | 3.67 | | 2.67 | |

＋p＜.10　*p＜.05　**p＜.01

## 表2-2 成績を従属変数とする重回帰分析（国別）②

| 韓 国 | Model 1 | | Model 2 | | Model 3（父親） | | Model 4（母親） | |
|---|---|---|---|---|---|---|---|---|
| | b | s.e. | b | s.e. | b | s.e. | b | s.e. |
| 性別（女性＝1） | −0.053 | 0.121 | −0.059 | 0.118 | −0.057 | 0.118 | −0.094 | 0.119 |
| 父親の学歴（基準：中卒） | | | | | | | | |
| 高卒 | 0.041 | 0.226 | −0.061 | 0.223 | −0.080 | 0.222 | −0.037 | 0.222 |
| 短大以上 | 0.048 | 0.223 | −0.048 | 0.221 | −0.096 | 0.220 | −0.025 | 0.220 |
| 母親の学歴（基準：中卒） | | | | | | | | |
| 高卒 | 0.252 | 0.211 | 0.307 | 0.207 | 0.318 | 0.206 | 0.246 | 0.208 |
| 短大以上 | 0.647** | 0.232 | 0.666** | 0.229 | 0.627** | 0.227 | 0.563* | 0.231 |
| 父親の職業（基準：ブルーカラーと農業） | | | | | | | | |
| 専門管理 | 0.570* | 0.244 | 0.523* | 0.241 | 0.554* | 0.240 | 0.514* | 0.240 |
| 事務 | 0.314 | 0.229 | 0.243 | 0.226 | 0.279 | 0.225 | 0.223 | 0.225 |
| 販売・サービス | 0.319 | 0.223 | 0.232 | 0.220 | 0.263 | 0.218 | 0.244 | 0.219 |
| 無職 | −0.316 | 0.430 | −0.207 | 0.423 | −0.195 | 0.421 | −0.226 | 0.421 |
| 無回答 | 0.341 | 0.217 | 0.348 | 0.214 | 0.410⁺ | 0.213 | 0.331 | 0.213 |
| 家族の経済状況 | 0.095 | 0.067 | 0.077 | 0.066 | 0.051 | 0.067 | 0.058 | 0.067 |
| 家族形態（基準：ふたり親家族） | | | | | | | | |
| ひとり親家族 | 0.037 | 0.318 | 0.046 | 0.313 | 0.374 | 0.329 | 0.264 | 0.322 |
| 父母が別居（単身赴任など） | 0.001 | 0.421 | −0.011 | 0.413 | 0.093 | 0.412 | 0.057 | 0.412 |
| 拡大家族 | −0.193 | 0.205 | −0.159 | 0.201 | −0.181 | 0.200 | −0.126 | 0.200 |
| 学校外教育投資 | | | 0.492** | 0.122 | 0.449** | 0.122 | 0.454** | 0.123 |
| 母親のフルタイム就業 | | | −0.017 | 0.146 | −0.052 | 0.146 | −0.011 | 0.146 |
| 親の教育への直接的関与 | | | | | | | | |
| 子どもとの討論 | | | | | 0.039 | 0.035 | 0.058 | 0.037 |
| 教育への直接的支援 | | | | | 0.125 | 0.081 | 0.055 | 0.085 |
| 子どもへの情緒的支援 | | | | | 0.034 | 0.089 | 0.040 | 0.089 |
| 定数項 | 2.081** | 0.357 | 1.975** | 0.351 | 1.397** | 0.401 | 1.373** | 0.420 |
| N | 378 | | 378 | | 378 | | 378 | |
| Adjusted R2 | 0.084 | | 0.118 | | 0.133 | | 0.129 | |
| F 値 | 3.46** | | 4.16** | | 4.03** | | 3.94** | |

について様々な変数を追加で投入したが，親の社会経済的地位は，一貫して統計的に有意な影響を及ぼし続けていた．家族形態についても日本と同様に成績との間に有意な関係は認められなかった．他の家族的背景の変数を除外しても，家族形態は成績に何の影響も及ぼしていなかった．こうした結果の背景には，用いた調査の対象者で韓国については，ひとり親家族や父母が別居している家族が非常に少なく，安定した係数の推定が困難であることも大きく関係しているだろう．

モデル2では，学校外教育投資と母親のフルタイム就業を追加で分析に投入した．母親のフルタイム就業については，日本と同様に統計的に有意な効果はみられなかった．他方で，学校外教育については，日本とは対照的に成績を高める傾向が認められた．結果の提示は省略するが，同じデータを用いて成績と教育期待との関係について分析したところ，成績の高いものほど，4年制大学への進学を希望することも明らかになっている．すなわち韓国では，塾通いが成績を高め，高い成績を収めることで，生徒たちの大学への進学希望を高めているという関係が成立している．したがって韓国では，学校外教育投資は子どもたちの教育達成を高める重要なツールとして機能し，親たちも子どもたちに塾を選択するにあたって多くの関心を向けている (Park et al. 2011).

学校外での教育サービスを市場から調達して，子どもに提供するという意味での親の子どもの教育への関わりは，子どもたちの学業達成を高める重要な役割を果たしているが，対照的に親の子どもたちの教育への直接的な関わりについては，いずれも統計的に有意な効果が認められなかった．こうした結果は，日本と異なり，高等学校入学にあたっての入学試験が廃止されたことが大きく関係しているのかもしれない．そこで，大学や短大などの高等教育への入学試験がより間近に迫っている韓国の高校生を対象に，モデル3とモデル4で用いられている変数を用いて，親の教育への関与と生徒たちの成績との関係について分析を行った（表は省略）．その結果，父親については子どもとの討論が，母親については教育への直接的支援が，統計的に有意に成績を高めることがわかった．韓国における中学生と高校生との結果の相違は，親子関係のあり方や親の教育への関与が，教育システムや選抜制度のあり方によって影響を受けていることを示すものであろう．

## 9．家族的背景と親の教育への関与

前節では，親の子どもの教育への関与が子どもの成績とどのような関係にあるか分析を行った．本節では，家族的背景が親の教育への関与をどのように左右しているのかについて分析を行う．家族的背景のうち，本章では両親の社会経済的地位や家族の経済状況，そして家族形態の2つに注目する．また日本の学校外教育投資については，現在通っている学校の種別をコントロールした結果を表示する．前者については，両親の学歴，父親の職業，家族の経済状況の効果について検討する．後者については，ふたり親家族を基準に，ひとり親家族，別居家族，両親と祖父母からなる拡大家族で，親の教育への関与にいかなる違いがみられるか検討する．従属変数については，日韓両国のいずれかで成績との間に有意な関係がみられた親の教育への関与を中心に分析する．日本では子どもとの討論，情緒的支援，学校外教育投資に注目する．韓国では，高校生で有意な関係がみられた，子どもとの討論，教育への直接的支援，学校外教育投資に焦点をあてる．学校外教育投資は，従属変数が「あり」，「なし」の2値であるため，ロジスティック回帰分析を用いた[10]．他の項目については，重回帰分析を用いた．また父親の教育への関与を従属変数とするときは，母子家庭は分析から除外した．同様に母親の教育への関与を従属変数として分析するときは，対象から父子家庭を取り除いた．

分析結果は表2-3にまとめた．日本の結果のうち，家族の社会経済的背景の効果についてみると，多くの項目で父親の職業が統計的に有意な影響を及ぼしていた．ブルーカラーと農業を基準とすると，子どもとの討論では専門管理や事務職に従事する父親ほど，また情緒的支援でも，専門職・管理職に従事する父親ほど，熱心に関与していることがわかった．母親の教育への関与では，父親の職業に加えて，家族の経済状況も統計的に有意な効果を及ぼしていた．すなわち，家族の経済状況が良好であるほど，母親は熱心に子どもとの討論や情緒的支援に関与していた．学校外教育投資では，父親の学歴と職業で有意な関係がみられた．父親が高卒であるほど，また父親が専門職，管理職，事務職であるほど，塾に通う中学生が多い．加えて，子どもが私立中学に通うほど，塾

第Ⅰ部 教育と政策

### 表2-3 親の子どもの教育への関わりについての分析結果①

日 本

| | 父親との討論 | | 父親の情緒的支援 | | 母親との討論 | | 母親の情緒的支援 | | 学校外教育投資 | |
|---|---|---|---|---|---|---|---|---|---|---|
| | b | s.e. | b | s.e. | b | s.e. | b | s.e. | b | s.e. |
| 性別（女性 = 1) | 0.196 | 0.215 | 0.121 | 0.119 | 0.579* | 0.225 | 0.054 | 0.100 | −0.114 | 0.247 |
| 父親の学歴（基準：中卒） | | | | | | | | | | |
| 高卒 | −0.353 | 0.466 | 0.170 | 0.256 | 0.478 | 0.470 | 0.052 | 0.210 | 1.002* | 0.469 |
| 短大以上 | −0.440 | 0.489 | −0.184 | 0.269 | 0.074 | 0.491 | 0.236 | 0.219 | 0.473 | 0.501 |
| 母親の学歴（基準：中卒） | | | | | | | | | | |
| 高卒 | 0.283 | 0.539 | −0.045 | 0.297 | −0.139 | 0.496 | −0.135 | 0.221 | −0.124 | 0.485 |
| 短大以上 | 0.740 | 0.556 | 0.148 | 0.306 | 0.128 | 0.526 | −0.133 | 0.235 | 0.455 | 0.527 |
| 父親の職業（基準：ブルーカラーと農業） | | | | | | | | | | |
| 専門管理 | 0.580+ | 0.346 | 0.478* | 0.191 | 0.422 | 0.382 | 0.336* | 0.170 | 1.041* | 0.414 |
| 事務 | 0.638+ | 0.380 | 0.195 | 0.209 | 0.743+ | 0.422 | 0.095 | 0.188 | 1.124* | 0.456 |
| 販売・サービス | 0.354 | 0.441 | 0.081 | 0.243 | 0.284 | 0.486 | 0.005 | 0.217 | 0.595 | 0.518 |
| 無職 | 0.552 | 0.776 | 0.042 | 0.427 | 0.114 | 0.839 | 0.090 | 0.374 | 0.345 | 0.913 |
| 無回答 | 0.225 | 0.408 | 0.116 | 0.225 | 0.399 | 0.449 | 0.084 | 0.200 | 0.755 | 0.459 |
| 家族の経済状況 | 0.161 | 0.136 | 0.064 | 0.075 | 0.281* | 0.135 | 0.106+ | 0.060 | 0.245 | 0.150 |
| 家族形態（基準：ふたり親家族） | | | | | | | | | | |
| ひとり親家族 | −4.077** | 1.019 | −0.223 | 0.561 | −1.832** | 0.555 | −1.619** | 0.248 | −0.564 | 0.514 |
| 父母が別居 | −1.205** | 0.443 | −0.195 | 0.244 | −0.203 | 0.483 | −0.458* | 0.215 | −0.129 | 0.515 |
| 拡大家族 | −0.412 | 0.274 | 0.065 | 0.151 | −0.085 | 0.300 | −0.127 | 0.134 | 0.033 | 0.345 |
| 私立中学 | | | | | | | | | −1.860** | 0.316 |
| 定数項 | 6.776** | 0.733 | 1.915 | 0.404 | 6.403** | 0.735 | 2.170** | 0.328 | −1.645* | 0.796 |
| N | 303 | | 303 | | 330 | | 330 | | 334 | |
| Adjusted R2 | 0.102 | | 0.015 | | 0.105 | | 0.281 | | 0.133 | |
| F 値 | 3.45** | | 1.32 | | 3.77** | | 10.17** | | 60.93** | |

注：学校外教育投資を従属変数にした分析のみ，ロジスティック回帰分析を用いた．それ以外は，重回帰分析を用いて係数の推定を行った．　　＋p < .10　*p < .05　**p < .01

第2章 子どもの成績と親のサポート

### 表2-3 親の子どもの教育への関わりについての分析結果②

| 韓 国 | 父親との討論 | | 父親の教育的支援 | | 母親との討論 | | 母親の教育的支援 | | 学校外教育投資 | |
|---|---|---|---|---|---|---|---|---|---|---|
| | b | s.e. | b | s.e. | b | s.e. | b | s.e. | b | s.e. |
| 性別（女性＝1） | -0.010 | 0.221 | 0.052 | 0.094 | 0.489* | 0.205 | 0.106 | 0.085 | 0.065 | 0.221 |
| 父親の学歴（基準：中卒） | | | | | | | | | | |
| 高卒 | 0.225 | 0.434 | 0.084 | 0.184 | 0.148 | 0.406 | 0.240 | 0.168 | 0.890* | 0.417 |
| 短大以上 | 0.224 | 0.438 | 0.206 | 0.186 | 0.140 | 0.409 | 0.199 | 0.169 | 0.822* | 0.411 |
| 母親の学歴（基準：中卒） | | | | | | | | | | |
| 高卒 | -0.310 | 0.425 | 0.068 | 0.180 | 0.229 | 0.386 | -0.127 | 0.159 | -0.504 | 0.391 |
| 短大以上 | 0.471 | 0.468 | 0.293 | 0.198 | 0.702<sup>+</sup> | 0.425 | 0.054 | 0.175 | -0.154 | 0.427 |
| 父親の職業（基準：ブルーカラーと農業） | | | | | | | | | | |
| 専門管理 | -0.033 | 0.440 | -0.185 | 0.186 | -0.022 | 0.413 | 0.209 | 0.170 | 0.414 | 0.437 |
| 事務 | 0.098 | 0.413 | -0.230 | 0.175 | 0.177 | 0.389 | 0.202 | 0.161 | 0.618 | 0.411 |
| 販売・サービス | -0.084 | 0.402 | -0.130 | 0.170 | 0.021 | 0.378 | -0.052 | 0.156 | 0.754<sup>+</sup> | 0.399 |
| 無職 | 0.339 | 0.775 | -0.154 | 0.328 | 0.042 | 0.727 | -0.024 | 0.301 | -1.019 | 0.880 |
| 無回答 | -0.446 | 0.392 | -0.275<sup>+</sup> | 0.166 | -0.021 | 0.368 | 0.110 | 0.152 | -0.052 | 0.385 |
| 家族の経済状況 | 0.220<sup>+</sup> | 0.123 | 0.128* | 0.052 | 0.288* | 0.114 | 0.018 | 0.047 | 0.175 | 0.126 |
| 家族形態（基準：ふたり親家族） | | | | | | | | | | |
| ひとり親家族 | -2.061<sup>+</sup> | 1.100 | -1.095* | 0.466 | -1.006 | 0.675 | -0.344 | 0.279 | -0.104 | 0.611 |
| 父母が別居 | -1.006 | 0.758 | -0.398 | 0.321 | -0.994 | 0.711 | -0.042 | 0.294 | 0.097 | 0.751 |
| 拡大家族 | 0.249 | 0.369 | 0.059 | 0.156 | -0.355 | 0.347 | -0.036 | 0.143 | -0.301 | 0.371 |
| 定数項 | 6.397** | 0.647 | 2.125** | 0.274 | 6.321** | 0.604 | 2.810** | 0.250 | -1.257<sup>+</sup> | 0.659 |
| N | 365 | | 365 | | 373 | | 373 | | 378 | |
| Adjusted R2 | 0.046 | | 0.068 | | 0.053 | | 0.058 | | 0.063 | |
| F値 | 2.25** | | 2.91** | | 2.5** | | 1.58<sup>+</sup> | | 32.91** | |

には通わない傾向がみられる．私立中学では，中学から高校まで一貫教育を行うところが多く，その場合高校受験がない．また，私立の中高一貫の教育機関では，大学受験を意識したカリキュラム編成を行い，生徒たちは塾に通う必要性が少ないと思われる．

　家族形態の効果については，多くの変数で統計的に有意な効果がみられた．ふたり親家族を基準とすると，ひとり親家族では，父母との討論や母親からの情緒的支援を受けにくい傾向がみられ，父母が別居している場合でも，父親との討論や母親からの情緒的支援が少ない傾向がみられた．このように，ひとり親家族は父子家庭，母子家庭にかかわらず，職業役割と家族役割を1人で引き受けることで，役割過重な状況におかれ，その結果，子どもの教育に十分な関わりがもてなくなる．こうした関係はデータから支持された．

　韓国の結果に注目すると，両親による子どもの教育への関与は，両親の学歴や職業によって明確に左右されてはいない．それよりも家族の経済状況が，父母との討論や父親の教育的支援に影響を及ぼしている．家族の経済状況が良好であるほど，両親は子どもとコミュニケーションを図り，子どもと成績や勉強のことについて相談する余裕がある．その点で韓国においても，家族の社会経済的状況は，親の子どもの教育に対する関わりを左右している．塾通いなどの学校外教育投資については，父親の学歴が高いほど，子どもは塾に通う傾向があることを示す．また10％水準ではあるが，父親が販売・サービスの仕事に従事する場合，子どもは塾に通う傾向があるという結果もみられる．韓国では，父親の職業階層間の違いは，高階層の子どもほど学校外の教育サービスを購入するというパターンにはなっていない．

　次に，家族形態と親の教育への関与との関係についてみてみる．分析結果から，ひとり親家族であるほど，父親との討論と父親からの教育的支援において，子どもが不利な状況にあることがうかがえる．他方で母親との関わりについては，母子家庭にそうした傾向はみられなかった．韓国における親の教育に対する関与は，父子家庭での不利は顕著であるが，母子家庭は父子家庭ほど不利な状況にはないといえるのかもしれない．とはいえ，本研究の分析結果だけで，そうした結論にいたるのは慎重であるべきだ．なぜなら，韓国ではひとり親家族の対象者数が非常に少なく，安定した係数の推定が困難であったからだ．今

回の分析で用いた人数は，韓国の父子家庭で4ケース，母子家庭で12ケースにすぎない．ひとり親家族が，子どもの教育への関わりという点で，どのような不利な状況におかれているのか，今後とも注視していく必要がある．

## 10. 考察と結論

　本章では，親の教育への関わりを中心にして，それが子どもの学業達成を高める上でどのような役割を果たしているのか，親の教育への関わりはいかなる家族的背景によって左右されているのか，日本と韓国を比較することで，教育システムの相違が親の教育への関与にどのような影響を及ぼしているのか，考察を進めてきた．分析の結果，次の点が明らかになった．

　第1に，親の子どもの教育に対する関与と子どもの学業成績との関係は，日本と韓国の教育システムや選抜制度の相違によって影響を受けていることがうかがえた．中学生を対象とした分析では，高校受験を目前に控えた日本の中学生について，親の教育に対する関与は，子どもの学業成績を高める傾向が認められた．その一方で，高校入試が1970年代に廃止された韓国では，親の教育への関与は，子どもの成績を高める効果はみられなかった．しかし，大学受験を目前に控えた韓国の高校生を対象に分析を行うと，日本と同様に親の教育に対する関与が子どもの成績を高めていた．こうした結果は，親子関係のあり方や親の教育への関わりが，教育システムや選抜制度によって影響を受けていることを示唆するものである．

　第2に，親の子どもの教育に対する関与の1つとして，塾や家庭教師などの学校外での教育サービスの購入に注目した．分析の結果，日本については成績を高める効果は認められなかったものの，韓国では中学生の成績を高める強い効果がみられた．日本と韓国の対照的な結果は，先行研究の結果とも整合的であり，またこうした相違は，早い段階からの入学試験による選抜を行う日本と，中等教育段階における選抜を撤廃した韓国という，教育システムの観点から説明することができる．都村らの研究によれば，学校外教育経験は，その一般化が進むにつれ最終的な教育達成を高める効果は失われ，近年になるほど，私立中学への進学が教育達成を高める効果をもつようになった（都村ほか 2010）．

本研究が対象とする東京都に在住する中学生は，私立中学への進学者が多く，公立中学と比べて多額の学費を必要とする．私立中学に入学後は，学校が受験準備のために万全のカリキュラムを整え，中高一貫教育のため高校受験に振り回されることもなく，生徒たちは学校外で教育を受ける必要がない．中学校段階で塾に通う生徒の多くは，公立学校を選択し，高等学校への入学試験を受けなければならない．日本の教育制度は，中学校や高等学校における序列構造を前提としており，中等教育段階における選抜制度の中で生じたトラッキングの方が，学校外での教育よりも教育達成に重要な役割を果たし，その結果，学校外教育の役割が相対的に小さなものとなっている．

韓国は，日本の状況と比較し，学校外教育の役割が大きい．その主な理由は，1970年代の高等学校の平準化政策に伴う韓国の高校における進学準備機能の低下に起因する．高等学校の平準化政策により，生徒たちは進学する高校を主体的に選択することができず，学校内でも習熟度別学級編成が認められていない．そのため学業成績にかかわらず，生徒たちは同様の教育カリキュラムを受けなければならない．他方で，高等教育内部の教育機関の序列構造や選抜制度は維持されており，高等教育内部の格差，階層構造は，激しい受験競争をもたらした．よりよい教育機関に進学するには，学校内部の授業だけでは不十分であり，多くの生徒たちは，学校外の教育を受ける必要が生じたのである（有田2006）．韓国では，塾選びなど学校外教育の選択に親が大きく関与することが指摘されている．実際に韓国の母親たちは，多くの時間と労力を費やして塾に関する情報を集め，子どもが通う塾を決定する．子どもが塾に通う前に，母親が塾の先生と会って実際に話を聞いたり，実際の授業風景を見学し，また，そこに通う子どもたちと話すことさえあるという（Park et al. 2011）．韓国の中等教育における平等主義的な政策と高等教育進学をめぐる受験競争の激しさが，親たちを塾選びに大きく関与させる構造を作り出している．そうした親の熱心な学校外教育への関わりを通じて，塾に通う子どもたちは，より高い成績を上げることを可能にしているのであろう．

第3に，親の教育に対する関与は，日本と韓国ともに家族の社会経済的状況によって一定程度左右されていることが明らかになった．とりわけ，日本では父親の職業が，韓国では家族の経済状況が，両親が子どもの教育に直接的に関

与していくうえで，重要な役割を果たしている．すなわち，家族の経済的安定は，親が子どもの教育に関わる十分な時間的余裕を生み出し，それが親の教育への関与の階層格差を生み出している．塾通いについても，親の経済力の重要性がしばしば指摘されるが，韓国ではそこまで一貫した傾向は認められなかった．そうした結果は，本章が用いた学校外教育の指標によるものと思われる．本章が用いる調査では，塾や家庭教師を現在利用しているかどうかはわかっても，具体的にどの程度の金額をそこに費やしているかは把握することができない．韓国の親たちは非常に多額の費用を塾などの学校外教育に費やし，どれだけの金額を学校外教育に費やすかで出身家庭の階層間格差が存在すると指摘されている（Byun et al. 2012）．本研究では，学校外教育に関する家庭の経済状況の効果が明確な形で析出されなかったが，そこから階層間格差が存在しないと結論づけることには慎重であるべきだろう．

　第4に，家族形態が，一貫して親の教育への関与を左右する重要な要因であることが明らかとなった．とりわけ，ひとり親家族が韓国よりも相対的に多い日本では，ひとり親家族であることは，親の子どもに対する関わりを大きく低めていた．東アジア地域では，しばしば拡大家族や親族ネットワークが，ひとり親家族の様々な不利を緩和する働きをもっていたが（Park 2007），産業化や都市化の進展とともにその働きが弱まっているともいわれている（Brinton 2001）．他方で，東アジアの福祉政策は，家族を重要な福祉の担い手と位置づけるため，多様な形態の家族を社会的に支える政策が非常に弱い（Holliday and Wilding 2003）．そうした福祉政策の状況が，日本においてひとり親家族の不利を助長していると思われる．加えて本研究では，回答者が両親はいると答えるが，父と母のいずれかと別居しているケースを，ひとり親家族とは独立に別居家族として位置づけ，親の子どもの教育への関与との関係について検討した．この分析は，日本の大企業における地域移動を求める雇用慣行によって，とりわけ父親が家族のもとを離れ，単身赴任を余儀なくされている現実を念頭に置いて行った．実際に韓国では，父母と別居しているケースは極端に少なく，安定した係数の推定はできなかった．他方で日本では，6％の生徒が上記に該当し，親との関わりをみても，父母との討論や母親の情緒的支援を受けるうえで困難な状況におかれていた．本研究では，父母の別居理由をたずねてはいな

いが，かりにこれらの多くが，企業の雇用慣行にもとづく単身赴任によって生じていると考えれば，家族や子育てに悪影響を及ぼす労働慣行は，今後見直していく必要があるのかもしれない．

本章では，日本と韓国における教育システムや福祉政策の相違に着目しながら，親の教育への関与が子どもの学業達成をどのように左右しているのか，親の教育への関与が家族の社会経済的地位や家族形態によってどのような影響を受けているのか，明らかにしてきた．分析の結果は，家族的背景，親の関与，教育達成という3つの要因間の関係のあり方は，日韓の制度的状況の相違を大きく反映するものであった．マクロな制度的次元において，日本と韓国は家族を重要な単位として位置づけている．本章では，マクロな制度的状況として，教育システムと福祉レジームに注目し，ミクロな次元での家族的背景と教育機会の不平等との問題について考察を展開した．

教育制度や福祉政策において，家族が子育てや子どもの教育に関わっていくことを当然のものとみなし，多様な形態の家族に十分な支援を行わなければ，出身階層にもとづく教育機会の不平等は今後も存続していくことだろう．本章の分析は，主に個人単位で得られたミクロデータを，制度的状況の異なる日本と韓国を比較することで，マクロな制度的状況についても考察を行うことができた．ミクロな次元での家族的背景と教育達成との関係を詳細に分析することで，マクロな制度的状況をどのように改善していくべきか今後とも議論を継続していく必要があるだろう．

注
1) 本章は，草稿段階で多くの方から有益なコメントをいただいた．とりわけ，有田伸（東京大学），石田浩（東京大学），藤原翔（東京大学），神林博史（東北学院大学），佐藤嘉倫（東北大学），太郎丸博（京都大学）の各氏に感謝申し上げる．
2) 稲葉（2010）の研究は，ひとり親家族の子どもの教育達成に注目する数少ない研究である．白川（2010）は，ひとり親家族の子どもの読解力に注目し，経済的剥奪と関係的剥奪の観点から両者の媒介関係を説明する．
3) きっちり子育てとは，「成績が上がるよう親が熱心に子どもを指導」したり，「塾や習い事に行かせる」などの項目から構成され，のびのび子育てとは，「子どもの希望はできるだけ聞いた」や「いろいろなことを体験させた」などの項

目からなる（本田 2008）．
4）OECD の統計のホームページに 2012 年 8 月 29 日に以下の URL にアクセスしてデータを入手した．http://stats.oecd.org/
5）これらの結果は，OECD 統計のホームページからの情報にもとづいている．
6）本研究と同様の問題関心を有し，塾通いを他の親による子どもの教育に対する関わりと比較する研究として，韓国の中学生を対象としたパクらの研究がある（Park et al. 2011）．
7）とはいえ，親の教育への関与の教育達成に対する効果については，韓国でも肯定的な結果が得られている．たとえば親の教育への関心，親子間のコミュニケーション，親の子どもに対する教育期待は，子ども自身の教育期待を高める効果をもち（アン 2009），家族内の社会関係資本は，家族的背景と生徒の学業達成とを媒介する効果をもつことが示されている（イ・キム 2007）．
8）親の婚姻上の地位を直接たずねることは，中高生に対して心理的な負担をかけると想定し，筆者らの調査では直接質問することができなかった．
9）札幌市で行った盛山らの研究でも，学校外教育投資は，進学先の高校の偏差値や学力を高めるものにはなっていないことが，明らかにされている（盛山・野口 1984）．
10）表 2-3 に掲載した調整済み決定係数は，学校外教育投資を従属変数とする分析では，疑似決定係数（Pseudo R2）を指し，F 値は，$\chi^2$ 値である．

第 3 章

## 家族ぐるみの学歴競争
―家庭環境に左右される進学意欲

松田茂樹・裵智恵

## 1. 進学意欲と家庭環境への注目

　日本は，高等教育への進学率の高い国である．大学・短大等への進学率は2011年度時点で57.6％と過半数を超えている．通信制大学や専修学校も含めた高等教育への進学率はさらに高く，81.1％にのぼる．それでも，1990年代になるまでは，大学・短大等進学率は40％に達していなかった．90年代以降に，高等教育は一層普及し，いまや大衆化したといえる．
　当然，大学や短大にすすむためには，子どもたちは受験をしなければならない．多くの場合は大学受験である．私立一貫校に通う生徒も，小学校，中学校，高等学校などその学校に入学した段階において必ず受験をしている．受験をするからには子どもたちはそれに向けて勉強をしなければならず，その際には入試を突破して大学や短大に進学したいという意欲が不可欠になる．日本の高等教育への進学率の高まりは，子どもたちの進学意欲の高まりを受けてのものであるのだ．
　ただし，子どもたちの進学意欲は，本人の純粋な向学心だけでなく，彼らの家庭環境に大きく左右されているということはないだろうか．たとえば，苅谷(2001)によると，親の学歴や経済力が低い子どもたちが勉強をしなくなってきており，それらの家庭的背景が恵まれている子どもとの間に，インセンティブ・ディバイド（学習意欲の格差）が生じているという．これが，近年の学力

低下の背後で進行しているとされる．他にも，親の学歴や職業が子どもの学習活動に与える影響が研究されてきている（岩永 1990；本田 2004）．親が子どもの勉強を支えようとする意欲の差が，親が子どもに勉強を教える時間の差につながり，ひいては子どもたちの学習を左右する要因にもなっている（松田 2007）．子どもたちの進学意欲も，当然この延長線上の問題として捉えることができる．

　それでは，わが国において子どもたちの進学意欲を強く左右しているのは，具体的に家庭環境のどのような要因だろうか．それはわが国に特有のことだろうか．本章では，日本と韓国の中高生の家庭環境と進学意欲を比較分析して，この点を明らかにしたい．既に各章において論じられた通り，韓国では急速に高学歴化がすすんでおり，高等教育への進学率はいまや日本を追い越している．進学率の日韓差は，両国の子どもたちの向学心の違いから起きている可能性はある．また，わが国では，1980 年代以降にすすめられたいわゆる「ゆとり教育」が，生徒たちの学力を低下させたともいわれている．日本の進学率が韓国に比べて低い背景には，生徒たちの学力が低下しているという事情があるかもしれない．

　日韓両国の現状を比較しただけでは，高等教育への進学に関する日本の国際的な位置はわかりにくい．そこで，本章では日韓両国にアメリカを加えた 3 ヵ国の状況を分析する．アメリカは，日韓よりも早くから高等教育が普及しており，現在世界で最も充実した高等教育を有する国である．アジア圏である日韓と文化も異なる．3 ヵ国比較から，日本のどのような姿がみえてくるだろうか．進学意欲およびその背景を国際比較することにより，子どもたちの学力低下が懸念されるわが国の教育環境を向上させるためのヒントをえたい．

## 2．日韓米の進学率と進学意欲

### 2.1. 進学率

　2009 年時点における日韓米 3 ヵ国の高等教育への進学率をみよう（文部科学省 2012）．大学への進学率と短大への進学率（高専，専修を含む）を分けてみた結果が次のとおりである[1]．

日本では，大学進学率が49％，短大進学率は27％，合わせると76％である．同じく韓国は，大学進学率が71％，短大進学率が36％である．両者を合わせると100％を超えるのは，短大等に通った後に大学に進学する者などがいるからである．アメリカは，大学進学率が70％であり，短大進学率は日韓と同じ指標で比較できないために不詳である．大学への進学率は，韓国とアメリカが70％台であり，わが国よりも高い．

　各国の大学進学率には男女差がある．日本の大学進学率は，男子が55％，女子が43％で，男子の方が高い．日本とは逆に，アメリカでは女子の大学進学率の方が高い．同国男子は62％，女子は78％である．韓国は男女の進学率の差が小さい[2]．単純化すれば，日本は男子の方が大学進学率の高い国，アメリカは女子の方が大学進学率の高い国，韓国はその中間である．

　大学の入学年齢も国によって違う．新入生を若い者から並べて，そのうち20％，50％，80％の入学者が下回る年齢をみよう．これは，それぞれ20パーセンタイル値，50パーセンタイル値，80パーセンタイル値とよばれる．日本では，20パーセンタイル値が18.2歳，50パーセンタイル値が18.6歳，80パーセンタイル値は18.9歳である．いずれも18歳台であるのは，大学入学者の大半が高校を卒業したばかりの学生であり，それ以外は浪人生――浪人しても1年程度――であるからだ．これに対して，韓国では，20パーセンタイル値は18.3歳，50パーセンタイル値が18.8歳とわが国とはほとんど差がないが，80パーセンタイル値は24.2歳と高い．韓国でも多くの学生は高校卒業後直ちに大学に進学しているが，一部入学年齢が高い学生がいる．同国では男子は30歳になるまでに兵役が義務づけられており，兵役を終了した後に大学に復学する者もいるため，入学年齢が高い者がいるのである．アメリカの入学年齢は幅広い．その20パーセンタイル値が18.2歳，50パーセンタイル値が19.4歳，80パーセンタイル値が26.0歳である．3者の年齢が徐々に上がっているということは，若い学生からある程度の年齢の学生まで幅広い年齢層が大学に進学していることを示す．

　進学率1つをとってもお国柄が出るのである．

## 2.2. 高等教育の普及段階

日韓米は，高等教育が普及してきた歴史も異なる．

日本の高等教育機関は，主として4年制の大学と2年制の短期大学等からなる．日本の高等教育への進学率は1970年代にそれまでの20%台から30%台後半まで高まった．1990年代以降さらに拡大がすすみ，2011年の大学・短大進学率は58%である（文部科学省 2012）．これに専修学校入学者も含めれば，その割合は81%に達する．

韓国の高等教育機関は，主として大学（4年）と専門大学（2～3年）から成り，6歳で始まる12年間の初等中等教育を修了後に高等教育に進学する．経済成長や高い教育熱に支えられ，1980年代から1990年代にかけて高等教育は急速に拡大した．大学と専門大学の入学定員は1985年から2001年までの16年間にそれぞれ1.9倍，3.0倍に拡大した（文部科学省 2006）．2005年には高等教育進学率が約100%になった．近年，同進学率は若干下がり，2010年には93%である．このうち，大学の進学率は71%である．

アメリカでは，6歳で始まる12年間の初等中等教育を終え，高等教育に進学する．高等教育機関には，4年制大学と2年制大学がある．アメリカの高等教育は，日本と韓国に先駆けて拡大した．特に1960年代以降大学の新設と既存の大学の規模拡張が進み1980年代初めにはパートタイム学生を含めた高等教育への進学率は60%を超えた．現在もこの水準で推移している．4年制大学と2年制大学を合わせた進学率は，2008年時点で55%である．それ以外の高等教育も含めた進学率は70%にのぼる．

高等教育が普及しはじめた時期は，アメリカ，日本，韓国の順に早い．最も普及が遅かった韓国は，過去20年間の間に急速に普及し，現在は進学率がアメリカや日本以上に高い．

## 2.3. 進学意欲

以上が各国の高等教育の普及状況であるが，生徒たちの進学意欲（教育アスピレーション）はどのようになっているだろうか．大学への進学率は，韓国とアメリカが高く，日本は両国よりも若干低い．生徒たちの進学意欲も，韓国とアメリカで高く，日本は低いのだろうか．

ここでは，2006年に韓国青少年開発院が主催して行った国際共同研究「青少年と社会化（Socialization of Youth）」において，世界5ヵ国の中学生と高校生を対象に実施した調査の個票データを分析する．調査の詳細は序章を参照されたい．このうち，日本は東京，韓国はソウル，アメリカは大中都市に居住し，両親と同居する高校1・2年生のサンプルを分析に使用した[3]．サンプル数は，日本が354人（男子165人，女子189人），韓国が714人（男子240人，女子474人），アメリカが345人（男子160人，女子185人）である．

調査では，生徒たちに，自分が進学を希望する教育段階を「高校」「短大」「大学」「大学院」の中から選択してもらった．各国とも進学率に男女差があるので，男女別に進学意欲をみたい．男子をみると，日本では，「高校」13.7%，「短大・高専」5.8%，「大学」72.6%，「大学院」8.0%である．大学をあげた者が多い．これに対して，韓国は，「高校」5.0%，「短大・高専」5.0%，「大学」68.8%，「大学院」21.3%であり，大学院をあげた者の割合が日本の倍以上である．アメリカは，「高校」6.0%，「短大・高専」14.2%，「大学」46.2%，「大学院」33.6%で，「大学院」をあげた者が日韓以上に多い．ただし，韓国と違い，アメリカは，全体的には高学歴志向が強いものの，「短大・高専」をあげた者も14%程度いる．

女性の進学意欲をみると，日本は，「高校」9.6%，「短大・高専」14.6%，「大学」63.7%，「大学院」8.5%であり，男子同様「大学」をあげた割合が最も高い．韓国の女子が希望する教育段階は男子のそれとほぼ同じである．アメリカの女子は，男子以上に高学歴志向であり，「大学」42.7%，「大学院」40.0%である．

以上から，進学意欲は，3ヵ国の中で日本が最も低い．最も進学意欲が高いのはアメリカである．韓国とアメリカの大学進学率が高いことの背景には，両国の生徒の進学意欲の高さがあることがうかがえる．

## 3. 進学意欲を左右する家庭環境

### 3.1. 財的資本・人的資本・社会関係資本
#### 3.1.1. 理論

それでは,各国の生徒たちの進学意欲に,家庭環境はどのような影響を与えているだろうか.まず,理論的に考えよう.

生徒たちの学校における学業到達度に影響を及ぼす家庭環境には,家族の「財的資本(financial capital)」,「人的資本(human capital)」,「社会関係資本(social capital)」という3つの異なる要素がある(Coleman 1988, 1990).

財的資本とは,家族の財産と収入である.家庭がどの程度教育費を負担することができるかが,義務教育終了以後に子どもが教育を受ける機会に影響を与える.

人的資本とは,教育や訓練等によって人間が身につけた知識や技能である(Schultz 1961; Becker 1964).子どもの教育についていえば,父母の学歴が,その家庭にある人的資本にあたる.教育を受けて多くの知識や技能を身につけた親は,直接,間接に子どもにその知識や技能を伝えることができる.たとえば,親が直接的に子どもの勉強を指導したり,親が習得してきた知識をもとに子どもの教育環境を整えたりする.

社会関係資本とは,社会構造という側面を備えており,「個人であれ,団体という行為者であれ,その構造内における行為者の何らかの行為を促進する」(Coleman 1988:S98＝2006:209) ものである[4].社会関係資本には社会的ネットワークの構造やそこから生み出される信頼,規範,制裁等さまざまな要素がある.かつそれは個人レベル,家族レベル,コミュニティ等の集団レベルで存在している.Coleman (1988) は,子どもの教育を支える家族の社会関係資本として,家族内に大人が存在していることと,その大人が子どもに対して注意を払っているかということが問題になると指摘した.親の子どもの教育への関与やソーシャル・サポートも,子どもの教育を支えるための家族の重要な社会関係資本の1つになる (McNeal 1999).家族のもつ規範や価値も社会関係資本を構成する要素である (Bassani 2003).

家族のもつ財的資本，人的資本，社会関係資本は，相互に深く関係している．親の人的資本が豊富であれば，労働市場で高い賃金を得ることが可能になり，財的資本も潤沢になる．人的資本を多くもつ親ほど，子どもの教育への関心や関与という面での社会関係資本も多い．一般的にひとり親世帯よりも核家族世帯の方が世帯収入は高いが，ここにも家族内の大人の有無という意味での社会関係資本と財的資本が関連している．3つの資本に相互連関があるとはいえ，もちろん各資本は子どもの教育に対して固有の影響をもっている．

### 3.1.2. 既存研究でえられている知見

家族のもつこれらの資本が，子どもの学業達成等に影響を及ぼしていることについて，各国において実証的に分析されてきた．

アメリカでは，膨大な数の計量的研究がなされている．Amato and Booth (1997) によると，父親の収入が高いほど，子どもの学歴も高くなる．両親の学歴が高いほど娘の学歴は高くなり，父親の学歴が高いほど息子の学歴は高くなる．学歴の高い親の子どもほど，自己効力感，幸福度，生活満足度は高く，ディストレスは低い．社会関係資本をみると，両親が離婚していることまたはひとり親であることは，子どもの中退率を高める要因とされる（Coleman 1988; Amato and Booth 1997; McNeal 1999）．また，親が子どもに高等教育まで進むことを期待していると，高校での中退率は低下する（Coleman 1988）．親子が学校や勉強のことについて話すことの多さや親のPTO（日本ではPTAとよばれる）への関与の多さは，子どもの学業成績や中退率に影響を与えている (Sui-Chu and Willims 1996; McNeal 1999)．

Buchman and Dalton (2002) は，米国と韓国を含む12ヵ国における中学生の調査データを分析して，親の学歴，家庭の社会経済的状況，母親の数学の勉強に対する重視度が，子どもの進学意欲に与える影響を分析した．その結果，これら3つの変数は，一部の国を除き大半の国において子どもの進学意欲を規定していることが見出されている．

日本では，子どもの進学意欲や学業成績の関係の実証分析は，主に家庭の財的資本と人的資本の関係についてなされてきた．近年では，親の経済力が子どもの進学意欲や学習意欲を規定することや，親世代の階層化が子どもの教育格

差に与える影響が指摘されている（苅谷 2001；宮本 2004）．高校生では，父母の教育年数が長いほど大学進学希望は高まり，父親の教育年数が長いほど学習時間が長いという関係があることも見出されている（荒牧 2002）．小中学生の分析でも，親の学歴が高いほど子どもの学業成績がよいという関係がある（本田 2004）．父母の影響の差に注目した研究としては，20年前の調査になるが，女子の進学意欲に，母親の学歴が有意な直接の規定力をもっている一方，父親に関わる変数の直接的な影響は弱いという結果がある（岩永 1990）．日本ではこれまで家族の社会関係資本についての分析はほとんどなされてはいないが，Benesse 教育研究開発センター（2001）の調査では，親とよく話をしている小中学生は，成績がよく，学習内容に対する関心や意欲が高いという関係がえられた．工藤（2001）では，家族・親族と相談するほど，高校生活に適応する意識が高いという関係がえられている．

　日韓の中学生と高校生の調査では，両国とも親の学歴や職業のような出身階層が進学意欲に影響を及ぼしていることおよび出身階層の影響は韓国よりも日本の方が若干強いことが報告されている（有田 2002）．

　韓国においても，同様の研究がなされてきた．家庭環境の影響に注目すると，親の教育水準が高いほど，家計所得水準が高いほど，父親の職業威信が高いほど，学業成就水準と進学意欲が高いほど，学業成績や大学や大学院への進学の可能性が高まるという結果が得られている（キム・ビョン 2005；キム 2005；チョン・キム 2006）．親の子どもに対する期待教育水準や子どもの教育に対する関心や期待は，子どもの学業成就に肯定的な影響を及ぼしている（パクほか 2004；キム 2006）．また，母親がフルタイム就業であると，女子高生と小学生の進学意欲に否定的な影響を及ぼしていることが報告されている（ジュ 2005）．

　以上の先行研究から，各国において，家庭の社会経済的状況，親の教育年数，家族構成や親の関与が，子どもの教育達成等に影響を与えているという知見がえられている．しかしながら，ここにあげた研究では3ヵ国の高校生を比較した国際比較調査がなされていないこともあり，韓国，日本，アメリカにおける家庭環境と子どもの進学意欲の関係の差異は未解明である．

### 3.1.3. 家族や教育の違い

子どもの教育を支える家庭環境をみる場合，各国の家族制度や教育制度の違いを考慮する必要がある．

各国の家族をみると，米国は日韓よりも離婚率が高く，ひとり親世帯が多い．父母の親と同居している割合は日韓では高いが，アメリカではそのような世帯は少ない（Tsuya and Bumpass 2004）．

男女の性別役割分業の程度も各国で異なる．アメリカと比較して，韓国や日本は性別役割分業の強い社会である（Tsuya and Bumpass 2004）．アメリカでは女性の労働力率は高いが，それに比べて日韓では低い．日韓では，家事や子育ては主に女性が担っており，男性が子どもと接する時間は短い．小学生以下の子どもの親についてみると，特に韓国では父親と子どもの接触時間が短い（国立女性教育会館 2006）．日韓は儒教文化の影響を強く受けてきた国である（OECD 2004; Tsuya and Bumpass 2004）．このことも影響して，両国における性別役割分業規範は強い．

各国の高等教育の普及の開始は，アメリカ，日本，韓国の順である．しかし，最も普及が遅かった韓国では，過去20年間に急速に普及し，現在はアメリカや日本以上に高等教育が広まった．

吉川（2006）によると，高学歴化の局面は，①はじめに学歴が拡大しはじめる第1局面，②子どもと父親の学歴が平行に拡大する第2局面，③子側の高学歴化は終焉するが，父親の教育拡大が持続する第3局面，④父子の教育拡大が止まり，安定する第4局面，に分けることができるとされる．これをふまえると，他の条件が一定の場合，教育拡大が続くときには，父子の教育達成水準の間の相関は弱まるが，父子の教育拡大が止まると両者の教育達成水準の相関は強くなる．

### 3.2. 仮説

分析に先立ち，日本，韓国，アメリカにおける子どもの進学意欲と家庭環境の関係についての仮説を設けたい．高等教育の普及状況をみると，3ヵ国ではまずアメリカで，その後1970年代以降に入り日本，近年になって韓国という順で高等教育は拡大した．また，日本と韓国は儒教文化の影響を受けており，

アメリカよりも男性優位の社会であるといわれる．日韓を比較すると，韓国の方が夫婦の性別役割分業が強い．これらの点をふまえると，家庭環境が子どもの進学意欲に与える影響は3ヵ国において次のように異なると想定される．

仮説1-1．高等教育の普及段階の違いによる差
　ある国を取り上げた場合，高等教育が急速に普及する局面においては，子世代の学歴は急速に高まることにより，親の学歴との関連が低くなる．こうした局面では，親世代の階層にかかわらず，全社会的な教育熱も高まる．逆に高等教育の拡大が止まり，学歴間格差が静態的な状態になると，親子の学歴や社会経済的地位の再生産は強まる．3ヵ国の高等教育の普及は，アメリカ，日本，韓国の順で生じている．こうした状況をふまえると，親の社会経済的地位が子どもの進学意欲に与える影響は，アメリカが最も強く，次いで日本，韓国の順になることが想定される．日本と韓国，特に高等教育が急拡大しつつある韓国では，親の社会経済的地位よりも教育期待などの方が子どもの進学意欲を強く左右するとみられる．

仮説1-2．家庭環境の影響の男女差
　Coleman（1988, 1990）の議論に対しては，ジェンダー的視点が弱い（Morrow 1999）ということが指摘されている．特に儒教文化の影響が強い国である韓国と日本の研究を行う場合は，男女差に注目した分析は必要である．具体的には，儒教文化の影響が強い国では，男子よりも女性の進学意欲の方が，家庭環境に規定されやすいことが想定される．男子優先の国では限られた資本はまず男子に，次いで女子に投資される．このため，男子においては資本が少ないことが進学可能性を左右することは少ないが，女子の進学は家族の資本の量に左右されやすくなる．実際に，日本と韓国を対象とする先行研究では，家族内で子どもの性差による資源配分の違いがなされていることを報告している（Brinton 1988；イ 1998）．したがって，3ヵ国では，アメリカ，日本，韓国の順に，家庭環境が進学意欲に与える男女差が大きくなるとみられる．

仮説 1-3. 父親と母親の影響の差

性別役割分業が明確な国では，男子にとっては父親，女子にとっては母親が，役割モデルになりやすい．高等教育への進学においても，男子は父親の学歴や教育期待から強い影響を受け，女子は母親の学歴や教育期待から強い影響を受けやすくなる．このため，アメリカ，日本，韓国の順に，子どもが同性の親から受ける影響が強いことが想定される．

## 3.3. 家庭環境の各国差

以上の仮説を，前節と同じデータを用いて検証しよう．まず，各国における家庭の財的資本，人的資本，社会関係資本の現状をみる．なお，以下にあげる変数は，親の同別居にかかわらず測定されている[5]．

### 財的資本

家庭の財的資本としては，経済力の代理指標になる父親の職業的地位を用いる．父親の職業的地位を，地位が高いとみられる順に，「ホワイトカラー上層（W上）」「ホワイトカラー下層（W下）」「ブルーカラー（B）」「無職」に分けた[6]．

日本は，ホワイトカラー上層 8.2%，ホワイトカラー下層 67.7%，ブルーカラー 22.9%，無職 1.2%である．日本は中流が多いというが，子どもたちが回答した父親の職業的地位も中流が最も多い．韓国は，同 16.7%，32.0%，48.1%，3.1%の順である．日本よりもホワイトカラー上層と答えた者とブルーカラーと答えた者が多い．子どもが考える父親の職業をみると，日本よりも韓国の方が階層差は大きい．アメリカは，同 18.4%，26.8%，41.5%，13.3%である．アメリカで特徴的であるのは，父親が無職である者が約1割いることである．父親の職業的地位の階層差が最も大きいのもアメリカである[7]．

### 人的資本

親の人的資本は，父親と母親それぞれの教育年数を用いる（日本の学校制度の教育年数に統一）．父親の教育年数の平均値は，韓国 14.0 年，日本 14.4 年，アメリカ 14.8 年である．14 年というのは，日本でいえば短大・高専卒に相当

する．同じく，母親の教育年数は，韓国13.1年，日本13.5年，アメリカ14.9年．父母とも，アメリカの教育年数が最も長く，次いで日本，韓国の順である．これは，高等教育が普及した国の順である．

**社会関係資本**

子どもの教育に関して家庭がもつ社会関係資本としては，親の子どもの教育達成（職業的地位を含む）への期待，親による子どもの成績相談を用いる．

親の子どもの教育達成への期待は，「（親は）私の学業の成就に対して大きな期待をしている」「（親は）私の将来の職業に対して大きな期待をしている」「（親は）私が社会的に成功することを望んでいる」「（親は）私が良い大学に行くことを望んでいる」の4項目に対して，「まったくそうである」（4点）から「まったくそうではない」（1点）までの4件法に対する回答を，合計した尺度である[8]．その得点をみると，父親（母親）は，日本10.8点（11.2点），アメリカ12.8点（13.4点），韓国13.1点（13.7点）である．父親も母親も教育期待は，韓国が最も高く，次いでアメリカ，日本の順である．韓国は，父母とも教育期待が高く，かつ教育期待が低い父母と高い父母の差が小さい．広範な層に教育熱が広まっていることがうかがえる．

親による子どもの成績相談の変数は，父母それぞれが成績について相談することの頻度を4件法（「まったくそうである」から「まったくそうではない」）で尋ねたものである．後の多変量解析の際には，成績相談が多いほど点数が高くなるように，回答に1-4点を配点している．

父親に対して成績相談をすることがある割合（「まったくそうである」＋「どちらかといえばそうである」）は，男女とも日本，韓国，米国の順である．男子（女子）の具体的な回答割合をみると，日本68.3％（71.2％），韓国47.5％（50.6％），アメリカ40.2％（45.1％）である．

母親に対して成績相談をすることがある割合も，日本が他国よりも高い．男子（女子）の具体的な回答割合は，日本90.3％（94.3％），韓国53.2％（67.4％），アメリカ61.7％（67.3％）である．同じ国の男女を比べると，各国とも女子の方が父母に成績相談をすることが多い．

### 3.4. 多変量解析

以上をふまえた上で，子どもの進学意欲を左右する要因を分析する．親の職業的地位，教育年数，教育期待，成績相談は，相互に関係する．たとえば，職業的地位の高い親は，自らが受けた教育水準も高く，それゆえに子どもへの教育期待も高いというような関係があることは十分想定される．そこで，ここでは各変数が子どもの進学意欲に与える独自の影響を知るために多変量解析を行った．

高校生が進学を希望する教育段階を被説明変数とした順序ロジット分析の結果が表3-1である．教育段階とは，先述した1.高校，2.短大・高専，3.大学，4.大学院，の各段階のことであり，上位の学校ほど点数が高いものとする．説明変数は前述のとおりである．統制変数として，学年，母親の就労形態（フルタイム／パート／無職）を用いた[9]．

分析は，各国，男女でサンプルを分けた上で実施した．実際の進学率及び進学意欲に大きな男女差があるからである．教育年数，教育期待，成績相談は父母間で相関が極めて高いため，父親の変数を用いた分析と母親の変数を用いた分析を分けて行った．

日本

日本の特徴の第1は，父母の教育年数と教育期待のいずれによって，男女とも進学を希望する教育段階が強く規定されているが，父親の職業的地位の影響は総じてみられないことである．

第2に，男子の進学を希望する教育段階は父親の，女子については母親の教育年数の影響を強く受けている．つまり，同性の親からの影響が強い．

第3に，男女とも，父母の教育期待は進学を希望する教育段階に影響する．親が高学歴を望めば，その期待に応えようとして，子どもも上位の教育段階に進学しようと考える．

韓国

韓国の特徴は次の通りである．第1は，日本と同様に，男女とも，父親の職業的地位が高いことが，進学を希望する教育段階に与える影響がみられないこ

表3-1 韓国、日本、アメリカの進学を希望する教育段階の順序ロジット分析の結果

| | 韓国 男子 | | 韓国 女子 | | 日本 男子 | | 日本 女子 | | アメリカ 男子 | | アメリカ 女子 | |
|---|---|---|---|---|---|---|---|---|---|---|---|---|
| | Model 1 | Model 2 | Model 1 | Model 2 | Model 1 | Model 2 | Model 1 | Model 2 | Model 1 | Model 2 | Model 1 | Model 2 |
| 高校2年生 | -.107 | .039 | -.223 | -.259 | .348 | .385 | .007 | .235 | .667+ | .651+ | .729* | .780* |
| 父親W上 (W下) | .276 | .435 | -.680 | .026 | -.477 | .345 | .744 | .736 | -.620 | -.633 | .148 | .155 |
| B | .190 | .235 | .071 | -.136 | .256 | -.487 | .480 | .095 | .285 | -.084 | -.864* | -1.054* |
| 無職 | 2.221+ | 1.533 | .710 | .320 | .829 | .446 | — | — | -.500 | -.993 | -.395 | -.765 |
| 母親（フルタイム） | | | | | | | | | | | | |
| パート | -.525 | -.566 | -.004 | .034 | -.391 | -.431 | -.273 | .116 | .440 | .323 | .874* | .976* |
| 無職 | .270 | .188 | .041 | .062 | .347 | .295 | .126 | .605 | .429 | .497 | -.269 | -.036 |
| 父親教育年数 | .050 | .100 | .122* | .064 | .755*** | .327* | .278** | .622*** | .278** | .195* | .051 | .231* |
| 母親教育年数 | .121 | .068 | .172** | .200** | .244** | .237** | .250** | .279*** | .205* | .362** | .206** | .044 |
| 父親教育期待 | .201 | .417* | .235+ | .303* | -.214 | -.038 | .168 | .123 | .199 | .235 | .058 | .625* |
| 閾値1 | -1.203 | -.637 | -1.799 | -1.986 | 10.3** | 4.745** | 4.372** | 9.339*** | 4.340** | 5.196** | .601 | 3.206* |
| 閾値2 | -.332 | .234 | 1.379 | 1.201 | 10.652*** | 5.022** | 5.485*** | 10.501*** | 5.839*** | 6.674*** | 2.082 | 4.724** |
| 閾値3 | 4.243** | 4.878** | 5.989 | 5.785 | 16.927*** | 10.180*** | 10.783*** | 16.269*** | 8.564*** | 9.366*** | 4.108*** | 6.743*** |
| -2LL | 250.4 | 248.4 | 481.8 | 498.1 | 200.5 | 201.0 | 265.7 | 263.0 | 267.8 | 268.7 | 336.5 | 332.4 |
| $x^2$ | 641.6*** | 732.2*** | 1086.6*** | 1394.0*** | 373.5 | 408.3 | 421.0 | 337.3 | 457.2** | 450.1** | 397.7 | 377.7 |
| N | 196 | 197 | 407 | 402 | 140 | 141 | 157 | 157 | 134 | 135 | 155 | 154 |

+ p < .10　* p < .05　** p < .01　*** p < .001

とである．父親が無職の場合に男子学生の進学を希望する教育段階が有意に影響を受けているが，この関係はホワイトカラー下層よりも無職の方が進学を希望する教育段階が低いという，想定した関係とは逆のものである．

第2に，父親の教育年数が長いほど，女子はより上位の教育段階にすすもうとする．男子学生の場合，父親の教育年数によって本人が進学を希望する教育段階の差はない．母親の教育年数については，男女とも有意な影響はない．

第3に，父母の教育期待及び成績相談は，一部を除き，総じて女子が進学を希望する教育段階を強く規定している．第2の点と合わせると，韓国において家庭の人的資本や社会関係資本によって進学意欲が左右されやすいのは，女子である．

アメリカ

アメリカの特徴の第1は，韓国や日本と異なり，父親の職業的地位の影響がみられることである．具体的には，父親がホワイトカラーである女子と比べてブルーカラーの女子は，進学を希望する教育段階が明らかに低い．これは日韓ではみられない特徴である．また，母親がフルタイムよりもパートタイムの方が，女子が進学を希望する教育段階が高くなっている．

第2に，父親の教育年数は男子のみ，母親の教育年数は男女ともに有意な影響を与えている．

第3に，父親の教育期待は男女に，母親の教育期待は男子の進学希望に有意な影響を与えている．母親の教育期待は女子に有意な影響を及ぼしてはいないが，母親への成績相談は女子の進学希望に有意な影響を与えている．つまり男子と女子で影響を受けているものが異なるということである．

### 3.5. どの仮説が支持されたのか

親の経済力，学歴，教育期待は，子どもの進学意欲に影響を与えているが，その影響の仕方は韓国，日本，アメリカで大きく異なっている．先にあげた仮説を検証するかたちで，各国におけるそれら家庭環境の影響の違いを述べたい．

仮説1-1（高等教育の普及段階の違いによる差）では，家庭環境のうち親の社会経済的地位が子どもの進学意欲に与える影響は，アメリカが最も強く，次い

で日本，韓国の順になることが想定された．この仮説はおおむね支持されたといえるだろう．

具体的な理由は次のとおりである．アメリカの女子が希望する教育段階は，父親の職業的地位に左右されている．父母の教育年数の影響もある．日本の学生の場合，父親の職業的地位の影響はみられないが，父母の教育年数の影響を強く受けている．韓国では，父親の職業的地位の影響はみられず，親の教育年数の影響があるのも女子のみと限定的である．韓国の男子学生については，母親の成績相談のみが影響している[10]．

韓国では，出身階層にかかわらず進学意欲が高く，また階層にかかわらず親の教育期待が高いことは子どもの進学意欲を高めるように作用している．こうした要因が組み合わさり，世界的にも最も受験競争が過熱した状況を生んでいる．

親の社会経済的地位の影響は，日本とアメリカで強い．この2ヵ国は高等教育の拡大が一段落して，親世代と子世代の学歴が強く関係する，すなわち学歴面における階層再生産が強く生じているのである．父親の職業的地位の影響の強さから，その程度は日本よりもアメリカの方が強い[11]．ただし，日本の場合，同じ職業においても，学歴による賃金の差があるため，父親の教育年数が社会経済的状況を反映している可能性はある．日本においては階層再生産の議論が盛んになされている（たとえば佐藤 2000；苅谷 2001）．高等教育およびそのための前段階に多額の費用がかかる状況では，それを負担することができる家庭の子どもは教育達成に有利である．子世代の教育拡大が一段落して飽和状態になり，労働市場が必要とする高等教育を受けた人材に対するニーズも頭打ちになれば，経済的に弱い家庭が多額の費用を投じて，子どもを高等教育に進学させようとする意欲は下がる．このため，出身階層により，子どもの教育の「インセンティブ・ディバイド」（苅谷 2001）が生じているといわれる．

仮説1-2（家庭環境の影響の男女差）では，家庭環境が子どもの進学希望の教育段階に与える影響の男女差は，アメリカ，日本，韓国の順に大きいことが想定された．しかしながら，この仮説は支持されなかった．

分析の結果，韓国においては，この意味での男女差が大きいことがわかった．男子が進学を希望する教育段階は母親との成績相談からのみ影響を受けるが，

女子は父親の教育年数や父母の教育期待の影響も受けている．この結果は，韓国の親が娘より息子により多くの期待を寄せて多くのことを要求することにより，親からの学業成就圧力が青少年の学業成就動機に及ぼす影響は女子学生より男子学生の方に顕著であるという先行研究の結果とは異なるものである（ジョン・ヤン 2011）．想定に反して，アメリカでも，家庭環境の影響の男女差がみられた．父親の職業的地位は女子にのみ強い影響を与えている．母親の就労形態の影響がみられるのも女子である．この意味での男女差が，最も小さいのは日本である．以上の結果をふまえると，家庭環境が子どもの進学意欲に与える影響は，儒教文化や社会における性別役割分業の程度とは別次元で決まっていることが示唆される．

仮説 1-3（父親と母親の影響の差）では，アメリカ，日本，韓国の順に，子どもが同性の親から受ける影響が強いことが想定された．しかしながら，この仮説は支持されなかった．

同性の親からの影響が最も強いのは日本であり，次いでアメリカである．日本とアメリカでは，男子は父親の，女子は母親の教育年数の影響を強く受けている．影響が最も強いと想定された韓国では，このような関係はみられなかった．韓国の女子は父母両方の教育期待の影響を同等に受けており，父親の教育年数の影響も受けている．3ヵ国の中で最も性別役割分業が強い韓国においてこの仮説どおりの結果がえられなかった背景には，韓国が男女とも急速に高等教育進学率を拡大した時期であることが関係している可能性がある．

## 4．家庭の教育支援

### 4.1. 教育支援への注目

前節の分析から，日本は韓国よりも親の社会経済的地位が子どもの進学意欲に与える影響が強いことがわかった．日本では階層が高い家庭の子どもたちは高い教育段階までの進学を希望して勉強をし，そうでない家庭の子どもたちは進学意欲がそれほど強くはないという状況が生まれている．一方，韓国は家庭の階層にかかわらず子どもたちが高い進学意欲をもっている．両国のこの差が，子どもたちの平均的な心の違いにつながっている．

ただし，ここまでに分析した項目は，親の職業的地位，学歴，親による子どもの教育達成への期待などにとどまる．ここでさらに注目したいのは，親が子どもに対して行っている教育支援である．既存調査によると，親，特に母親の教育への関心の高さが，子どもの高等教育への進学率の高さを支えているといわれる（総務庁青少年対策本部 1996；神原 2001）．特に韓国の母親は教育熱が高い．「子どもが学校で良い成績をとることへの期待」は，日本の母親よりも韓国の母親の方が高いとされる（牧野ほか 2010）．日韓の中高生を調査した中村・藤田・有田（2002）によると，日本よりも韓国において，自分の進学意欲に影響を与えた人として，父母をあげた割合が高い．

　本節では，親を対象に行った調査によって，日韓における家庭の教育支援の具体的内容を明らかにしたい．2010年に，中学2年生から高校2年生の子どもをもつ，東京とソウルに在住の母親に対して行ったインターネット調査の個票データを用いる．調査は，ヤフーバリューインサイト株式会社に委託して実施した．サンプル数は，日本母親が300人，韓国母親が300人である．

　以下では，親が希望する教育段階，塾などの利用状況，教育費，親の教育への関与の各項目を順次みていきたい．また，これらと家庭の属性の関係も分析する．

　分析からえられた結果のポイントを表3-2にまとめている．

### 4.2. 親が希望する教育段階

　母親が子どもに望む教育段階をみると，日本（韓国）は，「中学・高校」が4.7％（1.3％），「短大／専門大学」が8.7％（2.7％），「大学」が78.3％（60.3％），「大学院」が8.3％（35.7％）であった．前節で示した子どもたち自身が望む教育段階と比べると，母親は子どもよりも高学歴志向である．日本よりも，韓国の母親の方が，大学院（35.7％）までの進学を希望する割合が高い．

　家庭の属性別にみると，日韓共通の傾向として，子どもが中学生か高校生かによる差や母親の就労による差はないが，女子よりも男子に対して望む教育段階が高い．たとえば，日本の場合，大学院まで進学してほしいと望む割合は，男子に対してが11.8％であるのに対して，女子に対しては4.8％である．韓国では同39.6％，31.5％である．

表3-2 分析結果のまとめ（各項目が高い／多い属性の特徴を記載）

| | 希望する<br>教育段階 | 通塾率 | 教育費 | 母親SS | 父親SS | 母子会話 |
|---|---|---|---|---|---|---|
| 日韓差 | 韓国 | 韓国 | 韓国 | 韓国 | 韓国 | 日本 |
| 日本母親 | | | | | | |
| 子どもの学校 | | 男子 | 高校生 | | | 中学生 |
| 子どもの性別 | 男子 | | | 女子 | | 女子 |
| 母親学歴 | 大学・大学院 | 短大・専門 | 短大・専門<br>大学・大学院 | 大学・大学院 | 大学・大学院 | 大学・大学院 |
| 母親就労 | | | 就労 | | | |
| 父親職業 | W上 | W上<br>W下 | W上<br>W下 | | | |
| 韓国母親 | | | | | | |
| 子どもの学校 | | | 高校生 | | | |
| 子どもの性別 | 男子 | 男子 | | 女子 | | 女子 |
| 母親学歴 | 専門大学<br>大学・大学院 | | 専門大学<br>大学・大学院 | 大学・大学院 | | 大学・大学院 |
| 母親就労 | | | | | | |
| 父親職業 | W上<br>W下 | W上<br>W下 | W上 | W上 | W上 | W上<br>W下 |

母親の学歴別にみると，両国とも学歴が高いほど，希望する教育段階も高い．同じく大学院まで進学してほしいと望む割合は，日本の場合，母親が大学・大学院卒であれば17.8％だが，母親が高校卒であれば1.6％にとどまる．韓国では，同48.6％，19.3％である．詳しくみると，韓国では，母親の学歴が中程度（専門大学卒）の者が希望する教育段階は，高校以下の者よりも大学・大学院卒の者の回答に近い．

父親の職業的地位の影響は，両国でみられる．日本の場合，父親がホワイトカラー上層であると「大学院」の回答割合が15.0％と高いものの，ホワイトカラー下層では「大学院」と回答した割合は2.6％と極めて低い．韓国の場合，父親の階層が高いほど「大学院」の回答が多いが，その割合はホワイトカラー下層の者でも34.0％に上る．

以上から，母親の学歴及び父親の職業的地位の影響は，両国共通にみられる．前節の分析では，両国とも，父親の職業的地位は子どもの進学意欲に有意な影響をおよぼしていなかったが，母親が子どもに希望する教育段階については父親の職業的地位の影響が明瞭にみられる．韓国は，母親の学歴及び父親の職業

的地位が中間的な家庭においても，母親が子どもに希望する教育段階も高い．韓国の親の教育熱は，階層的に広範囲に及んでいるのである．

### 4.3. 教育投資
#### 4.3.1. 塾

親が希望する教育段階は日本よりも韓国の方が高かったが，同様に塾などの利用も韓国の方が多い．子どもが「塾」に通う割合は，日本が43.3％であるのに対して，韓国は58.3％である．「家庭教師」をつけている割合は，日本が3.7％，韓国が16.3％．「通信教育」を利用する割合は，日本が19.3％，韓国が27.0％である．

母親の学歴別にみると，日本では，短大卒であると，その子どもが塾に通う割合が59.5％と高い．家庭教師や通信教育については，母親の学歴による差はない．韓国では，母親の学歴が高いほど，塾に通う割合は変わらないものの，家庭教師や通信教育の割合は高くなっている．たとえば，家庭教師を利用する割合は，母親が高校以下の場合は約1割だが，短大以上では約2割である．

父親の職業的地位別にみると，日韓とも，職業階層が高いほど子どもが塾に通う割合が高い．日本で塾に通う割合は，父親がホワイトカラー上層で51.4％，ホワイトカラー下層で46.1％，ブルーカラーで23.2％である．韓国では，同，65.9％，66.0％，42.0％である．韓国では，父親の職業的地位が中間的な家庭は，階層が高い家庭と同じくらい子どもを塾に通わせている．

前節の分析では，韓国において，親の社会経済的地位が子どもの進学意欲に与える影響はみられなかったものの，親の社会経済的地位は子どもの通塾率を左右しているのである．

#### 4.3.2. 教育費

教育費の1年間の平均金額は，日本が76.5万円，韓国が569万ウォン（約51万円）である[12]．父母年収に占める教育費割合は，日本が10％，韓国が12％で，韓国の方がやや多い．

日韓とも，子どもが中学生よりも高校生の方が教育費は高い．子どもの性別にみると，日本では差はないが，韓国では男子の方が父母年収に占める教育費

割合が高いという男女差がみられる（男子の場合13.7%，女子の場合10.4%）．

母親の学歴別にみると，日韓とも学歴が高いほど教育費を多く使っている．母親が高卒以下の場合を基準にした場合，日本では短大卒がその1.6倍，大学・大学院卒が1.6倍であるのに対して，韓国では同1.6倍，1.9倍と，日本よりも学歴による差が大きい．韓国の場合，父母年収に占める教育費割合は専門大学卒で最も高い（16.1%）という特徴がある．

日韓とも母親が就労していない家庭よりも就労している家庭の方が，教育費が高い．教育費割合は，日本では，母親が非就労8.9%，就労11.3%である．韓国では，母親が非就労11.9%，就労12.5%である（有意差はない）[13]．

日韓とも父親の職業的地位別による教育費の差がある．ブルーカラー・自営を基準にした場合，日本ではホワイトカラーの上層と下層はともに1.4倍であるが，韓国ではホワイトカラー下層が1.7倍，ホワイトカラー上層が2.2倍と日本以上に差が大きい．

以上をまとめると，母親の学歴及び父親の職業的地位別に分析した結果，子どもに投じている教育費については，日本よりも韓国の方が階層差は大きいといえる．

### 4.3.3. 教育への関与

親の教育への関与には，直接勉強に関わるサポートをするもの（直接的サポート）と直接勉強を支援するものではないが，間接的には勉強をサポートすることにつながるもの（間接的サポート）がある．

直接的サポートとして，「母親SS（ソーシャル・サポートの略，以下同）」と「父親SS」をみよう．具体的には，父母それぞれについて，「子どもの勉強や成績について話をする」頻度と「子どもの心配事や悩みを聞く」頻度（各4件法）の点数を合計した尺度である[14]．

母親SSは，日本が6.4点，韓国が6.7点．父親SSは，日本が5.1点，韓国が5.9点．日本よりも韓国の父母の方が，子どもの勉強を直接的にサポートすることが多い．

間接的サポートとして，「母子会話」をみよう．具体的には，「(a) 政治・社会的な問題について，子どもと討論する」「(b) 本，映画，テレビ番組の話題

について子どもと話す」「(c) 学校でどんなことがあったかについて子どもと話す」「(d) 子どもと一緒に夕食をたべる」「(e) 子どもと単なる無駄話をしてすごす」頻度を5件法で尋ねたものを，合計した尺度（$a$は0.758）として分析した．母子会話の得点は，日本が21.6点，韓国が19.3点であり，日本の方が高い．

すなわち，韓国の親が直接的に子どもの教育へ関与することが多いのに対して，日本の親は間接的に教育へ関与することが多いといえる．

属性別にみると，日韓とも，男子よりも女子に対して親の教育への関与は多い．母親の学歴別にみると，韓国の父親SSを除き，日韓とも学歴が高いほど教育への関与が多い．父親の職業的地位別にみると，日本では階層による親の教育への関与に有意差はないが，韓国では階層が高い方が母親SS，父親SS，母子会話のいずれも多くなっている．

以上をふまえると，親の教育への関与の階層差は，日本よりも韓国の方が大きいといえる．

### 4.4. 家庭の教育支援の多い韓国

本節の分析から次の3つの点がわかった．第1に，家庭の教育支援は，日本よりも韓国の方が多い．具体的には，日本よりも韓国の方が，親が子どもに希望する教育段階は高く，子どもの通塾率も高い．

ただし，教育への関与については，日韓のいずれが高いというわけではない．韓国の父母は直接的サポートによって関与することが多く，日本の母親は間接的サポートによって関与することが多いというように，関与の仕方が異なるのである．これは，日韓の親子関係の文化差であろう．

第2に，家庭の教育支援の階層差は，日本の方が韓国よりも大きいというわけではない．その理由であるが，まず，教育支援の変数全般において，日本よりも韓国の方が，父親の職業的地位による差があり，かつその階層差が大きい．たとえば，父親の職業的地位による教育費の差は，日本は1.4倍であるのに対して，韓国では最大2.2倍にのぼる．母親の学歴別にみると，高学歴であるほど教育熱心であるのは日韓共通であるが，その学歴による教育費の差は韓国の方が大きい．韓国では専門大学卒や大学・大学院卒の母親の家庭において，家

第 I 部　教育と政策

庭教師や通信教育の利用率も高い．

　第3に，子どもの性別による教育支援の違いをみると，日本の親は女子よりも男子に対する希望する教育段階が高い．韓国では男子に対して使う教育費が多い．ここまでみると，日韓とも男子に対する教育支援が多いようにみえる．だが，親の教育への関与については両国とも女子に対しての方が多くなっている．つまり，日韓とも，男子の方に対する親の教育支援が多いというよりも，男子に対してと女子に対しての教育支援の仕方が異なっているといえる．少なくとも今回用いた指標の分析からは，両国における儒教文化の影響はほとんどみられない．

## 5．日本の教育向上のために

### 5.1. 日韓米の位置関係

　子どもの進学意欲の分析結果から，日本，韓国，米国の子どもたちはそれぞれ置かれている状況が異なることがわかる．進学意欲に与える家庭環境の影響とその影響の男女差に注目して3ヵ国を分類すると，各国を図3-1のように位置づけることができる．

　本章では，財的資本にあたる変数として父親の職業的地位，人的変数にあたる変数として父母の教育年数，社会関係資本にあたる変数として父母の教育期待及び成績相談を使用した．韓国は，親の財的資本や人的資本よりも社会関係資本が子どもの進学意欲に与える影響が強く，かつその影響の仕方は男子よりも女子に強いという男女差が大きい国である．日本は，親の財的資本の影響はみられないが，人的資本と社会関係資本はいずれも子どもの進学意欲に影響を与えており，かつその影響の仕方は男女で差が小さい．アメリカは，親の社会関係資本よりも，財的資本や人的資本の影響が強く，かつその影響の仕方は男子よりも女子に強いという男女差が大きい国として位置づけられる．このように分類すると，今回分析した3ヵ国は大きく状況が異なるといえるだろう．

　さて，話を冒頭の問に戻そう．その問とは，わが国において子どもたちの進学意欲を強く左右しているのは具体的に家庭環境のどのような要因だろうか，それはわが国に特有のことなのだろうか，というものであった．

第3章　家族ぐるみの学歴競争

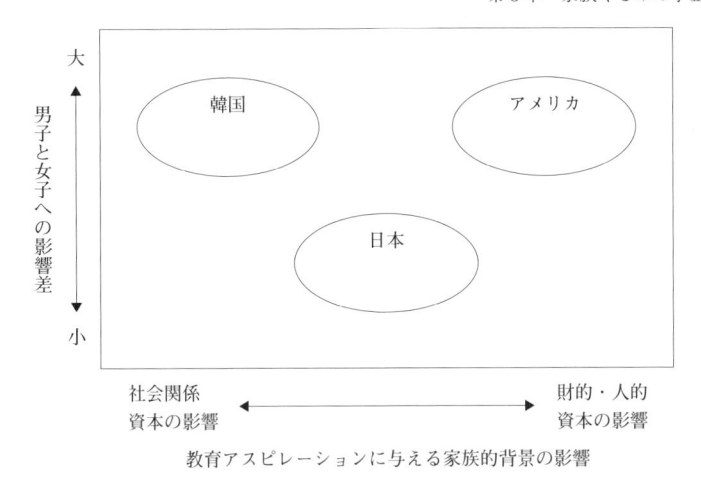

```
大 ↑
│
男子と女子への影響差
│
小 ↓

        韓国              アメリカ

              日本

社会関係          ←→          財的・人的
資本の影響                      資本の影響

教育アスピレーションに与える家族的背景の影響
```

**図3-1　家庭環境の子どもの進学意欲に与える影響からみた日本，韓国，アメリカの位置**

　その答えはこうである．日本の子どもたちの進学意欲を左右しているものは，人的資本と社会関係資本である．日本における人的資本の影響は，韓国よりも強い．日本における社会関係資本の影響は，韓国よりも強いが，アメリカと比べると弱いか同等である．3つの資本の影響の違いは，各国の教育段階の違いからもたらされているとみられる．

　韓国は急速に高学歴化が進行しており，いまや高等教育への進学率はわが国を追い抜いている．それを支えているのは，家庭がもつ財的資本・人的資本にかかわらず子どもたちが高い進学意欲をもっていることである．日本は，家庭の人的資本が多い子どもたちの進学意欲は高いが，そうでない子どもの進学意欲は低いというインセンティブ・ディバイド（学習意欲の格差）が生じており，それが全体平均の進学意欲を低下させているといえる．

## 5.2. 家庭の教育支援の日韓差

　韓国では日本よりも進学競争が激しいといわれるが，子どもたちの激しい進学競争を支えているのが，韓国の家庭の教育支援の多さである．韓国の母親は，子どもたちに高い学歴を希望し，子どもたちを塾に通わせ，家庭教師をつけ，父母は子どもの心配事や悩みを聞き，頻繁に子どもと勉強や成績について話をする．一部を除き，各々の教育支援の程度が日本よりも強い．

韓国において家庭の教育支援が多い背景には，社会経済的地位からみて中間層にあたる家庭が，上位層の家庭に近い教育支援を行っていることである．中間層の教育支援の多さが，多くの子どもたちに高い教育を授けることにつながっている．この点が日本と大きく異なる．

なお，韓国にも家庭の教育支援に階層差がある．経済力のある家庭ほど，子どもを塾などに通わせている．しかし，こうした私教育費と青少年の成績は，統計的に有意な正の相関があるものの，その影響は親と子どもとの対話が持つ効果と同じか，少し小さい（チョン 2011）．また，私教育が，家族資源が青少年の学業に及ぼす影響を媒介する効果は，親の養育態度がもつ効果とあまり差がないとされる（イ 2010）．すなわち，家庭の経済力やそれによる教育支援の格差は，実際に韓国の青少年の学業成就に決定的な影響を及ぼしていないのである．

韓国において家庭の経済力の差が，子どもの進学意欲に直接影響を及ぼしていないのは，高等教育への進学率が急拡大しているためである．同国において，高等教育の拡大が一段落した後も，家庭の経済力の差が子どもの進学意欲に直接影響を及ぼさない社会が続くのかどうかは引き続きウォッチしていくべき点である．

### 5.3. 日本の対応策

わが国では，子どもたちの学力低下や出身階層による学力格差が社会的な問題になっている．本章の分析から，わが国の教育を向上させるための方策として次の点が示唆される．

第1は，家庭の財的資本や人的資本が低いために，子どもたちが進学意欲をもてなくなることや向学心を失うことを防ぐことである．具体的な対応策としては，高等教育費の軽減や無償の奨学金制度の拡充などによって，高等教育にかかる家庭の経済的負担を軽減することである．

第2は，家庭における教育に関わる社会関係資本についてである．韓国の親をみると，わが国の親よりも子どもの教育達成への期待が高い他，子どもの成績や勉強について相談にのることが多い．これらのことは，家庭が経済的に裕福でなくてもできることである．日本の小中学生の調査によると，親が勉強を

教えている家庭は，そうでない家庭よりも，子どもたちの勉強時間が長い（松田 2007）．親が子どもの教育のためにできることは，お金を稼ぎ，塾などに通わせることのみではない．勉強や成績の相談にのったり，ときにはわからない問題を一緒に考えたりすることだってできるのだ．子どもたちの学力低下や学力格差という社会的な問題を解決するために，わが国の親が家庭内でできることはまだある．

注
1) 原文では，大学学部に相当するものを「大学型高等教育」，短期大学・高等専門学校・専修学校に相当するものを「非大学型高等教育」としている．
2) 2010年時点では，女子の進学率が男子を上回っている．
3) データの制約により，アメリカのサンプルを，日本と韓国のように首都のみに限定することができないため，このような条件にした．
4) Coleman（1988, 1990）が提唱して以後，社会関係資本をめぐる議論については，公的，連帯的な社会関係資本論と，私的，競争的な社会関係資本論の両極分化が生じている（金光 2006）．公的，連帯的なソーシャル・キャピタル論は，Putnam（1993）やFukuyama（1996）らに受け継がれ，地域コミュニティや社会における信頼や連帯というテーマの研究へと発展した．一方，私的，競争的な社会関係資本論は，Burt（1992）やLin（2001）ら社会的資源論の立場による組織内や社会における資源の保有と競争の関係に関する研究である．また，ColemanやPutnamらによってなされてきた社会関係資本の研究に対しては，その概念のあいまいさや操作化の問題等について批判もなされている（Morrow 1999）．
5) 親が離別している場合，離別して別居している側の親の経済力や学歴が子どもに与える影響は弱い可能性があるため，本来であれば親が離別したサンプルの分析にここにあげる変数を用いることは注意が必要だろう．しかし，本調査では，親の同居別居を尋ねているが，離別を尋ねていない．そのため別居の親のなかには，単身赴任等のかたちで一時的な別居である者も多く含まれている可能性がある．こうした事情から，本章では，ここにあげたような変数の扱い方にした．
6) W上：大学教員，その他教員，会社経営者，医療関係者，研究員，聖職者，法曹人，マスコミ関係者，芸術家，スポーツ人，芸能人，W下：会社員，公務員，B：警察，自衛官，技術・労務職，自営業．スポーツ人や芸能人等はホワイトカラーではないが，経済力が高いとみなし，ここでは最も経済力が高いグループに分類している．
7) アメリカは大中都市のサンプルであることが，日韓よりも父親の職業的地位

の分散を大きくした可能性がある.
8) 3ヵ国のサンプルをプールした場合,このようにして作成した父親の教育期待の $a$ は 0.803,母親の教育期待の $a$ は 0.765 であり,いずれも尺度の内的一貫性は高い.
9) 自営業のみを独立したカテゴリーにするには,十分なサンプル数はない.ここでは,ともに労働時間が長いという理由から,自営業はフルタイムに含めている.韓国のサンプルでは,母親がパートの人数が少ない.
10) 日本と韓国の分析結果の違いは,有田 (2002) の知見と整合的である.
11) アメリカにおいて父親の職業的地位が希望教育年数に強く影響を与えている背景には,高等教育に要する費用が日本や韓国以上に高いという事情も関係している可能性がある.
12) 1 ウォン = 0.09 円 (2013 年 7 月 5 日現在)
13) 韓国における教育費の額は,母親が就労している家庭の方が非就労の家庭よりも有意に高い.
14) 両変数の相関は 0.6 以上である.

# 第 Ⅱ 部

# 日常

第 4 章

青少年のジェンダー意識と教育アスピレーション


裵　智恵


## 1. はじめに

　この数十年間，西欧の先進産業社会では，教育達成における性別格差が縮小してきたとされている．日本と韓国も例外ではない．2010 年時点で，高等教育機関[1]の進学率をみると，日本の場合は，男性の進学率が 57.7％，女性の進学率が 56.0％となっており，両者の差は 2％未満まで縮んでいる（内閣部 2012）．さらに，韓国では，男性 77.6％，女性が 80.6％で，高等教育機関における従来の性別格差が逆転している（한국교육개발원 2011 ［韓国教育開発院 2011］）．
　教育達成における性別格差が，縮小・解消の方向に進んできたのとは対照的に，学校卒業後の進路には，性別による差が未だに残っている．日韓の非正規雇用とジェンダーについて分析した平田（近刊）によると，どちらの国でも男性より女性が無職，あるいは非正規職に就く比率が高くなっている．
　このような，高等教育機関への進学とその後の進路における性別格差の存在は，日韓両国で学歴がもつ意味が性別によって異なる可能性を示唆する．いくつかの先行研究によれば，日本と韓国で，男性にとっての学歴はより高い職業的地位を獲得するための意味をもっているが，女性にとっての学歴は高い職業的地位の男性に「相応しい」身分であることを示すことで，結婚マーケットでより有利な地位を占めるための意味をもっているという（天野 1983；Brinton and Lee 2001）．その背景の 1 つとして指摘される要因が，「男は仕事，女は家

庭」といったジェンダー意識である.

こうした観点からみると,学校という場での経験がその後の青少年の人生にどのような影響を及ぼすかを考える際,青少年のジェンダー意識のあり方について目を向けることが不可欠である.本章では,日本と韓国における青少年のジェンダー意識を取り上げ,その現状をふまえながら青少年の教育アスピレーションとの関連について計量的手法を用いて分析する.

## 2.先行研究

### 2.1.性別役割の揺らぎと青少年のジェンダー意識

家族は,最も基礎的な社会化の担い手である.子どもは,「役割モデル」である親の行動や考え方から直接／間接的に影響を受けながら,自分が属している社会共通の基本的なことがらを学習し,内面化していく.

ジェンダーは,「第1次的社会化」の対象であり,ジェンダーに対する子どもの意識は,親のジェンダー意識や両親の役割分担と密接に関連することが指摘されている(Stephan and Corder 1985; 조영은 1983 [チョヨンウン 1983]).もちろん,青少年期の社会化における,家族とりわけ親の影響については,様々な議論がなされてきた.そのなかには,子どものときの社会化とくらべ,親の影響力は減少するという指摘もある.しかし,最も基礎的な社会化の担い手としての親の影響力は,依然として他の社会化のエージェントと比べても決して低くないという指摘もある(한국청소년정책연구원 [韓国青少年政策研究院 2007]).そこで本章では,青少年のジェンダー意識に影響を及ぼす要因として,まず親の影響に注目する.

冒頭にも紹介したように,学校卒業後の進路において性別格差が残ってはいるものの,日本と韓国における女性の社会進出は,緩慢な速度で増加してきた.両国における15歳から64歳までの女性の労働力率は,日本が61.8%,韓国が54.5%となっており,ともに50%を超えている(OECD 2011).その結果,共働き世帯も増えており,2011年現在,日韓共通して,共働き世帯が片働き世帯を上回っている[2] (内閣部 2011; 통계청 2011 [統計庁 2011]).

共働き家族が増加することにより,男性の家族役割参加に対する要求／期待

も高くなっている.また,家族役割に対する男性自身の意識においても変化が報告されている.たとえば,日本と韓国の性別役割分業体制を比較した裵(2009)は,若い男性を中心により積極的に家族役割に参加しようとする,いわゆる「新しい父親(New Father)」が登場していることを指摘した.こうした社会の変化は,各家庭内における親の役割分担を変化させ,ジェンダーをめぐる家族内の社会化過程にも影響を及ぼしうると考えられる.

まず,母親の就業は,それ自体が「男性は仕事,女性は家庭」という従来の性別役割分業に反するものであり,新しい社会化のモデルを提示することになる.その結果,働く母親の子どもは性別役割分業を否定し,革新的なジェンダー意識をもつ可能性が高い.実際,先行研究には,就業した母親をもつ子どもが,無職の母親をもつ子どもより革新的なジェンダー意識を示すという結果が多い(이선미・김경신 1996 [イソンミ・キムキョンシン 1996];Stephan and Corder 1985).しかし一方では,子どもの性別役割分業意識は母親の就業有無によってあまり差がないという研究結果も報告されている(정종희 1983 [チョンジョンヒ 1983];조영은 1983 [チョヨンウン 1983]).

김소정(2008)[キムソジョン(2008)]は,先行研究における以上のような非一貫的な結果は,それぞれの研究で対象となった青少年の年齢が多様であることに起因すると解釈している.それと同時に,母親の就業有無以外の他の変数——たとえば,母親の就業形態——が影響を及ぼす可能性も指摘している.こうした議論をふまえ,本章では,青少年の年齢を高校1・2年生に限定し,母親の就業形態を考慮しながら,分析を進めていく.

就業した母親と同様,積極的に家事に参加する父親の姿も,保守的な性別役割分業に反するものであり,新しい性別役割分業のモデルになりうる.父親が積極的に家事に参加している家庭の子どもは,そうではない家庭の子どもよりも革新的なジェンダー意識をもつと推測できる.

残念ながら,青少年のジェンダー意識に及ぼす親の影響を扱ったこれまでの研究は,主に母親就業の効果に焦点を当ててきたため,父親の家事参加がもちうる効果については十分に議論されていない.しかし,父親は家族内社会化のもう1人のエージェントであり,青少年のジェンダー意識と関連する家族内社会化過程を十分に考察するためには,父親が青少年に及ぼす影響についても目

を向ける必要がある．そこで本章では，これまで取り上げられてこなかった父親の家事参加と青少年のジェンダー意識との関連について分析する．

これら2つの要因に加え，ここでは，青少年に対する親からの影響の有無にも注目したい．本章では，「役割モデル」としての親の行動が青少年のジェンダー意識にもつ効果は，青少年が親から受ける影響を媒介していると仮定する．たとえば，母親が就業をしている点で同じでも，母親から影響を受けている場合と影響を受けていない場合では，母親の就業が青少年のジェンダー意識にもつ効果は異なるだろう．父親の家事参加程度がもつ効果も同様である．父親が家事に参加している点で同じでも，父親から影響を受けている場合とそうではない場合では，父親の家事参加は異なる効果を見せる可能性がある．

本章ではこれらの3つの要因（母親の就業，父親の家事参加程度，親からの影響）と青少年のジェンダー意識の関連を分析する．

## 2.2. 青少年の教育アスピレーションとジェンダー意識

女性の高学歴化がそのまま女性の雇用増加につながらないことについて，既存の研究では，学歴がもつ意味が性別によって異なる可能性を指摘してきた．「結婚市場での収益仮説（the marriage market return hypothesis）」と関連する一連の議論がそれである（たとえば Brinton and Lee 2001; Seth 2002; 天野 1983）．すなわち，男性にとっての学歴がよりよい職業的地位を獲得するための手段的価値をもっているのに対し，女性にとっての学歴は結婚マーケットでより有利な位置を占め，結果的には結婚を通じて階層を再生産するという，象徴的な価値をもっているという説明である．

確かに日韓両国では，女子教育が男子教育と異なる意味を帯びてきた．両国における女子教育の展開は，いわゆる「男性は仕事，女性は家庭」という性別役割分業と，それに伴う「女らしさ」「男らしさ」のイメージなどによって構成される近代的なジェンダー秩序の確立を推進する機能を果たしたのである（金 2002:222）．

中西（1998）がいうように，こうして，社会化の主要エージェントとして（表面的には）「平等な性役割」を教えるはずの学校が，一方では学業達成を強調しながら，他方では性別役割分業を要求することにより，女子学生にとって

は矛盾と葛藤を経験する場になる．そうだとすると，日本と韓国では，高学歴を希望する女子学生のなかに，キャリア志向を内面化する層と，家庭志向を内面化する層が共存しており，その結果として，高学歴化の進行が雇用の増加につながらないことになっているかもしれない．

こうした結果から，金（2002）は，女性の学歴には，女性自身が女性としての「性役割」をどのように捉えているかの問題が含まれており，結局，女子学生の上級学校への進学意欲（教育アスピレーション）は，性別役割分業意識と密接に関連していると主張する．こうした議論をふまえ，本章では，青少年のジェンダー意識と教育アスピレーションの関連を分析する．この分析を通じて，「学校」という場が青少年にとってもつ意味を，ジェンダーの側面から考察してみたい．

## 3．方法

### 3.1．データ

以下の分析では，韓国青少年開発院（当時）が2006年に主催した「青少年期社会化過程の国際比較研究」の調査のうち，東京とソウルに居住する高校1・2年生を対象とする（サンプルの数は，日本が356人，韓国が738人）．

### 3.2．従属変数

本章では，大きく分けて2つの分析を行う．すなわち，第1に，ジェンダー意識に焦点を当てた，その全般的な頻度と規定要因についての分析（以下，分析1），第2に，ジェンダー意識と教育アスピレーションの関連についての分析（以下，分析2）である．

分析1の従属変数であるジェンダー意識について，本調査では，「男は外で働き，女は家庭を守るべきだ」を筆頭とする保守的な考え方[3]と，「男も家事に参加しなければならない」などを含む革新的な考え方[4]の，2つの側面から測定している．ここでは，保守的な考え方については「まったくそうである」に1点，「どちらかといえばそうである」に2点，「どちらかといえばそうではない」に3点，「まったくそうではない」に4点を与えた．革新的な考え方に

ついては，それと逆のコーディングをして指標化した後，両方を合算し，1つの合成変数を作成した．この合成変数の値が高くなればなるほど，革新的なジェンダー意識をもっていることを意味する．なお，合成変数の cronbach *a* は，日本で 0.81，韓国で 0.85 であった．

分析2の従属変数である教育アスピレーションについては，学生たちに自分が進学を希望する教育段階を，「高校」「短大」「大学」「大学院」の4つの選択肢から選んでもらう形で測定している．本章では，これをもとに，「高校以下」，「短大・専門大学」，「大学以上」の3つのカテゴリーを作成する．

### 3.3. 独立変数

分析1の独立変数としては，母親の職業形態，父親の家事参加程度，親からの影響などを取り上げる．母親の就業形態は，（自営業を含む）フルタイム，パートタイム，無職の3つのカテゴリーを用いる．

父親の家事参加程度については，「食事の用意」「食器洗い」「清掃」「洗濯」などの家事について，「母親が全部する」を1点，「母親が主にする」を2点，「母親と父親がそれぞれ半分ずつする」を3点，「父親が主にする」を4点，「父親が全部する」を5点と点数化する．そのうえで，4点以下を「少」，5点〜7点までを「中」，8点以上を「多」とカテゴリー化する．

親からの影響は，青少年が自分の人生に大きな影響を与えている人として1番目と2番目に，それぞれ父親と母親を選んだ場合を1とするダミー変数を作成する．

これらの独立変数に加え，統制変数として，母親の学歴と父親の職業的地位を投入する．母親の学歴は，最終学歴を卒業とみなし，それに対応する教育年数を算出して使用する．また，父親の職業的地位は，「ホワイトカラー上層（W上）」「ホワイトカラー下層（W下）」「ブルーカラー・無職」の3つのカテゴリーを用いる．「ホワイトカラー上層（W上）」には，大学教員，その他教員，会社経営者，医療関係者，研究員，聖職者，法曹人，マスコミ関係者，芸術家，スポーツ人，芸能人などが，「ホワイトカラー下層（W下）」には，会社員，公務員などが，「ブルーカラー・無職」には，警察，自衛官，技術・労務職，自営業などが含まれる．

分析2の独立変数としては，分析1で作成したジェンダー意識の合成変数をもとに，国別・性別に4つのグループ（日本女子，日本男子，韓国女子，韓国男子）に分けて，それぞれの平均値を算出し，平均値より高い場合は「革新的ジェンダー意識」，低い場合は「保守的ジェンダー意識」の2つのカテゴリーを用いる．

## 4．分析結果

### 4.1. 分析1-1：日本と韓国における青少年のジェンダー意識

ここでは，$\chi^2$検定とt-testを実施し，両国の青少年におけるジェンダー意識の全般的な分布と平均値を比較した．表4-1は，$\chi^2$検定を用いて国別に青少年のジェンダー意識の全般的な傾向を調べた結果を示したものである．

保守的な考え方については，両国ともに，反対派（「まったくそうではない」＋「どちらかといえばそうではない」）が半数を超え，多数を占めていることがわかった．反対派の比率は，「子どもの教育は，父親より母親の責任が大きい」の項目を除けば，全ての項目において，日本よりも韓国で多い．その差は，特に，男性の稼ぎ手役割についての項目（「男は一家の経済的な責任を負うべきだ」）で，大きくなっている（日本が44.8%，韓国が53.1%）．

革新的な考え方については，どちらの国でも，賛成派（「まったくそうである」＋「どちらかといえばそうである」）の割合が全体の60%を超えている．全ての項目において，日本よりも韓国の青少年で賛成派の割合が高い．革新的な考え方のなかでも，保守的な考え方の場合と同様，経済的な側面における男女の役割分担についての質問項目（「女も経済的な責任を分担しなければならない」）に関して，両国の差が大きくなっている（日本が62.1%，韓国が87.8%）．

全般的に，韓国の青少年が日本の青少年に比べ，保守的なジェンダー意識には反対し，革新的なジェンダー意識には賛成している傾向がある．こうした傾向は，国別・性別に比較しても観察できる．つまり，日本の男子学生よりも韓国の男子学生が，日本の女子学生よりも韓国の女子学生の方が，保守的な考え方に反対し，革新的な考え方に賛成している．また，両国ともに，男子学生よりも女子学生の方が，保守的なジェンダー意識には反対し，革新的なジェンダ

第Ⅱ部　日常

表 4-1　国別・性別にみた青少年のジェンダー意識

| | | 韓国 | | | | | 日本 | | | | | (%) |
| | | まったくそうではない | どちらかといえばそうではない | どちらかといえばそうである | まったくそうである | 有意差 | まったくそうではない | どちらかといえばそうではない | どちらかといえばそうである | まったくそうである | 有意差 | 日韓差 |
|---|---|---|---|---|---|---|---|---|---|---|---|---|
| 保守的 | 1. 男は外で働き、女は家庭を守るべきだ | 男 | 33.9 | 39.0 | 24.3 | 2.8 | *** | 32.1 | 33.3 | 25.5 | 9.1 | *** | * |
| | | 女 | 59.5 | 31.4 | 7.8 | 1.2 | | 50.5 | 30.5 | 11.1 | 7.9 | *** | *** |
| | 2. 社会的成功は、女より男にもっと重要である | 男 | 24.3 | 35.9 | 30.3 | 9.6 | *** | 23.2 | 35.4 | 30.5 | 11.0 | *** | ns |
| | | 女 | 56.5 | 28.5 | 13.1 | 1.8 | | 45.8 | 30.5 | 18.9 | 4.7 | | * |
| | 3. 男は一家の経済的な責任を担うべきだ | 男 | 13.1 | 26.7 | 48.6 | 11.6 | *** | 9.7 | 23.0 | 42.4 | 24.8 | *** | ** |
| | | 女 | 29.4 | 30.6 | 34.1 | 6.0 | | 24.2 | 31.1 | 28.9 | 15.8 | | ** |
| | 4. 女はおとなしく、従順であるべき | 男 | 26.3 | 51.0 | 20.3 | 2.4 | *** | 42.7 | 39.6 | 12.2 | 5.5 | *** | ** |
| | | 女 | 68.1 | 27.2 | 3.1 | 1.0 | | 64.2 | 28.9 | 4.2 | 2.6 | | ns |
| 革新的 | 5. 女には、社会的成功より幸せな結婚が重要である | 男 | 17.1 | 39.4 | 36.3 | 7.2 | *** | 19.5 | 39.0 | 31.1 | 10.4 | ** | + |
| | | 女 | 37.2 | 38.7 | 19.3 | 4.7 | | 37.4 | 33.2 | 19.5 | 10.0 | | ns |
| | 6. 子どもの教育は、父親より母親の責任が大きい | 男 | 22.4 | 40.0 | 31.6 | 6.0 | ** | 24.8 | 44.2 | 22.4 | 8.5 | * | ns |
| | | 女 | 36.0 | 32.3 | 27.6 | 4.1 | | 38.4 | 34.2 | 22.6 | 4.7 | | ns |
| | 7. 男も家事に参加しなければならない | 男 | 2.8 | 4.4 | 62.0 | 30.8 | *** | 3.6 | 8.5 | 58.8 | 29.1 | ** | ns |
| | | 女 | 1.2 | 2.1 | 40.5 | 56.2 | | 2.1 | 8.9 | 42.1 | 46.5 | | *** |
| | 8. 女も経済的な責任を分担しなければならない | 男 | 4.8 | 18.4 | 65.2 | 11.6 | *** | 4.9 | 48.2 | 41.5 | 5.5 | *** | *** |
| | | 女 | 1.2 | 5.3 | 65.2 | 28.2 | | 2.6 | 22.1 | 51.1 | 24.2 | | *** |
| | 9. 社会的な成功は、女にとっても重要である | 男 | 3.2 | 10.8 | 63.2 | 22.8 | *** | 8.6 | 20.2 | 52.8 | 18.4 | *** | ** |
| | | 女 | 1.0 | 3.1 | 40.0 | 55.9 | | 3.7 | 15.3 | 43.2 | 37.9 | | *** |
| | 10. 男がいつも主導的である必要はない | 男 | 4.4 | 12.4 | 60.4 | 22.8 | *** | 2.4 | 12.8 | 47.0 | 37.8 | *** | ** |
| | | 女 | 1.6 | 4.3 | 41.3 | 52.8 | | 3.2 | 6.8 | 30.5 | 59.5 | | * |

+ p <.10　* p <.05　** p <.01　*** p <.001

一意識には賛成する割合が高かった.

t-testを実施し, 国別／性別にジェンダー意識の平均値の差を検定した結果, 全体としては, 日本よりも韓国の青少年の平均値が高く, またどちらの国においても, 男子学生よりも女子学生の平均値が高くなっており（日本男子学生24.88, 日本女子学生28.10, 韓国男子学生25.76, 韓国女子学性29.66）, 全ての検定結果が統計的に有意である. 以上の$\chi^2$検定とt-testの分析結果から, 日本の青少年よりも韓国の青少年の方が, また男子学生よりも女子学生の方が, 革新的なジェンダー意識をもっているといえるだろう.

## 4.2. 分析1-2：青少年のジェンダー意識に影響を及ぼす要因

表4-2は, 国別・性別に一般線形モデルを用いた分析を行った結果である. まず, モデル1では, 母親の就業形態と父親の家事参加程度のみを投入した多元配置の一般線形モデルによって, 各変数の主効果を分析した. その後, モデル2では, モデル1に母親の教育年数と父親の職業的地位を加え, これらの2つの変数を統制した後の母親の職業形態と父親の家事参加程度の効果を分析した. 次に, モデル3とモデル4では, 親からの影響と, 家庭内における親の役割分担との交互作用効果を検討するため, モデル3では母親からの影響と母親の職業形態, モデル4では父親からの影響と父親の家事参加程度の交互作用項を投入し, 多元配置の一般線形モデルによる分析を行った.

モデル1の結果からみると, 韓国の男子学生を除く全てのグループで, 有意な効果が認められた. その効果は, 母親の教育年数と父親の職業形態のような階層要因を統制したモデル2においても認められる.

ただし, それぞれのカテゴリーごとにジェンダー意識の平均値を比較してみると, 母親の職業形態の効果は, 国と性別によってその内容が異なることがわかる. はじめに, 日本の女子学生のジェンダー意識の平均値は, 母親がフルタイム・自営で働いている場合が29.24で, 最も高い. その次が, 無職である場合の27.71であり, 母親がパートタイムで働いている場合が26.74で最も低い. 一方, 韓国の女子学生におけるジェンダー意識の平均値は, 母親が無職である場合が29.16で最も低く, 続いてパートタイムで働いている場合が29.47となっているが, フルタイム・自営で働いている場合が30.35で最も高くなってい

表4-2 ジェンダー意識を従属変数とした一般線形モデル

(日本)

| | | 男 | | | | | | | | | 女 | | | | | | |
|---|---|---|---|---|---|---|---|---|---|---|---|---|---|---|---|---|---|
| | | Model 1 | | Model 2 | | Model 3 | | Model 4 | | Model 1 | | Model 2 | | Model 3 | | Model 4 | |
| | df | F | df | F | df | F | df | F | df | F | df | F | df | F | df | F |
| 母親の就業形態 (A) | 2 | 5.739** | 2 | 4.379* | 2 | 5.444** | 2 | 3.177* | 2 | 2.665+ | 2 | 3.044+ | 2 | 3.224* | 2 | 3.225* |
| 父親の就業形態 (B) | 2 | 1.658 | 2 | 2.614+ | 2 | 2.948* | 2 | 4.364* | 2 | 0.052 | 2 | .885 | 2 | 1.018 | 2 | 0.255 |
| 父親の教育年数 | | | 1 | 5.435* | 1 | 7.466** | 1 | 5.486* | | | 1 | 10.877** | 1 | 10.917** | 1 | 11.010** |
| 父親の職業的地位 | | | 2 | 0.046 | 2 | 0.202 | 2 | 0.185 | | | 2 | 0.375 | 2 | 0.282 | 2 | 0.264 |
| 母親からの影響 (C) | | | | | 1 | 1.057 | | | | | | | 1 | 1.790 | | |
| (A) × (C) | | | | | 2 | 3.099* | | | | | | | 2 | 0.275 | | |
| 父親からの影響 (D) | | | | | | | 1 | 5.291* | | | | | | | 1 | 0.110 |
| (B) × (D) | | | | | | | 2 | 3.396* | | | | | | | 2 | 0.420 |
| N | 161 | | 142 | | 142 | | 142 | | 186 | | 163 | | 163 | | 163 | |
| AdjR² | 0.067 | | 0.088 | | 0.122 | | 0.155 | | 0.007 | | 0.080 | | 0.083 | | 0.068 | |

+ p < .10  * p < .05  ** p < .01

(韓国)

| | | 男 | | | | | | | | | 女 | | | | | | |
|---|---|---|---|---|---|---|---|---|---|---|---|---|---|---|---|---|---|
| | | Model 1 | | Model 2 | | Model 3 | | Model 4 | | Model 1 | | Model 2 | | Model 3 | | Model 4 | |
| | df | F | df | F | df | F | df | F | df | F | df | F | df | F | df | F |
| 母親の職種 (A) | 2 | 0.937 | 2 | 0.937 | 2 | 1.075 | 2 | 1.350 | 2 | 4.667* | 2 | 3.319* | 2 | 3.262* | 2 | 2.993+ |
| 父親の家事参加 (B) | 2 | 0.247 | 2 | 0.245 | 2 | 0.291 | 2 | 0.230 | 2 | 0.046 | 2 | 0.325 | 2 | 0.319 | 2 | 0.289 |
| 父親の教育年数 | | | 1 | 0.015 | 1 | 0.197 | 1 | 0.114 | | | 1 | 4.447* | 1 | 3.833* | 1 | 4.098* |
| 父親の職業的地位 | | | 2 | 0.089 | 2 | 0.031 | 2 | 0.142 | | | 2 | 0.483 | 2 | 0.429 | 2 | 0.441 |
| 母親からの影響 (C) | | | | | 1 | 2.452 | | | | | | | 1 | 0.775 | | |
| (A) × (C) | | | | | 2 | 0.441 | | | | | | | 2 | 2.769+ | | |
| 父親からの影響 (D) | | | | | | | 1 | 4.226* | | | | | | | 1 | 0.505 |
| (B) × (D) | | | | | | | 2 | 0.273 | | | | | | | 2 | 0.806 |
| N | 226 | | 179 | | 179 | | 179 | | 451 | | 366 | | 366 | | 366 | |
| AdjR² | 0.007 | | −0.026 | | −0.024 | | −0.015 | | 0.012 | | 0.018 | | 0.027 | | 0.016 | |

+ p < .10  * p < .05  ** p < .01

る点は，日本と同様である．つまり，両国ともに，ジェンダー意識の側面からみると，女子学生の社会化において，母親の就労形態，とりわけフルタイム・自営で働いていることが重要な意味をもっていることがわかる．

それに対し，男子学生に目を向けると，日本では，フルタイム・自営（24.20），パートタイム（26.05），無職（23.49）の順となっており，女子学生でみられたように，母親のフルタイム・自営就労の効果は観察できない．さらに，韓国では，母親の就労形態による男子学生のジェンダー意識の平均値は統計的に有意ではない．母親の就業は，それ自体が新しいジェンダーモデルの提示となりうるが，社会化の過程におけるその効果は同性の娘には有効であるものの，異性の息子には有効ではないようだ．

モデル１に投入したもう１つの変数である父親の家事参加程度の効果は，日本の男子学生のみで統計的に有意であった．父親の家事参加が「多」である場合が26.19，「中」の場合が24.30，「少」である場合が24.25となっている．すなわち，父親が家事により積極的に参加するほど，ジェンダー意識の平均値が高くなっており，より革新的なジェンダー意識をもつ傾向がみられた．

母親の職業形態と父親の家事参加程度の主効果を確認した後，この２つの要因と両親からの影響との交互作用効果を検討したモデル３の結果では，日本の男子学生と韓国の女子学生で，交互作用効果が認められた．特に，日本の男子学生では，母親の職業形態と母親からの影響の交互作用，父親の家事参加程度と父親からの影響の交互作用が，両方とも統計的に有意であるという結果が得られた．

図4-1の左側は，前者の結果をプロットしたものである．母親がフルタイム・自営で働いている場合には，母親からの影響の有無によるジェンダー意識の差はまったくない．しかし，母親がパートタイムで働いている場合には，母親からの影響によるジェンダー意識の差が大きくなる．母親からの影響がある場合の方が，影響がない場合よりも，ジェンダー意識の平均値が若干高い．つまり，母親がパートで働いている場合には，母親から影響を受けることによって，日本の男子学生はより革新的なジェンダー意識をもつことになる．さらに，母親が無職である場合には，母親からの影響有無によるジェンダー意識の差がより広がっている．母親から影響がある場合の方が，ない場合よりもジェンダ

一意識の平均値が高い．要するに，日本では，母親の職業形態が息子のジェンダー意識にもつ効果は，母親からの影響によって左右されており，しかもそれは，母親が無職である場合に最も大きく作用しているのである．

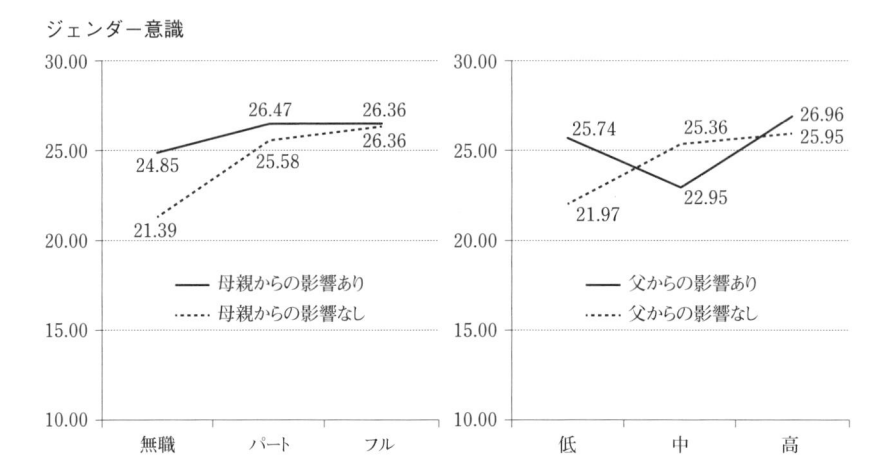

図4-1　母親の就業形態と母親からの影響の交互作用効果（左）
父親の家事参加程度と父親からの影響の交互作用効果（右）（日本の男子学生）

続いて，図4-1の右側は，父親の家事参加程度と父親からの影響の交互作用効果を示したものである．全体的傾向としては，父親の家事参加が増えるほど，男子学生のジェンダー意識の平均値は高くなり，革新的な考え方をもつ結果となることが確認できる．ところで，父親からの影響有無による父親の家事参加程度の効果の差に注目してみると，その差が最も大きくなるのは，父親の家事参加が少ないときである．父親の家事参加程度が低いときには，父親から影響を受けている場合のジェンダー意識の平均値が，影響を受けていない場合より，はるかに高くなっている．

母親の職業形態と母親からの影響の交互作用効果の結果をふまえて考えると，日本の男子学生は，両親の役割分担が保守的な性別役割に符合する場合に，親から影響を受けることによって，自分の家庭の現実とは逆の方向のジェンダー意識，すなわち，革新的なジェンダー意識を形成しているようである．

また，韓国の女子学生では，母親の職業形態と母親からの影響との交互作用

が統計的に有意な影響を及ぼしていた．すなわち，母親がフルタイム・自営で働いている場合と，無職である場合，母親からの影響があると，ジェンダー意識の平均値が低くなっている．しかし，母親からの影響有無によるジェンダー意識の差は，それほど大きくなく，統計的有意差も10％水準に過ぎない．

### 4.3. 分析2：青少年のジェンダー意識と教育アスピレーションの関連

以上，分析1では，両国における青少年のジェンダー意識について検討した．以下の分析2では，国・性別に，青少年のジェンダー意識と教育アスピレーションの関連について検討する．まず，$\chi^2$検定を行い，両国における教育アスピレーションの全般的な傾向を調べてみた．表4-3をみるとわかるように，どちらの国においても，大学以上の学歴を希望する割合が半数を超えている中，韓国では，男女ともに90％を越えているのが特徴的である．具体的にみると，日本では，大学以上の学歴を希望する比率は，男子学生が80.7％，女子学生が75.1％を占めており，その差は統計的に有意である．しかし，韓国では，男子学生93.6％，女子学生が93.8％となっており，その差は統計的に有意ではない．もはや性別に関係なく，4年制大学への進学が「当然視」されている韓国の状況がうかがえる．

表4-3　日韓青少年の教育アスピレーション

| | 韓国 | | | | 日本 | | | | 日韓差 |
|---|---|---|---|---|---|---|---|---|---|
| | 高校 | 短大・専門大学 | 大学以上 | 有意差 | 高校 | 短大・専門大学 | 大学以上 | 有意差 | |
| 男 | 2.8 | 3.6 | 93.6 | + | 13.9 | 5.4 | 80.7 | * | *** |
| 女 | 0.8 | 5.3 | 93.8 | | 11.1 | 13.8 | 75.1 | | *** |

+ $p < .10$　* $p < .05$　** $p < .001$

続いて，ジェンダー意識と教育アスピレーションの関連を検討した．表4-4は，その結果を示したものである．

ジェンダー意識と教育アスピレーションの間に統計的に有意な関連があるのは，日本の女子学生のみである．男子学生の場合，日本と韓国，どちらの国においても，青少年の教育アスピレーションは，ジェンダー意識と関連がない．

表 4-4　教育アスピレーションの順序ロジット分析結果

| | | 韓国 | | 日本 | |
|---|---|---|---|---|---|
| | | 男子学生 | 女子学生 | 男子学生 | 女子学生 |
| 母親就労形態 | フル・自営 | −0.892 | −0.917 | −0.759 | 0.040 |
| | パート | 18.008 | −1.345[+] | −0.580 | 0.438 |
| | 無職 | | | | |
| 父親職業的地位 | W 上 | −0.879 | 1.702 | 1.886 | 20.689 |
| | W 下 | 0.374 | 0.200 | 0.803 | −5.058 |
| | ブルー・無職 | | | | |
| 成績 | 上 | 19.127 | 19.972 | 20.535 | 1.464 |
| | 中上 | 19.002 | 1.524[*] | 0.494 | 0.948 |
| | 中 | 0.072 | 2.214[**] | 0.224 | 0.595 |
| | 中下 | −0.535 | 0.823 | −0.374 | −0.320 |
| | 下 | | | | |
| ジェンダー意識 | | 0.071 | 0.040 | −0.060 | 0.088[*] |
| しきい値 1 | | −2.190 | −4.185 | −3.100[*] | 1.039 |
| しきい値 2 | | −1.543 | −0.903 | −2.699[+] | 2.066[+] |
| −2LL | | 70.376 | 139.425 | 139.728 | 202.660 |
| $x^2$ | | 261.054 | 1341.238[***] | 232.157 | 247.751 |
| N | | 251 | 487 | 166 | 190 |

+ $p < .10$　* $p < .05$　** $p < .01$　*** $p < .001$

　韓国の女子学生の場合も，同様の結果が得られ，ジェンダー意識は，教育アスピレーションに有意な影響を及ぼさなかった．男女ともに，大学以上の高等教育機関へ進学意欲をもっている学生が圧倒的多数を占めている韓国では，男子学生だけではなく，女子学生にとっても，教育アスピレーションは，「男は仕事，女は家庭」をはじめとするジェンダー意識から独立している．

　他方，日本の女子学生は，ジェンダー意識によって，教育アスピレーションが異なる結果となっている．すなわち，革新的なジェンダー意識をもっているほど，高い進学希望をもっている．このような結果から，先行研究で指摘された，女子学生の上級学校の進学意欲（教育アスピレーション）と，性別役割分業意識の間の関連は，現時点では，韓国では観察できず，日本の女子学生に限るものといえるだろう．

## 5．結論

本章では，日本と韓国の高校生を対象に，彼／彼女たちのジェンダー意識を

規定する要因を，家族内の社会化過程に焦点を当てながら分析し，その後ジェンダー意識と教育アスピレーションとの関連について検討した．分析結果から得られた知見は，以下の通りである．

第1に，日本と韓国における青少年のジェンダー意識を比較した結果，日本よりも韓国の方が，革新的なジェンダー意識をもっていることが明らかになった．従来の研究では，韓国は日本と比べ，男女の区分を強調する儒教的規範の浸透度がはるかに高く，そのため，より保守的な性別役割分業意識を示すと指摘されてきた（瀬地山 1996）．しかし，成人男女を対象とした裵（2011）は，両国における性別役割分業意識が類似していると報告している．こうした結果は，韓国における1990年代後半の経済危機が，男性の大量失業をもたらし，女性の就業を「例外的な逸脱」として受容することになり，韓国男性の性別役割分業意識を革新的に変化させた可能性があると解釈されている（임인숙 2000［イムインスク 2000］）．

青少年を対象とした本章の分析結果では，韓国の青少年の方が日本の青少年よりも，革新的なジェンダー意識を示している．この結果は，今後の両国における性別役割分業意識のゆくえについて，1つの方向性を提示している．だが，本章が対象とした高校生は，まだ就業と結婚を経験していない時期であるという点を考慮する必要がある．木村（2000）が指摘したように，労働市場と結婚生活のなかで経験しうる，性別役割分業をめぐる現実と意識の間の「認知的不協和」が，彼女／彼らの意識を変化させる可能性があるからだ．したがって，両国におけるジェンダー意識の今後のゆくえを論じるためには，時系列データやパネルデータを用いた，持続的な分析・検討が必要であるといえる．その作業には，長期的な推移の把握，推移における相違点と類似点，そしてそれをもたらす要因の解明などが含まれるだろう．こうした努力を通じて，両国の性別役割分業体制についてのより深い理解につながることはいうまでもない．

第2に，どちらの国においても，女子学生の方が男子学生よりも革新的なジェンダー意識をもっていた．青少年のジェンダー意識におけるこうした性差は，多くの先行研究で得られた知見と一致する結果である（이선미・김경신 1996［イソンミ・キムキョンシン 1996］；Kulik 2005；橋本・土場 2001）．女子青少年の場合，男性的な性役割が許容されるが，男子青少年には女性的な性役割を抑制

する社会文化的な圧力が未だに残存しているからである（김소정 2008：133 [キムソジョン 2008：133]）．この20年間，日本と韓国では，性別役割分業をめぐる意識が，革新的な方向に大きく変化してきたとされるが，しかしその変化のスピードは，性によって異なるものであったのである．

　第3に，家庭内における両親の役割分担が青少年のジェンダー意識に及ぼす影響は，国と性別によって異なる傾向をみせた．母親の就業は，韓国の男子学生を除き，日本の男女学生，韓国の女子学生のジェンダー意識に有意な効果をもっているが，効果の詳細は，それぞれ異なっていた．特に，母親のフルタイム・自営としての就業の効果が強く観察されたのは，両国の女子学生であり，母親がフルタイム・自営として働く場合，女子学生は革新的なジェンダー意識をもっていた．しかし，男子学生ではこうした効果はみられない．おそらく，息子にとって異性の親である母親のライフスタイルは，それが娘にとってもつ意味とは異なり，影響力も弱いのだろう．従来の研究において，母親の就業が子どものジェンダー意識に及ぼす影響について非一貫的な結果が報告された理由は，子どもの性別に対する考慮が足りなかったからかも知れない．

　父親の家事参加程度は，日本の男子学生のみで，有意な効果をもっており，父親の家事参加が増加するほど，子どものジェンダー意識は革新的になる傾向がある．しかし他のグループでは，父親の家事参加程度は，青少年のジェンダー意識に効果を及ぼさなかった．こうした結果は，母親の職業形態が韓国の男子学生以外の全てのグループにおいて，有意な効果をもっていたという結果とは相反するものである．日本と韓国では，青少年のジェンダー意識において，父親よりも母親の影響の方が大きいようである．

　第4に，親からの影響力と両親の家庭内における役割分担の交互作用効果は，日本の男子学生で顕著にみられた．また，その交互作用効果は，両親の役割分担が保守的であるとき，特に大きかった．すなわち，日本の男子学生は，母親が無職である場合，さらに父親が家事にあまり参加しないときはそれぞれの親から影響を受けていると答えた場合に，革新的なジェンダー意識をもっていた．日本の男子学生のジェンダー意識の形成において，親の存在は，「同一視」の対象としての役割モデルというよりは，「反面教師」としての役割モデルの側面を強くもっているのかも知れない．

第4章　青少年のジェンダー意識と教育アスピレーション

　一般線形モデルの説明力をみると，日本の方が韓国よりも高いことが特徴的である．日本の男子学生の場合には，ほとんどの変数が有意な効果をもっており，日本の女子学生，韓国の男女学生と比べ，ジェンダー意識に対する家族の影響が大きいようだ．それに対して，韓国の男子学生の場合には，モデルの説明力が非常に低く，本章で設定した要因以外の他の要因によってジェンダー意識が規定されていると考えられる．すなわち，ジェンダー意識という側面からみた場合，青少年の社会化過程における家族の影響は，日本の男子学生で最も強く，韓国の男子学生で最も弱い．

　最後に，青少年のジェンダー意識と教育アスピレーションの間の関連がみられたのは，日本の女子学生のみであった．韓国の女子学生の場合には，両者の関連が統計的に有意ではなかった．これは，日韓の女子高校生，どちらにおいてもジェンダー意識と教育アスピレーションの間に有意な関連が認められた金（2002）の研究とは，異なる結果である．ただし，金は，階層や学校変数を統制したうえでも，日本では性別役割分業意識が女子の教育アスピレーションに大きな影響を及ぼしている反面，韓国ではそうした影響が見られなかったことから，日本よりも韓国の方が，社会全般の性役割規範が弱く，女子学生のなかに業績主義文化が深く浸透していると結論づけている．この結論は，韓国の女子青少年においては，教育アスピレーションとジェンダー意識が全く独立しており，ほとんどの女子学生が大学以上の学歴を望んでいるという，本章の結果とも整合的なものである[5]．

　こうした観点からみると，女性の学歴取得が必ずしも職業地位獲得に結びつくわけではない理由を，女性のジェンダー意識の内面化から探る解釈は，少なくとも韓国では説得力が低いと思われる．おそらく，「高学歴→就職」の構図を成り立たせない他の要因，たとえば，雇用と昇進など労働市場を含む社会構造において，高学歴女性の就職を妨げる要因が，未だに堅固に残っているのだろう．だとすれば，果たして韓国では，どういう女子学生が高等教育機関への進学を希望しているのか．そして彼女たちは，何の目的で，何のために進学を希望しているのか．以上の問いは，今後の研究が，青少年にとっての「学校」という場を，ジェンダーの側面からみる際，注目すべきテーマの1つとなるだろう．

また，業績主義の原理によって支配されているとみなされる学校が，実は「性」に基づく非対称な知識が伝達される場でもあるため，多くの女子学生が「業績主義」と「伝統的な女性像」の間で矛盾を感じ，葛藤を経験することを指摘した先行研究（天野 1988；中西 1998）の知見は，本章の結果をみる限り，20年以上過ぎた現時点においても，示唆するところが多い．ジェンダー意識が，女子学生の教育アスピレーションと関連する日本の場合，学校は依然として，一部の女子学生にとっては，矛盾に満ちた場である可能性が高い．一方，教育アスピレーションがジェンダー意識と独立している韓国では，女子学生が，学校のなかでそういった矛盾と葛藤を経験する可能性は低いだろう．彼女たちが葛藤と矛盾を経験するのは，学校を卒業した後になる．すなわち，業績主義的価値観を内面化し，職業的地位を獲得するに相応しい資本としての学歴をもちながらも，無職／非正規職にならざるを得ない現実に直面してからである．

　本章では，ジェンダー意識と教育アスピレーションを中心に，日韓青少年について検討してきた．急速な高学歴化，男女平等イデオロギーと業績主義の広がりといった社会変化を共通の背景としながらも，そのなかに生きている青少年たちの経験は，国と性別によって異なることが確認できた．だが，その内実を詳しくみると，結局，時期の差はあるものの，とりわけ，女子学生が，女性だからこそ経験することになる矛盾と葛藤は，本質的には両国であまり変わらない問題である．この共通の問題を，それぞれの国でどのように解決していくのか，それによって今後の日韓両国において，学校が青少年にとってもつ意味が大きく変わるだろう．

注
1）高等教育機関とは，日本の場合は，大学（学部）と短期大学（本科），韓国の場合，大学（産業大学と教育大学を含む）を指す．なお，進学率とは，日本の場合は，これらの高等教育機関への入学者（浪人を含む）を3年前の中学校卒業者数で除した比率，韓国の場合は，進学者数を高校卒業者数に割った比率を指す．
2）日本では，雇用者の共働き世帯は987万世帯，男性雇用者と無業の妻から成る片働き世帯は773万世帯となっている．一方，韓国では，共働き家口（世帯）が507万，片働き家口が491万である．ただし，ここでいう共働きには，妻がフルタイムで働く場合だけではなく，パートタイムとして働く場合も含ま

れていることに注意する必要がある．特に，日本においては，妻がパートタイムで働く家族は，妻が専業主婦である「典型的家族」に近い存在とみなす議論も存在する（たとえば，稲葉 2011；山田 2002:18）．
3) 「男は外で働き，女は家庭を守るべきだ」「社会的成功は女より男にもっと重要である」「男は一家の経済的な責任を負うべきだ」「女はおとなしく，従順であるべきだ」「女には社会的な成功より幸せな結婚が重要である」「子供の教育は，父親より母親の責任が大きい」などの 6 項目．
4) 「男も家事に参加しなければならない」「女も経済的な責任を分担しなければならない」「社会的成功は，女にとっても重要である」「男がいつも主導的である必要はない」などの 4 項目．
5) ただし，4 年制大学への進学が当たり前のように思われ，大学院進学（場合によっては外国の留学）を希望する女性が増えている韓国の状況を考慮すると，女子学生のジェンダー意識と大学院への進学希望の関連については，また具体的な分析が必要であるだろう．

第 5 章

# 居場所を求める若者／受験競争する若者
―― インタビュー調査にみる日韓の学校生活と友人関係

阪井裕一郎

## 1．インタビューから探る若者の現在

　日本と韓国の学校生活はどのように異なっているのか．友人関係はどうだろうか．

　この章では，日本と韓国の中高生を対象にしたインタビューデータを用いて，友人関係や学校生活，親や教師との関係，携帯電話やインターネットの使用等，日韓の「友人関係」と「学校生活」の現実を示したい．そして，友人関係のあり方と，学校生活のもつ「意味」や「目的」の違いの関連を検討していく．

　学校空間に関する計量調査による日韓比較研究では，「学校の編成原理」の相違について「韓国の学校は学業に特化した場所として編成されて」いるのに対し，「日本の学校は韓国に比べると多元的な場所として編成されている」（藤田・熊谷 2002:151）と指摘されている．

　本書の別の章における計量調査からも，同様の結果が得られている．学校生活（授業・学習観）の日韓比較を行った第 6 章の分析では，「予習・復習」などの学業重視の韓国と，「校則や学級のルール」など「学校生活面重視」の日本という相違が確認されている．また，日本の青少年が「学年やクラス，部活動」といった同級生との活動機会を主として人間関係を形成していく傾向がある一方，韓国の青少年は，人間関係において「学校内外の役割関係を明確に区別し，生活の楽しみを学外で充足させる切替え志向」が強いということが明ら

かにされている.「教師の好きな理由」という質問に対しては,日韓で共通して「授業が面白い」「親切に教えてくれる」「生徒をよく理解してくれる」が主な理由として選ばれている一方,「教師の嫌いな理由」としては日本で「授業が面白くない」,韓国で「生徒を差別する/不公平である」が最も多い.理由の回答傾向をみると,日本では「教師がいかに授業への関心をひきつけるか」というコミュニケーション能力が,韓国では「公平・公正に,かつ授業内容をいかに生徒にわかりやすく教えるか」という技術が問われていることがわかる.「親子の会話内容」についても,「勉強・成績への関心が高い韓国の親たち/友人関係に関心の高い日本の親たち」という相違が見出された[1].

以上のデータから,学校という場に生徒が期待するものが日韓で異なる傾向にあることがわかる.ただし,これらはすべて計量調査に基づくものである.この章では,インタビュー調査におけるリアルな「語り」からその様相を探ることにしたい[2].

## 2. 学校空間と友人関係の現在——先行研究の検討

すでに若者の友人関係や学校空間の変容については多くの社会学研究がある.ここでは日本の研究のみを取り上げるが,先行研究を概観することにより本章の分析視点を明確化しておきたい.

### 2.1. 希薄化論から選択化論へ

まず,取り上げたいのは友人関係の「希薄化論」である.希薄化論とは,携帯電話などの新たなパーソナル・メディアの普及やマスメディアの発達に伴い,若者が既存の組織・集団に十分に適応できず,深い友人関係を忌避し,「浅く広い」関係を志向するという見解をさす.しかし,こうした見方についてはすでに数多くの批判的研究が蓄積されてきている(松田 2000;浅野 2006;竹内 2009 など).浅野智彦が述べるように,「当然のことながらそのような議論の中では,ほんとうに希薄化が進んでいるのかどうか確認されることはないし,ある関係を『希薄』であると判断する為の基準それ自体についても問われない」(浅野 2006:14)のである.

こうした「希薄化論」に対する批判として登場してきたのが「選択化論」である（松田 2000）。友人関係の「選択化論」とは，一緒に遊ぶのはこの人，悩みを相談するのは別の人，というように，友人関係を状況や目的に応じて「使い分ける」付き合い方を指し，「全域的な付き合い方」ではなく「局所的な付き合い方」を特徴とする関係性が若者の間に広まっていると捉える議論である。

浅野（2006）は，現代の友人関係の特徴は，「希薄化というよりも逆にある種の濃密化である」と述べ，友人関係の「多チャンネル化」と「状況志向性」を指摘する。「多チャンネル化」とは，友人関係を取り結び維持するためのチャンネルが相対的に多様化していることを指している。これは，量的な意味で友人が増大しているだけでなく，友人をつなぐチャンネルが多元化しているという意味で質的な多様化が進んでいる，という見解である。すなわち，バイトやインターネットなど生活空間が拡大し，「高校生の生活構造が必ずしも学校を中心としたものではなくなってきている」ことに応じ，友人関係をつくるためのツールが多元化しているとする見方である。

次に，「友人との付き合い方が状況志向的になっている」という見解であるが，これは「状況や関係に応じた顔の使い分けとそれぞれの関係への熱心な没入によって特徴づけられる」（浅野 2006:238）。この「状況志向」は「多チャンネル化」とも密接に関連している。というのも，友人関係を作りだし維持するチャンネルが増えれば，それら諸関係をうまく維持する際にふまえるべき「前提」や「文脈」が増えるからである。こうして，浅野は「それぞれの関係に応じて自分をチューニングし，最もフィットした付き合い方をごく自然に使い分けるような友人関係のあり方が広く共有されつつあるのではないか」と結論づけている（浅野 2006:240）。

しばしばデータによる裏づけの乏しい感情論に終始する「希薄化論」に対し，綿密なデータからその信憑性を批判した選択化論には大きな意味がある一方，「選択化」の議論にもまたいくつか問題があるように思われる。選択化論では，若者の変化の傾向を「一般化」することはできても，実際に「だれ」の「どのような」関係が選択化しているのか，あるいは，希薄化／濃密化しているのかといった，より詳細な問題にまでは立ち入ることができない。「希薄化か，選択化か」といった二者択一的な議論を超えるためには，一体どのような「視

角」が必要であるかについても議論が必要であろう．

## 2.2. 繊細な気配り／衝突を避けるテクニック／優しい関係

浅野は若者の「自己の多元化」という議論のなかで，「多チャンネル化」に応じて「参加者はそれぞれの関係や状況に対して高度の敏感さを発揮するよう求められている」ことを指摘した（浅野 2006：249）．土井隆義もまた，若者の「関係に対する敏感さ」に着目し，現代の若者の友人関係を「優しい関係」という用語で捉えている（土井 2004，2008）．土井によれば，「現代の若者たちは，自分の対人レーダーがまちがいなく作動しているかどうか，つねに確認しあいながら人間関係を営んでいる」（土井 2008：16-17）．周囲の人間と衝突することは，彼らにとって「異常な事態」であり，「相手から反感を買わないように心がけること」が要請されている．つまり，大人の目からみれば「人間関係の希薄化」と映る関係性も，見方を変えれば「高度で繊細な気配りを伴った人間関係」であるかもしれないと指摘するのである．

土井は，こうした身近な「親密関係」重視傾向が，「他の人間関係への乗り換え」を困難にするという．現在の関係維持に集中するあまり，「外部」（あるいは公）への気配りの余力がなくなり，「現在の人間関係だけを絶対視してしまい，他の人間関係のあり方と比較して相対化することができない」という問題が生じる．ここでは，若者の「友人関係の希薄化」論への批判として，「親密関係の濃密化」と「外部関係の希薄化」が指摘されている．

本章で扱う中高生たちにも，土井が「優しい関係」の文脈で指摘する「互いの関心の焦点を関係それ自体から逸らしてしまう」ような，「衝突を避ける」あるいは「対立点をぼかす」ためのテクニック（関係性に対する敏感さ）は確認できるであろうか．

## 2.3. 社会関係資本／親密性と公共性

われわれは，「若者の友人関係が，世上よくいわれるのとは反対に濃密化の一途をたどっているという事実」にこそ着目すべきといえる（浅野 2008：47-48）．浅野は，内閣府の若者調査から「友人関係の希薄化ではなく濃厚化」が見て取れると述べ，そもそも「人間関係全体を友人関係によって代表すること

に無理がある」と指摘している．つまり，友人関係，恋愛関係，親子関係のような「親密な関係性」と，親密性を土台としないような「公共的」とも呼びうる諸関係の二種類を明確に区別したうえでの考察が必要になるのである[3]．

若者の人間関係の変化は，「一方において親密性の濃密化であるとともに，他方において伝統的な公共性の衰退であると一応はいっておくことができる」（浅野 2008:49）．しかし，浅野によれば，「公共性それ自体が衰退したというよりは伝統的に公共性が発露する場であると考えられてきた領域においてそれらがみられなくなってきたということであり，他の領域における公共性の可能性については検討の余地がある」．

R・パットナムは，社会関係資本（social capital）の多様な側面を提示しているが，その最も重要な区別は，「結束型（bonding）」と「橋渡し型（bridging）」であると述べる（Putnam 2000 = 2006）．パットナムは簡潔に，「結束型社会関係資本が，社会学的強力接着剤なら，橋渡し型社会関係資本は社会学的な潤滑油である」と説明している．浅野も，パットナムにならい，「結束型社会関係資本」と「架橋型社会関係資本」の2つから若者の友人関係の問題に迫っている．「結束型」の社会関係資本とは，「その関係性が基本的に生活空間を比較的広範囲に共有する，その意味で同質的な人々の間の関係がもつ有用性を示す」．一方，「架橋型」の社会関係資本とは，「より異質性の高い者同士の関係が生み出す有用性」のことを指す．浅野は，「親密性‐公共性」の1つのバリエーションとして「結束型／架橋型」を捉えることができると述べる．本章の考察でも，現代の青少年のネットワークのあり方をこのような視点から考察していく．

### 2.4. 居場所化する学校

学校空間を分析する社会学研究の近年のキーワードに「居場所化」がある．新谷周平（2008）は，学校教育の現場で叫ばれる若者の「規範意識の低下」という問題について，「学校教育の意味づけが多様化している」という視角から考察を行なう．新谷は，「おおざっぱにいえば，現代の中・高生の半数の者にとって，学校はやりすごしの場に過ぎない．高卒後進学しない者の大半にとって，学校での学びは，何か役に立つという感触も，自己を肯定する感触も得られなるものではなくなっている」（新谷 2008:64）と指摘する．

とはいえ，学卒資格が重視される社会で，若者たちは，学校に「実質的な意味」があるかどうかはわからずとも，「とりあえず卒業」するために「今をやりすごさなくてはならない」．新谷はこうした状況を，「学校の供給する最低限の道具性獲得のために，表出性を重視せざるを得ない状態」と表現する（新谷2008:64）．ここで道具性とは，「人々がある目的をもって生活手段を得ることを可能にする側面であり，具体的には学力やスキルの修得，それを通した学歴・資格の獲得，また就職や，場合によっては結婚による生活に必要な資金・条件の獲得である」．一方，表出性とは，「情緒的安定を可能にする側面であり，友人関係やその他の人間関係，その場や空間の提供する安全・安心の感覚等である」（新谷2008:64）[4]．

　新谷が述べるように，あらゆる集団・場はこの両面からとらえることができる．本来，学校は「道具的側面」だけでなく，「表出的側面」，つまり「居場所」としての機能も重要である．しかし，近年，学校における「道具的機能」の低下が生じており，一部の人々にとって学校は「求心力」を喪失しつつある．そのような「求心力の低下」状況に対して，学校や社会の側は「表出性」のレベルで価値を一元化し，対応を試みている．新谷はこうした学校空間の「道具性から表出性への重心の移動」を「居場所化」と定義する．

　同様に，大多和直樹（2008）も，学校空間の存立構造の変容から「居場所化」の問題を論じる．大多和は，1970～80年代の学校を「地位達成モデル」に依拠した空間であったとし，90年代以降の学校を「自己実現モデル」に依拠する空間として対比させる．70年代以降の日本では，消費社会化と学校社会化という2つの矛盾する動きがあり，基本的に学校は「遮蔽空間性」を高めて学校内を高度に規範的な空間とすることで学校教育を成立させようとした．しかし，そのような空間コントロールが難しくなった90年代以降は，「若者文化をいかに扱うか」という問題が「生徒集団の統合性をいかに作り出すことができるか」という問題と結びつくようになる．「地位達成モデル」が成立した70年代～80年代の状況下では，学校が遮蔽性を高く保ち，一般社会とは別の論理をもつ「独自の規律」を有する空間として機能しえた．学校へ生徒を巻き込むやり方も「全人格的」なものであった．学校は選抜機能を有することを背景として，共同体としての学校に生徒を巻き込むことができた．

一方,「自己実現モデル」が成立する学校では,「地位達成モデル」のような伝統的な生徒集団の維持が難しくなる．学校から「進路先」が確保されなくなれば,学校で勉強する意味が見出しづらくなる．生徒を学校にとどめようとしておこなわれるのが,道具性に替わる表出性の強調である．学校空間の遮蔽性をゆるめて,学校外の若者文化や消費社会の論理を学校に受け入れる方策がおこなわれるのである．こうした背景から「居場所としての学校」という発想が生じる．しかし,「居場所的な学校がはらむ問題は,生徒集団を形成させ生徒を学校内部にとどめることを生徒集団の目的に据えやすいことである．場合によっては生徒集団形成が自己目的化してしまう危険性があるのだ」(大多和 2008:111).

以上述べてきた議論は,基本的に日本の若年層を対象に,学校空間,人間関係,アイデンティティの諸相を描くものであり,韓国における学校と若者の現在を記述するものではない．他方で,韓国の学校空間のありようについては,他の計量分析にもとづく比較研究や,われわれの研究プロジェクトにもとづく知見から,厳しい受験競争のイメージが強く,学校空間が,学業に特化する形で道具的に編成されていることが,明らかにされてきた．教育達成にもとづく研究では,日本と韓国は同じ受験競争モデルの国として同列に位置づけられつつも(多喜 2011),学校空間の内部を先行研究にもとづき概観すると,その違いを一定程度想起することができよう．以下では,日本の学校空間の様相を相対化する意味でも,日本と韓国における学校空間と若者の友人関係の編成の諸相を,質的な調査にもとづき素描し,考察することを試みる．

## 2.5. 調査概要と本章の構成

以上のような先行研究の知見をふまえつつ,本研究ではわれわれの研究会でおこなった調査,韓国青少年政策院(以下NYPI)の調査から得られた結果をもとに分析を試みる．

まず第3節では,2007年〜2009年におこなった中高生へのインタビュー調査の結果から日本の現実に迫る．本調査では,首都圏在住の中学生・高校生に聞き取り調査を実施した．2007年8月〜10月に中高生11人(女子6人／男子5人)を対象に1回目の調査を,約2年のインターバルを置き2009年12月〜

第5章 居場所を求める若者／受験競争する若者

2010年1月に9人（女子5人／男子4人）を対象に2回目の調査を実施した．さらに中高生に加えて，2007年に実施した，中高生の母親5人，公立中学校の教員1人，都立高校の教員1人，私立中学校の教員1人の調査データも用いている．面接時間は各90分程度である．ここでは，先行研究と照らし合わせながら，学校生活と友人関係の実態を考察する．

第4節では，主にNYPIの報告書のインタビューデータを用い，韓国の中高生の実態を明らかにする[5]．NYPIの調査は，2007年7月～8月に，中学生36人，高校生20人を対象におこなわれたものである（女子34人／男子22人）．面接時間は各60分～90分である．

続く第5節では，より韓国の若者のリアリティに迫るために韓国で刊行された若者のインタビュー録から2人の高校生の事例を紹介し，韓国における生徒文化の多様性の一端を提示する．

## 3．日本の中高生の日常を探る——首都圏でのインタビュー調査から

まずこの節では，われわれがおこなったインタビュー調査で得られたデータから，青少年の友人関係の特徴を提示していく．

### 3.1. 若者たちの語り
#### 3.1.1. 親友はいるか——友人関係は希薄か，濃密か？

調査でははじめに「親友」や「友人」の定義を聞いたが，親友と友人の定義に関する「語り」からは，子どもたちが明確な境界を設けていることが確認できた．親友の「要素」として最も多くあげられるのが，「付き合いが長い方が，お互いの事がわかる」（A君），「一番は，一緒にいる時間の長さだと思います」（Bさん），「話が合うというか……いつも一緒にいる感じですね」（G君），「話す時間が少ないのか多いのか」（L君）「いる時間とかですかね．長い間一緒にいると，それだけ話せることもいっぱい出てくるし」（Fさん）といった語りにみられる「時間の共有」という要素であった．具体的には，「クラスや部活動が同じこと」，「昼食を共にすること」，「帰り道が一緒」などをあげている．また，「普通に気さくに話していけるのが，小中時代で，高校生はそこまで

……」(Aくん)といった語りにみられるように,小学校や中学校からのつながりという「関係の長さ」も「親友」の条件として重視される傾向にあった.

親友の条件としては,「深さ」をあげる者も多かった.「遠慮なくなんでも話すことができる」または「悩みを相談できる」といった「関係の深さ」が親友の重要な要素であることが以下の語りから確認できる.つまり,先行研究の指摘と同様,「心理的安定化と対人スキルの学習の機能については,少なくとも親友関係においては,ある程度は担われているとみなしてよさそうである」(福重 2006:129).しかしながら,教師たちの認識は生徒たちの認識とは大きく異なっていた.

「本当に彼らは親友の認識があるのかというのが1つ.僕らに比べて付き合いが浅い気がします.メールでつながっているから浅い気がする.」(S先生・私立中高教員)
「友人と親友の使い分けはしていないと思いますし,『親友』の定義がすごく曖昧だと思うんです.」(T先生・都立高校教員)

子どもたち自身は明確に「親友と友人の境界」を認識しており,各々「濃密な友人関係」を有していることを自覚している.にもかかわらず,教師や親たちの目には,子どもたちの関係は非常に「浅い」ものに映っているようだ.この認識の「ずれ」の背後にはおそらく,携帯やネットを介したコミュニケーション様式の複数化により,彼らの人間関係が把握しづらくなったことがある.親や教師は「僕らが知りえていることは氷山の一角」(S先生),「だいたいメールみたい」(Cさん・母親)と認識しつつも,不可視なものに対する「不安」ゆえに,生徒たちの関係性を「危険」「浅い」「希薄」などと認識している可能性がある.やはり,友人関係の現代的特徴をとらえるには何よりもメディアの使用に着目する必要がありそうだ.

3.1.2. メール/インターネットはどのように使用されているか?
調査対象者の全員が携帯電話を所持していることからも,ほぼすべての若者にとって携帯電話やメールが友人との重要なコミュニケーション・ツールであ

るといって差し支えない．インターネットの利用も一般化しており，twitter や mixi，Facebook（最近なら line も含まれるだろう）など利用するパーソナル・メディアが多様化している傾向も確認できる．これらのメディアはどのように使用されているのか．

　語りから明らかになるのは，こうしたパーソナル・メディアが「学校での連絡」や「待ち合わせ」，「遊びの約束」を主な目的として「仲間内で」（N さん）使われていることである．「用件さえ伝えたら終わり」（R さん），「めんどくさいです．ほとんど打ち合わせ」（D くん），「今日の宿題なんだっけ？　みたいなことばかり」（F さん），「明日学校あるの？　みたいなそういう話で，楽しむためのメールとかしないです」（O くん），「基本仲間内だけ」（N さん）といった語りが目立った．

　もちろん，友人とのコミュニケーションの重要な手段として携帯メールを積極的に利用する者もいる．「学校とかで悩んで直接言いづらいことでもメールならいえる，みたいな．……外では直接いうと，どこで誰が聞いているか分からないのでメールでいってくる」（H さん）といったように，対面的な友人関係をより濃密にする上で不可欠なツールであると考える者も確認された．とはいえ，今回の対象者では少数だったが，インターネット上のネットワークで友人範囲を拡大する者もいる．mixi や twitter によって，「趣味」を媒介とした学校や地域を超えての新たな関係を築く者もいる．

　たとえば高校 2 年生の B さん（女）の例をみよう．彼女も基本的には通っている高校が友人関係の中心を占めているが，彼女の場合，ウィルコムを頻繁に使用しており，その通信相手はインターネットで知り合った「ライブ仲間」たちである．

「メールが好きじゃないので，電話，ウィルコム[6]をフル活用しています．でも，学校の子は，学校ぐらいでしか話さないです．メールとかしないです．学校でいっぱい話す．……日曜日に，ビジュアル系バンドで集まるところがあるんですよ．……そこで新しく仲良くなった人と，『今度ライブ一緒に行こうか』みたいな感じになったりします．」

Ｂさんは中学時代には，友人関係で悩むことが多く，いじめられた経験もあった．だが，現在の彼女は，積極的に様々な友人関係を取り結んでおり，中学時代に感じていたある種の「閉塞感」を脱しているようだ．学校という相対的に同質的・閉鎖的な空間の外部に友人関係を所有することが，彼女の生活に何らかのプラスの影響を与えている可能性がある．特に印象的なのは，「ライブ仲間」の多様性である．ライブ仲間には，10歳以上年齢の離れた友人や，ゲイの友人などが含まれている．彼女にとって，異質な人々との出会い・交流の場となっている「ライブ仲間」は重要な「資本」として機能している可能性がある．

　次に，「学校ではジャニーズの話はできないんで，ここでいっぱい話す．コムをフル活用して」と語る高校2年生のＩさんをみてみよう．Ｉさんもまた，多元的な友人関係を所有している事例である．彼女は，地元仲間，学校仲間，メディア仲間のように多元的な関係を積極的に取り結んでいるが，ここで興味深いのは，Ｉさんを媒介にして，異なる友人グループに新たな関係性が生じていることである．Ｉさん自身が，「地元」の仲間や高校の友人を「ジャニーズ友達」へと橋渡ししており，そこから新たな関係性が生まれている．Ｒ・バートが「構造的隙間論（structural holes）」で指摘するような，「分離している部分間を唯一自分だけが仲介（broker）し，結合できるようなネットワークによって社会関係資本が創出される」（Burt 2001＝2006）という見解をふまえるならば，彼女の所有する友人関係は「架橋型社会関係資本」として重要な意味をもつといえそうである．

　もう1つ，メディアを媒介とする友人関係という点で興味深いのは，新たな「地元仲間」を発見したり，「元同級生」との「再会」を経験する者が多いことだ．「今みんな，『前略プロフィール』とかもってます．だから高校に入るときに，春休みにＳ高校に入る子をみんなで調べて，ゲストブックに書き込まれていて……それで同じクラスになったときに『からんだよね？』みたいな感じで話したりとか」（Ｉさん），「前略プロフィールというのがあって，同じ学校で検索したら出てきて，絡んで仲良くなったり」（Ｑさん）のように，メディアを介して地元や学校の仲間を拡大する．あるいは，過去の人間関係の復活を楽しむ．

「mixi は，クラスのほとんどやってると思います．気付いたら，マイミクが 100 人超えてるとか．mixi を通じて，中学の先輩とか久しぶりに会ったり，連絡とったりとかもするし．あと，友達の日記を読んだりとかしてます．」
（Bさん・高 2）

　近年のソーシャル・ネットワーク・サービス（以下 SNS）は，「過去の友人」との関係性に大きな変化をもたらしている．つまり，一見逆説的に感じられるが，パーソナル・メディアの発展は，異質な他者との出会いを促進するだけではなく，地縁的な人間関係を復活させる契機にもなるということだ．
　以上をまとめておこう．基本的には，携帯やインターネットは，友人関係を拡大していこうという方向性よりは，学校の友人（＝日常で対面する友人）との関係をより親密にする「もう 1 つの」コミュニケーション・ツールとして利用されている傾向が確認された．現在の青少年の友人関係においては，同一の友人に対して，対面的関係とオンライン関係の二重のコミュニケーション形式が取られるのが一般的であり，この「二重性」にこそ着目することが重要であろう．
　しばしば親や教師，あるいは新聞やニュース等の諸メディアが警告を発するのは，子どもたちが携帯やインターネットを通じて「見知らぬ他人」と出会うことの「危険」である．しかしながら，おそらくそのような「危険」に遭遇する若者は絶対数では多数派とはいえない．青少年のメディアを介したコミュニケーションが「関係性をより豊かにする」という側面と，またその反対に，メディアの存在が親密な関係に引き起こしうる「危険」の双方についての冷静な見方が必要である．「コミュニケーションの二重化」をいたずらに危険視することは問題であるが，この「二重性」が友人関係にもたらす諸々の影響を慎重に検討していくべきであろう．この点に関して 2 点だけ指摘しておきたい．
　まず，友人関係において，常に「オンライン・コミュニケーション」が並存しているという事実が，「対面的コミュニケーション」の形式をどう変化させるであろうか．ここでは 1 つの仮説を提示しておく．若者の友人関係において「衝突を回避するテクニック」（土井 2008）や「関係や状況に対して高度の敏感

さ」(浅野 2006) が求められているとすれば，その背後にある要因の1つは，オンラインで中傷されるリスクではないか．本調査で頻繁に語られた対面関係における「空気を読む」や「平和な流れの維持」といった「気遣い」の背後には，「オンラインで中傷されるリスク」がもたらす「警戒心」があるのかもしれない．

　もう1点．SNSの発展は，急速に「友人関係の可視化」をもたらしている．自分の友人ネットワークを他者に開示すると同時に，自分の友人がもつネットワークを否応なく知ることになる（＝コンパートメント化の困難）．推測の域を出ないが，この「人間関係の可視化」によって何らかの「不安」が高まっている可能性はある．友人関係は，ある程度の閉鎖性を保つことにより「かけがえのなさ」や「唯一性」を感じることができ，それが親密性・信頼性を高める側面もある．ところが，自分の友人が自分以外の誰かと「どこで何をしているか」を逐一知りえる（知らされる）状況は，自らの親密関係に対する不安や疑念を増幅する一因になるのではないだろうか．

### 3.1.3. 勉強をめぐる人間関係の「気遣い」

　学校では友人と学力や成績を競い合い，お互いを意識しあっている状況が確認できる．切磋琢磨しあうことが学校内での友人関係を維持するコミュニケーションの1つであることが確認された一方，必ずしも勉強・成績を競い合うことが友人関係を円滑にするとは限らない．彼らは成績やテストの点数について会話を交わすことが，ときに友人関係に亀裂をもたらす危険があることを強く認識しているようである．

「勉強の話はわざとさけてて，そんなにギスギスしたりっていうのは……喋ることっていったら，他愛ない話止まりですかね．……女の子同志は，やっぱりちょっと，ドロドロした部分があって，相手に自分はできないと思わせるというか，できると思わせると，すごいライバル視されて，そういうのが嫌だから，『私勉強全然やってないんだよ』とか『できなすぎてヤバイんだよね』とか．誇張していうって感じで．……本当のことを，ちょっと過度に表現するみたいな．……確かに受験勉強のことで（自慢をされて）『あれ？』

みたいなことはあるんですけど,その後すぐごまかして『やっぱそうだよね〜』みたいな流れになって,平和な流れにわざと持ってく.」(Bさん・高2)
「自分を自慢するみたいな,俺は頭いいんだからちゃんとやれみたいな,上から目線とかたまにあるんですよ.……一応,グッとこらえて聞いてるんですけど.」(Aくん・高3)
「多分無意識だと思うんですけど,ちょっと自慢っぽくなっちゃうところがあって,長い間一緒にいないと気づかないですけど,あれ?と思うとこは結構あります.」(Fさん・高3)
「(テストの点数を)僕はあんまりいわないんですけど.自分からいうと,自慢みたいな感じになりそうでイヤだから.」(Rくん・高1)

「勉強の話はわざと避けて」「自分からいうと自慢みたいな感じになりそう」など,彼らは,友人からの/に対しての「自慢」や「上から目線」に敏感である.たとえば,われわれがおこなったアンケート調査の結果でも「いじめを受けやすい友人の特徴」(複数回答可)の第1位は「自慢ばかりする」(75.4%)であり,第2位が「性格が良くない」(67.5%),第3位が「自己中心的」(50.4%)であった.この3項目が圧倒的に高い数値であり,「勉強ができない」は4.4%であり成績に関わる項目は低い数値であった.
　勉強についてのコミュニケーションでは,「衝突を回避する」ための微妙な配慮が求められていることが確認できる(特に受験期に近づくにつれこの傾向は強まるようだ).また,「相手の傷つくことをいうと,壊れるので……失言すると,私の学校的地位が下がっていくというか.……失言ってあるんですよ.友達のなかでも,今それいうべきじゃないだろうっていうことを,ポロッといっちゃうと,シーンみたいになって」(Bさん)というようにコミュニケーションにおける「気遣い」の大切さを語る者もおり,「繊細な気配りを伴った人間関係」(土井 2008)は語りの随所に垣間みられた.

### 3.2. 考察——青少年の友人関係の現状と問題
　上記の調査から明らかになったことを先行研究の知見と照らしながら整理し,仮説的な考察を述べておこう.

### 3.2.1. 希薄化／選択化？

調査で得られた語りからは，子どもたちが複数の友人グループに所属していることや，会話内容がグループごとで異なる傾向が確認できる．しかし，自己が「関係依存的・文脈依存的・状況依存的」になり「多元化している」(浅野 2006)といった状況を見出すことはできなかった．たとえ各個人が複数の準拠集団に所属しているとしても，あるいは，「友人関係をつくるためのツールが多元化している」としても，それは基本的に学校的関係に限定されている．同質的な価値に満たされたネットワークに属する者が多いため，「異なる自己」を使い分ける（使い分けなくてはならない）傾向は弱いと思われる．

とはいえ，希薄化か選択化かという二元論を超え，関係がどのように複線化・重層化しているかという視点に立ち，諸個人が同時に有している「複数の関係性」が互いにいかなる影響を及ぼしあっているのかといった考察が重要になってくるだろう．

### 3.2.2. Bonding／Bridging

本調査では，すべての対象者が「親友」と呼べるような友人をもっており，学校内でも良好な人間関係を取り結んでいることが確認された．親（主に母親）や教師とも頻繁にコミュニケーションを取りつつ良好な関係を維持している者は多い．つまり，「生活空間を比較的広範囲に共有する，同質的な人々との間の関係が持つ有用性」である「結束型社会関係資本（bonding）」を獲得する機会には比較的恵まれているといえそうだ．だが一方で，学校以外にネットワークを有する者はほとんどいない．つまり，「異質性の高い者同士が生み出す有用性」である「架橋型社会関係資本（bridging）」を形成する傾向はきわめて弱いといえそうだ[7]．

こうした閉鎖型の友人関係においては，「現在の人間関係だけを絶対視してしまい，他の人間関係のあり方と比較して相対化することができない」（土井 2008）といった危険がある．「公共的な関係を再構築する」のに大切なのが「強い紐帯に自閉しないこと，弱い紐帯をもち，架橋型社会関係資本を保持すること」（浅野 2008）であるならば，あるいは，特に「人生の移行期や生活の転換期においては，密度が低く分岐したネットワークや弱い紐帯が適応の面で肯定

的な効果をもたらす」(野沢 1999:176)とすれば,これらの獲得を妨げる日本の青少年の社会化環境を見直す必要はあるだろう[8]．親密圏での息苦しさやストレスに悩む若者,家庭や学校を「資源」にできない若者のためにも,多様なネットワークの形成を可能にするような大人たちの対応,あるいは「政策」が求められるといえる．

　また,階層不平等の再生産や固定化という観点においても,青少年の社会化環境やネットワークの見直しは重要であろう[9]．いたずらに「家庭教育の見直し」を称揚するのではなく,むしろ家庭と学校に限定されない多様なネットワーク形成の可能性を制度的に支援していくことが「格差社会」に対しても重要な処方箋となりうる．たとえば,「構造的隙間論」を展開するバートは,社会関係における情報の「冗長性(redundancy)」という興味深い視点を提供している．「冗長性」とは,簡潔にいうならば,同種の情報が関係内で繰り返し供給され続けている非発展的な状態のことである．バートは「冗長性」を示す指標には2つがあるとし,次のように述べている．

　　凝集性(cohesion)と同値性(equivalence)である．凝集的な接触者たち(強く結合しているもの同士)は,同じような情報をもたらしやすく,したがって繰り返し同じような情報利益を提供していることになる．構造的に同値の接触相手たち……は,情報源が同じなので,結局は冗長な情報利益を供していることになるのである．(Burt 2001=2006:248)

つまり,グラノヴェッターが「弱い紐帯(weak ties)」と表現したような,自分と違う世界に生き,違う価値観や経験をもつ人間からは,自分の頭で考えるだけでは得られない多くの情報を得られる可能性があるということである(Granovetter 1973=2006)．

### 3.2.3. 対面的関係と非対面的関係

　インターネットがわれわれの生活世界を大きく変容させたことは事実であるが,パットナムが述べるように,「最も重要な問題は,インターネットが人々に対して何を行うかではなく,人々がインターネットを使って何をするか,で

ある」(Putnam 2000=2006:217).

　まず，インタビューの語りから明らかとなったのは，青少年の多くは，パーソナル・メディアを，必ずしも「大人たち」が危険視するような「見知らぬ他者」との関係を取り結ぶために使用しているわけではないという事実であった．

　ここで興味深いのは，メディアの使用が「地縁的関係」を復活させる契機をはらんでいることである．SNSの重要な特徴の1つに，「過去の仲間」との再会の可能性の創出をあげることができるのではないか．長年，会うことのなかった，あるいは，連絡が取れなくなった旧い友人と，メディア・コミュニケーションによって再会し，再び関係を開始するというパターンが登場していることは注目に値する．

　また，メディアを介した新たな社会関係は，先行する社会関係とまったく切り離されたものではないという点も確認しておかねばならない．メディアにおける関係もまた「社会関係」なのであり，そこには一定のルールや規範が存在している．たとえば，ネットワーク論の専門家である安田雪も「特定の空間での社会関係が一定の時間を経て定着すると，その世界のなかで他者に対する期待と役割が発生し，それは規範の設定につながっていく．これはSNSでも会社でも避難所の生活でも同じだ」(安田 2010:133) と述べている．当然のことながら，メディア空間での非対面的な社会関係と，対面的な社会関係とはまったく異質ではない．メディアでのやりとりにも，ルールや規範，マナーが発生してくるのであり，そこでも人間関係のマネジメントという能力は要求されるのである．その意味で，今後は若者のメディア使用を自明とした上で，人間関係における倫理や信頼を高めていくための教育政策を考える必要がある．

　もちろん，「パーソナル・メディア」を利用した友人関係といっても，その利用の仕方は個人により様々である．メディアを介したコミュニケーションの二重化は，友人関係を親密化したり，拡張したりするプラスの側面を多分に有していることがわかる．その一方で，「コミュニケーションの複線化」によって生じうるいくつかの問題も指摘できる．たとえば，宮台真司は，「インターネットの最大の問題」とは，「匿名サイトで事件に巻き込まれる可能性」ではなく，むしろ「オフラインとオンラインとにコミュニケーションが二重化することによる疑心暗鬼」とそれがもたらす「日常的コミュニケーションの変質」

であると指摘している（宮台 2009:59-61）．このような「対面的コミュニケーション」における「疑心暗鬼」や「気遣い」などへの注目は重要であろう．

## 4．受験競争する韓国の中高生——成績に規定される人間関係

続いて本節では，韓国の中高生のインタビューデータをもとに，その生活の実態をみていくことにしよう．NYPI の報告書をもとに韓国の中高生の様相を提示したい．

### 4.1.「成績」を中心にまわる友人関係

まずは，友人関係を選択する基準からみていこう．多くの韓国の高校生もまた日本と同様，第1に「性格」をあげる．しかし，日本と対照的だと思われるのが「成績」を重視する傾向が強いことだ．日本の場合，本音はどうあれ，友達を選ぶ基準やその条件として「成績」と語る中高生はまれである．その一方，印象的なのは，韓国の中高生たちが非常にストレートに「成績」や「勉強」が重要だと語ることである．

この傾向は，高学年になるほど，そして成績が良い生徒ほど強まるようだ．なぜ彼らは成績が重要だと思うのか．たとえば，「友達が私より優秀だとストレスになる」，「勉強ができる子たちと遊んでいると，どうしても自尊心が傷つくことが多い」などという語りがみられる．もちろん反対にプラスの理由をあげる場合もある．「競争によって自分を高めることができる」，「勉強の方法を教えてもらいたい」などもある．どうやら，中学生のうちは「一緒に勉強する」「助け合う」という傾向が強く，高校生になると「自分にとって役に立つか」など友人関係をコントロールする傾向があるようだ．「自分よりも成績が上にいる人はイヤだ」という語りもあるように，自分の「自信」や「自尊心」を損なうほど「優秀な人」は避ける傾向もある．友人との会話内容も勉強や成績に関わることが多い．

それゆえ，勉強の邪魔になる場合は，友人関係を「潔く切る」傾向にある．「あなたといると勉強ができなくなる」と相手にはっきり伝えることも多いという．誰もが「成績」の重要性を内面化しているため，理解を得られる場合が

多いようだが，当然，理解されず喧嘩になることもあるという[10]．前節でみた，勉強の話題をなるべく回避しようとする日本の中高生とは対照的である．

　このようにみていくと，韓国の中高生の友人関係の形成は，ある意味では非常に「自己利益中心的」で「道具的」である．しかし，「中高生にとって一番大切なのは勉強だ」という共通了解があるがゆえ，それほどコンフリクトは生じないのかもしれない．

　もう少しみておこう．「あなたにとって大事なものは？」という質問に対しては「勉強」と「家族」が回答のトップにくる．友人関係はその下に位置づけられる．しかし，この友人関係そのものが「勉強」と「家族」に大きく規定される．たとえば，ある女子中学生は次のように語る．「母親が私によくいうのは，『いくら仲が良くなったって，将来，成績が悪くなったら，みんなに無視されるのよ！』ということ．自分もその通りだと思う」．友人よりもまず成績が優先されることは，親世代にも子世代にも共通に了解されていることがうかがえる．

### 4.2. オンライン友達とオフライン友達

　次にパーソナル・メディアの使用である．日本同様，あるいは日本以上に韓国ではメディアの使用が活発である．現在は，インターネットで「サイワールド」と呼ばれる自分の「ミニホームページ」を作り，活動することが友人関係で一般化してきている．こうしたメディアを利用して，学校外に友人関係を広げていく生徒も多いようだ．「知らない子たち，一度も会ったことがない子たちとも，サイみたいなところでお互い会話をする」（Lさん）といった語りが多くみられる．

　生徒たちの語りからは，インターネットによって友人関係を広めることが活発になっている実態がみえてくる．学校や塾，教会で出会う友人の他に，趣味を媒介として結びつき，交流できる場があるのだ．とはいえ，「関係の質」という点では，インターネットを通じた交流は「深い次元」までは発展していないようである．あくまで「趣味」を契機とし「趣味」によって維持される関係であり，互いのパーソナリティの深層にまで立ち入らないことが一般的なようだ．

「自分が好きな芸能人の話をします．オンラインはそれだけを共通点に出会い，おしゃべりするわけですから．する話もそれしかないです．直接会って話をするようなこともありません．私はその子について詳しくわからないので，芸能人の話ばかりします．」（高校生・女・Kさん）

韓国の若者たちは，「オンライン友達」と「オフライン友達」という言葉を使いながら，2つを明確に区別している．オンライン友達は，あくまで趣味を話しあう「限定的な関係」であり，悩みや自分の内面をさらけ出すような相手だとは認識されていない．そしておそらく，「限定的」であることが，お互いに共有された「ルール」なのであり，それが関係を比較的長く維持するためのコツなのかもしれない．

NYPIのデータで興味深いのは，前節でみた日本の中高生と同様，韓国でもまた，インターネットのSNSは，「オフライン友達」，つまり日常で対面する友人関係を濃密化する手段になっているという点だ．「面と向かっていえないことでもメールでならいいやすい」と語る者もいた．この点については，たとえば小倉紀蔵も，「韓国人は，知り合い同士の『情』の関係を大変重視し，密接なコミュニケーションによって紐帯を強固に形成することを好む．携帯電話とインターネットは，そのような韓国人の人間関係にとって絶好のメディアであったのだ」と述べている（小倉［2005］2012:156）．ある高校生は次のようにいう．

「サイワールドをやっています．学校の友達ってお互いどんな子かだいたい知っているわけです．だけど，ミニホームページをみながら，もっとたくさんのことを知ることができるし，知らなかった点も知ることができるんです．それが楽しい．」

サイワールドによって「新しい友達を作ることはあるか？」という質問に対しては，「そういうことはないです．既存の知っている友達，だけど普段あまり会えない友達とやるんです」と答えている．

以上をまとめてみよう．たしかにインターネットは，友人の幅を広げるものとして使われる傾向がみられる．ただし，その関係性は「趣味」を基盤とした限定的なものにとどまる．韓国の若者も，「オンライン」と「オフライン」の友人を自覚的に区別しているが，どちらの友人関係においてもメディアは根幹的な機能を担っている．ただし，その機能は異なるようだ．

### 4.3. 自己実現の「先送り戦略」

韓国の中高生の語りにおいて特徴的なのは，「今の自分」は「将来の自分」のための準備期間であるという認識を強く内面化している点である．それゆえ，中高生の間は自己実現の欲求は抑制して勉強に専心すべきだという意識が高い．

特に「異性交際」についての語りがそのことを象徴的に示しているように思われた．報告書では，異性友達の有無とその影響が調査されており，その結果，異性交際をしたことがある者や異性交際をしている青少年は，異性交際に肯定的な反応を示すことが明らかにされている．

異性と付き合った経験があるという中高生は増えているようだ．そして彼らは，「悪い影響はない」と考える傾向にある．しかし，「親には絶対にいわない」と口をそろえる．成績が落ちることを心配され，反対されるからである．ある高校生は，「親がやたらに心配して，自分たちの付き合いを邪魔すると思うから」と答えている．こうした親の反応を多くの青少年があらかじめ予期しているのだ．他には，「成績さえ良ければ，全てが大丈夫です」というような，成績によって親の反応は異なると答える者もいた．

伝統的な儒教思想がどれほど影響しているのか定かではないが，韓国では，親や教師が「勉強」「成績」を正当性の根拠として，異性との交際を抑制しようとするようだ．ここにも「成績が人間関係を規定する」，その一側面があらわれている．水野俊平の文献でも次のような中高生の語りが紹介されている（水野 2003:27-28）．「異性交際は禁止されていませんが，それでも勉強のじゃまになれば，先生は『もっと大きくなってからつきあえ』というでしょう」（高2・男），「通っている学校（男子校）が女子校と統合するという話もあったのですが，勉強のじゃまになるという理由で（父母の）反対が多くて……話が流れたことがあります」（高2・男）．また，水野は次のようにも述べている．

「韓国の高校生にいわせると『3年間の高校生活は修能試験のためにある』のだそうで，それだけ受験競争がきびしく，高校が受験予備校化しているといえる」（水野 2003:44）．

　NYPIの報告書は次のように述べている．「現在の青少年は，異性に対する情報がこれまでの世代とは比べられないほど豊富な時代を生きている．しかし，親が青少年の異性交際をみる視角は，前の世代とあまり変わらない．これが問題である．今後，青少年の異性交際に対しては，よりリベラルな考えから，異性交際に対して具体的なアドバイスができるガイドプログラムが開発されるべきであり，これについて教師と親がともに関心をもつことが望ましい」．

　ここでは異性との交際を取り上げたが，韓国の中高生はその他の様々な場面で「自己実現」の欲求を抑制される傾向にあるようだ．国際比較調査の結果からは韓国の中高生の生活満足度は低いことが確認されている．それは学業が大変で自己実現の欲求が押さえつけられていることに起因するといわれる．そして，中高生の多くは，大学に入るまでは「自己実現の欲求は抑制すべき」であることを内面化している．「大学に入ったら……」というかたちで「自己実現の先送り」をする状況が確認できるのである．

　こうした状況では，当然ながら，親の期待（＝学業重視）と子の願望（＝自己実現欲求）はしばしばコンフリクトを生ずる．親の子に対する評価は，基本的に「勉強」に結びつけて行なわれる．韓国の親たちは競争社会の原則を強く内面化している．子どもたちにバイトを禁止する親も多いが，その理由は「勉強のじゃまになる」からだ．基本的に家事の手伝いもさせない．それゆえ，子どもたちは親に依存的な生活を送ることになる．こうした教育に対する強烈なアスピレーションは階層をこえて広範な社会層にみられるものである．韓国の親は「性格」や「礼儀」といった形式面にもうるさい．しかし，その背後にある「本音」は「競争社会で損がないように」という思いであり，こうした事実からも「成績に規定される人間関係」の模様が伝わってくる．

## 5．韓国の若者のリアル──2人の高校生から考える

　2009年，韓国で若者を対象にした非常に興味深いインタビュー録が出版さ

れた（김 2009［キム 2009］）[11]．最後に，この著書の中から，工業高校に通う生徒と普通高校に通う生徒の対照的な2名の事例を紹介し，韓国の若者のリアリティの一端を提示しておきたい．

### 5.1. 工業高校に通う高校生

まず，工業高校に通う Im Dong-Jun くん（潭陽工高校1年生）という高校生を取り上げたい．彼は，幼くして父を亡くしており，母子家庭の3人きょうだいの末っ子である．家庭は経済的に苦しい状況にある．

彼は，中学生の早い段階で，第1に「就職」を考えて工業高校に進学することに決めていた．工業高校に行くという選択に関しては，教師も親も喜んでくれ「その方向に進学すると成功するだろう」といってくれたという．普通の人文系に進むという選択肢もあったはずだ．しかし彼はいう．「勉強は，就職した後でもできるのではないでしょうか．まずは仕事をしながらお金を稼いで，学費を用意するつもりです」．

光電子科へと進路を決めた理由については，「機械科は就職という点でいえば，もう隆盛期は過ぎたと思います．それに対して，光電子科は将来有望だから他の科に比べて就職しやすそうですから」と語る．個人の状況と社会の状況を冷静に見据えて，将来計画を行っているのである．

彼が通う高校の就職実績は良さそうである．しかし，資格を取るために厳しい競争と努力が求められる．工業高校の先輩のなかには，技能大学に行き，「ハイニックス」や「サムスン」といった有名大企業に入社した人も多いが，もちろん他の人よりも優れた技術をもつことが必要である．「技能長試験は，大変だから，大体の子が嫌がります．だから学校も，強い意志をもってやりたがる人を選びます．その人中心に勉強をします．資格証中心で」．試験はきわめて競争率が高いため，一日に十何時間ずっと実習をする．こうした状況を誰もが嫌がっているという．「頑張ってもみんなが入賞できるわけでもなく，努力しても試験に受かるのは難しいですから」．

工業高校にも過酷な競争が存在している．高校生のストレスは大学入試に限られるわけではなく，いたるところに存在しているようだ．

彼は，将来の職業や，キャリアプランについて非常に具体的な考えをもって

いる．普通高校よりも，職業高校の生徒として，その必要に迫られているのかもしれない．就職した先輩とも，彼らの職場のことを話し合う機会が多いようだ．真剣に将来のことを考え希望を持っているが，同時に悩みも多い．

## 5.2. 普通高校の学校生活

2人目は，普通高校に通う男子高校生 Jung Yon-Teak くん（仁川高校2年）である．彼は，音楽が好きで将来は音楽家として生きていきたいと語る．だが，彼の語りからは音楽をする生徒に対する大人の偏見が明らかになる．たとえば彼は次のようにいう．

「最初，担任の先生に『音楽をやります』といったら無視されました．『冗談いってるの？』といわれましたよ．『いいえ，私の夢は死ぬまで音楽をすることです』といったら，『じゃあなぜ人文系高校に来たの？』と聞かれました．多くの人たちは，誰かが音楽をやろうとすると，『あの子はきっと問題児だ，勉強ができないんだ』というふうにみます．いつもそんな扱いを受けました．あまりに腹が立ったのでひとこといってやりました．『他の誰かが勉強で一番になるなら，私は音楽で一番になります．そういう気持ちで音楽の勉強を一所懸命するつもりです』と．先生にはこれくらいいいました．……罰を受けましたよ．音楽が理解できないんですよ．外国なら芸術家の待遇がもらえるというのに，ここでは高校生が音楽をするといえば，遊んでいる子，勉強のできない子と認識されるから心が痛みます．」

ようやく教師の評価が変化したのは彼が大会で賞をもらってからだった．「外部評価」，つまり「結果を示すこと」が韓国の学校では大事なのだ．だが，彼も音楽だけしていればいいわけでなく，親や教師の期待にも応えなくてはならない．音楽も勉強もとなればその生活は過酷を極める．彼は次のように語っている．

「音楽も勉強と同じくらいしないといけない．学校が終わったらすぐ音楽の塾に行き，夜中の1時か2時に帰る．ずっと歌ばっかり歌って帰るんです．

そのあと家に帰って宿題をします．しないと怒られますからね．宿題をしたら3時．翌朝起きるのは7時．学校に行ってまた勉強して…．……もともと高校は，他の高校に行こうとしていたんです．ソウルには，実用音楽科のある学校が多いみたいで．でも遠いという理由で親が反対しましたし，校長先生も願書を書いてくれなかったです．そもそも実業系は，親がイヤというし，大人は実業系に対する偏見が強いですからね．学生の質がよくない，絶対成功できないといいます．だから親のために人文系に来て，ここで音楽を選択しました．簡単な道があるのに，遠回りをしたわけです．」

## 5.3. 将来志向と現在志向

　職業高校に通う Dong-Jun くんと，普通高校に通う Yon-Teak くんの違いはどこにあるか．インタビューの記録でみる限り，Dong-Jun くんは将来の仕事が関心の中心であり，Yon-Teak くんは現在の学校生活が関心の中心にあるようにみえる．前者にとって経済的な自立は身近に差し迫った課題である．一方，後者にとっては，音楽に進むという自己実現，あるいは頭髪の自由などの自己実現的要求が強く，学校や社会の規制／統制という状況にどう対処するかが話題の中心になっている．

　何が関心の中心となるかは，生徒が属する階層や，生徒自身の成績がどの位置にあるかにも規定されているようにみえる．日本でも，しばしば韓国の成績上位層の子どもたちが話題になるが，その場合，受験勉強で徹底的に〈しぼられる〉若者の姿がクローズアップされる傾向にある．しかし，成績上位層に属さない Yon-Teak くんのように，校則に〈しばられる〉ことに抵抗を感じ，自由を希求する若者もまた多く存在する．いわば，前者は高校生活の「道具的」側面を重視する〈将来指向型〉の生活を送り，後者は「表出性」に重きをおく〈現在志向型〉の生活と意識をもっているといういい方ができるかもしれない．

　職業高校に通う Dong-Jun くんの事例が興味深いのは，彼の生活と意識が，普通高校の成績上位層と同様に〈将来志向〉であることだ．もちろん，普通高校と工業高校では将来の希望へといたるパス（経路）は異なる．一方は，ソウル大学などの難関大学合格を目指し，他方は，資格を取って世評の高い企業への就職，そして独立起業を目指す．しかし，仮説的ではあるが，成績上位層と

経済困難層の生徒が〈将来志向型〉の生活と意識をもちやすく，経済的にゆとりはあるが成績上位層に属さない生徒が〈現在志向型〉の生活と意識をもちやすい，という類型が成立するようにも思われる．

もちろん2つの事例のみで多くを語るわけにはいかない．しかし，韓国の若者が〈将来志向〉と〈現在志向〉という軸において，両者のバランスを取ろうとするか，どちらか一方のみに集中しようとするか，この間で揺れている姿が観察できる．彼らの生活と意識は，両者間の様々なバランス戦略として，悩みや葛藤あるいは楽しみのなかに表現されている．

## 6．おわりに

### 6.1. 居場所を求める若者／受験競争する若者

以上の分析から，学校空間の特徴（もしくは学校に対する生徒や親の期待）としては「コンサマトリー／インストゥルメンタル」という日韓の相違を指摘できるかもしれない．単純化の嫌いはあるが，表5-1のように整理しておこう．

前節でとりあげた韓国のインタビュー録からも，韓国の中高生は，将来の夢や希望を叶えるためには，学校での良い成績が必須の条件であるため，学校に「道具的機能」を期待する傾向がみて取れる．また，親は「成績」に非常に高い関心をもっており，親が子どもの塾を選び，「誰と一緒に通うか」にまで干渉していることが指摘されていた．一方，90年代以降，日本では個性化教育の潮流にともなって「学校のコンサマトリー化」（伊藤 2002）が生じたと指摘されている．日本の学校が「コンサマトリー」な空間として機能し，多元的な関わりが可能である（あるいは強制される）こと，一方，韓国の学校がインストゥルメンタルな空間として機能していること，その重要性と問題点の双方を注視していく必要がある．

また，日本の青少年の社会化空間ないしネットワークは，基本的に同質性・閉鎖性という特徴をもつと思われる．日韓比較をおこなった先行研究でも「韓国では日本より学校外での友人との行動の肯定率が高い上に，最先端の流行やユースカルチャーに対する接触頻度も多い」（藤田・熊谷 2002）といった知見が提示されているが，これは青少年たちの学校空間に対する意味づけの相違に

起因している可能性がある．このことは，青少年の将来に対するビジョンの相違（抽象的／グローバル志向）にも連結しているかもしれない．

とはいえ，김 (2009)（[キム 2009]）のインタビュー調査からは，出身階層や家庭環境によって，あるいは，都市か地方かという居住地域によって，学生たちの「入試熱」や「将来のビジョン」に大きな差異が存在することもうかがえる．特に，前節で取り上げた 2 人の韓国の高校生の生活実態からは，中高生の意識が「現在志向」になるか「将来志向」になるかは，階層的要因に強く規定されているともいいうる．中高生の学校空間と友人関係を考えるときには，文化的な視点だけでなく，階層的な視点が重要であることは間違いないだろう．

表 5-1　学校空間の特徴とネットワーク

> 【日本】コンサマトリーな学校空間
> ・学校を中心とした友人関係の濃密化
> ・学校や地域に限定された閉鎖的ネットワーク
> ・教師や学校に「表出的機能」を期待，親は「友人関係」に高い関心
>
> 【韓国】インストゥルメンタルな学校空間
> ・学校内外での役割の区分が明確，学校外での生活の充足
> ・学校外やメディアを介した友人関係の拡散的ネットワーク
> ・教師や学校に「道具的機能」を期待，親は「成績」に高い関心

## 6.2.「デジタル・ネイティブ」時代の若者支援

本章の分析から明らかになったことの 1 つが，日韓両国の中高生の生活を考えるうえでパーソナル・メディアに着目することの重要性であった．今後の若者は，生まれたときから携帯電話はもちろんのこと，インターネットの様々なコミュニケーション・ツール（スマートフォン，twitter，mixi，Facebook など）を自明の存在とする世代である（デジタル・ネイティブ世代とも呼ばれる）．こうした世代に対して，かつての友人関係を美化したり規範化しようとすることは，無意味であるだけでなく，危険であるとさえいえるかもしれない．

というのも，現在の若者にとって，多元的な関係性を取り結び，多元的なアイデンティティを使い分ける技術は生きる上で不可欠な能力だからである．た

## 第5章　居場所を求める若者／受験競争する若者

とえばZ・バウマンは，やや誇張的な表現だが，「私たちの液状化した世界では，生活のために，あるいは生活全体ではないにせよ，来るべき非常に長期間，単一のアイデンティティにコミットすることは危険なこと」だと述べる（Bauman 2004＝2007：138）．バウマンによれば，「凝集力があって，きっちりと固定されていて，堅固に構築されたアイデンティティは重荷であり，強制であり，選択の自由への制約」であり，「次のチャンスがドアをノックしても，その鍵を開けられないことを示して」いるということになる（Bauman 2004＝2007：90）．

バウマンが指摘するとおり，たしかに「液状化する世界（liquid modernity）」では，多元的なアイデンティティの切り替えこそが人々にとって「生きる術」になるのかもしれない．となれば，浅野が指摘した，「状況や関係に応じた顔の使い分けとそれぞれの関係への熱心な没入によって特徴づけられる」ような「関係性の状況志向」（浅野 2006：238）は，多元的な世界を生きる上で求められる新たな「能力」だともいえる．

若者が取り結ぶ関係は，地縁関係，学校の人間関係，メディアを媒介とする関係など多元化している．各々の関係に単純に優劣をつけることなどできない．これらの諸関係は相互に関連しあっているといえ，これらを状況に応じて的確ないし積極的に使い分ける能力，さらには，巧みに構築していく能力こそが，社会的流動性や高度情報化に特徴づけられる「後期近代」においては，生きるうえで不可欠なスキルになる．

つまり，もう少し具体的にいうならば，過去の関係性を一貫して維持すること，現在の環境に適応すること，異質な他者と関係を取り結ぶこと，メディアを有効に活用すること，こうしたすべての能力を兼ね備えていることが，自らの所有する関係性を「資本」へと昇華することにつながるのであり，社会において有利な機会や境遇を手にすることにもつながるのである．もちろん，アイデンティティや人間関係が多元的で流動的であることは，現代の若者の不安の大きな源泉にもなっている．若者の多元的な関係性を的確に把握し，教育や支援策のあるべき姿を探っていかなくてはならない．

注

1) 韓国において，教育機会を得たことによる卒業証書取得が，社会で出世するうえできわめて重要な役割を果たしてきたことを歴史社会学的に考察したものに金（2000=2005）がある．金は「戦争後の韓国社会の条件のもとでは，子供の教育による家族の地位向上が，現実脱却と階層上昇の事実上『唯一の道』とみなされていたことに注目する必要がある」と述べる（金 2000=2005:172）．

2) 本章における日本の中高生インタビューについての記述の多くの部分は，2007 年まで本調査に参加していた青田泰明の論文（青田 2011）をベースにしている．

3) ここで「公共的関係」という言葉は，友人関係，親子関係，恋愛関係といった親密な関係性と対比される，地域や政治，文化などを通じての人々との関係全般について用いることにする．

4) 学校における生徒文化の分析軸として最初に「道具性（instrumental）／表出性（expressive）」を用いたのは R・キング（1974）の研究である．

5) 報告書の翻訳は裵智恵による．

6) ウィルコムとは，定額料金で特定の相手と自由に通信できる携帯電話のことである．

7) 本田由紀（2005）は，近年ますます重要視されつつある「異質な他者」とのコミュニケーション能力を「ポスト近代型能力」と呼んでいる．

8) たとえば新谷（2008）は，「地元つながり」という強い紐帯の存在が人々を狭い人間関係のなかに滞留させてしまうことを指摘する．広田の言葉を借りれば，「結果，それは多くの若者たちを経済的にさらに不利な状況に追い込むことになりかねないという逆説をともなう」（広田 2008:51）．

9) 社会化空間の「単純性」がもたらす問題については 渡辺（1997）も参照されたい．

10) いじめも大きな社会問題であるが，それは学校が閉鎖的な空間であることに起因している可能性がある（かつての管理教育といわれた時代の日本の状況に近いともいえる）．韓国で校内暴力やいじめ問題が深刻化したのは 1990 年代後半といわれる．1997 年ごろまでは，「いじめ」に該当する言葉もなく，メディアは日本語の「イジメ」をそのまま外来語として使っていたという（水野 2003:54）．現在は，「ワンタ」（ひどい仲間はずれ），「集団タドルリム」（村八分の意味），「集団ケロッピム」（集団で苦しめること）などの新造語が使われている．1998 年に全国の 57 校の初等学校・中学校・高校の生徒 6893 人を対象におこなった調査では回答者の 4 人に 1 人がいじめ被害の経験をもつことが明らかになった（水野 2003:57）．

11) 本章の翻訳は裵智恵によっておこなわれたものである．渡辺秀樹（2011）でも同じデータを用いた分析がなされているので，より詳細なインタビュー内容はそちらを参照されたい．紙幅の制約上，本章では割愛せざるをえなかったが，

校則違反と罰則をめぐって展開される教師と生徒のやりとりが興味深い.

# 第 6 章

# 日韓青少年の学校生活を支える要因
―― 学業・学習観と生活のあり方を手がかりに

小澤　昌之

## 1．本章の研究課題

　本章では，日本と韓国の中高生における学校生活の実情について比較を行いながら，学校生活での適応感を促す要因について考察する．具体的には日本と韓国の中高生における学校生活の実情を比較しながら，学校生活への適応を促す要因について，日本と韓国で行われた調査データにもとに考察する．
　日本と韓国の学校生活に注目すると，韓国の学校は中学から高校へと上がるにつれて，大学入試に向け学業に特化した体制となっている．日本の学校は一部の進学校を除き，個性化教育と少子化による受験競争の緩和を受け，学業に専念するよりも，学校の中と外との境界を曖昧にすることで学校適応を図る傾向にある[1]（藤田・熊谷 2002）．このように，両国では学業や学校に対する見方が異なる．以上の背景をふまえ，社会経済的インフラや教育水準が近似している両国を比較することにより，現代における日韓の中高生の学校生活を支える要因の違いについて分析する．

## 2．日本の中高生に関する学校生活の現状

### 2.1. 1990 年代までの学校生活に関する議論
　日本における生徒と学校の関係をたどれば，高校進学率が 90％を超えた

1970年代ごろから,「学校格差体制」[2]が公立高校や一部の私立校などの間に形成されたとされる. 学校格差体制は, 学校集団において所属する「生徒文化の分化」(耳塚 1980)と, 生徒文化をもとにした人材育成コントロールを特徴としていた.

生徒文化の分化とは, 学業成績や学校へのコミットメント状況に応じて所属する学校文化が形成されるというもので,「向学校 = 学校適応(高学力)」「反学校 = 逸脱志向(低学力)」を前提としている. 上位校や高学力の生徒は学校に適応し, 先生の期待に沿った文化(向学校)を志向する一方, 下位校や低学力の生徒は, 教師と対立することで価値観を共有し, 遊びや逸脱を指向する反学校文化が形成されたとされる(伊藤 2002). この生徒文化の分化は, 地位欲求不満説[3]を進路意識の形成の視点から実証した理論であり, 輪切り選抜に基づく学校格差体制の下で, 学校にいる間から所属する学校文化によって, 若者を社会的地位へ配分・選抜する機能を有していた. 耳塚によると, この分化は, 生徒自身が意図しない形でもたらされたという[4].

この生徒文化の成立を支えた背景には, 生徒に対する学校適応圧力があげられる(酒井 1994). 当時の高校生は学校内だけでなく, 社会全体からも学業成績に敏感であることが求められた. 生徒は学校に適応するために, 優等生として学業に励み, 学校で期待される行動様式に従う必要があった. 反対に生徒がその期待から逸脱する場合には, 学校とともに地域社会にも対立する状況となっていた. したがって, 学校の成績や学校生活が将来の進路や生徒本人の行動を左右する役割を果たしていたと考えられる[5].

そして学校格差体制は, たとえば向学校志向の生徒は有名大学に進学した後, 一流企業に就職するなどのように, 学校において生徒が所属する生徒文化と, 年功序列や新卒採用等を特徴とする日本型雇用システムとの間で連携を保つことで人材育成コントロールが密接に結びついていた. 学校格差体制では, 企業―学校間の連携の下で, 生徒は学校という組織に属してメリット(業績)を積むことが重視されてきたのである[6].

### 2.2. 現在の学校生活をめぐる議論と課題

ところが1990年代以降, 学校と若者との関係に急激な変化が訪れた. 少子

化に伴い，中等・高等教育機関への入学・進学者数が減少したことにより，受験競争の緩和が進んだ．高学歴化により生徒・学生における学校在籍期間は長期化する傾向になった．そして景気の長期低迷を契機に日本型雇用システムが変容し，正社員などの正規雇用者が大幅に減少したと同時に，アルバイトや派遣社員等の非正規雇用者が増加した．

また携帯電話やインターネットなどのパーソナルメディアの発達により，生徒の交友範囲は急速に拡大し，不特定多数とのコミュニケーションが可能となった（伊藤 2002）．このことは，コミュニケーションの相手を自由に選択できるようになったとともに，学校外の他者と接触できる機会が増えたことで，「いつも一緒にいる」「クラスの仲間が重要」といった学校集団のもつ価値の低下も意味していた．

そのため，1990年代以降における生徒文化の基本軸は，容易にその違いを記述できない状況になった．向学校文化に属する生徒であっても，「良い学校→良い会社」という学校経由の就職がうまく機能しなくなった．どの文化に属する若者も，コミュニケーション能力のように，「勉強して良い成績をとり，高校生活に順応してみせること以外の価値観や生活領域の比重が高まっている」（本田 2005:121-122）とされる．

生徒文化のあり方が変容した背景には，ゆとり教育の浸透に伴う「学校のコンサマトリー化」があると考えられる．学校のコンサマトリー化とは，生徒個々人のありのままを尊重し，「生徒にやさしい学校」などのスローガンのように，より現在志向（コンサマトリー）の強い「居心地の良い学校（＝居場所）」へと変えていこうとする一連の流れを指す[7]．

学校のコンサマトリー化が進んだ要因としては，第1に高校および高等教育機関の進学率の上昇に伴って，高校や高等教育の準義務教育化が進んだことである．この準義務教育化が進んだ背景には，大学進学における受験競争の緩和や高等教育の拡大があげられる（伊藤 2002）．子どもにとっては少子化により受験競争が緩和されたものの，各大学は学生確保のために入試科目の削減や多様化を推進した結果，子どもにとっては進学準備も相対的に楽なものになった．また教養教育や専門的知識の習得といった，学校で教育を受ける意味の充実が伴わないまま，高等教育の拡大が進展した結果，若者の学校教育の長期化・空

洞化が進んでいる．

　第2に，学歴インフレによる学歴の意味づけの希薄化である．この背景には，次の2つの要因が考えられる．まず子どもにとっては，学校進学が自明となり，高校や大学で学習する価値を実感することが少なくなった（小塩 2003:168-191）．次に，個性化教育の浸透や学習量の縮減により，学校のコンサマトリー化が学校側に容易に受け入れられやすい環境になった．生徒文化のあり方の変容は，所得水準の向上により，生徒にとっては，学校の「後」に自分がつくことになる地位より，身近で展開している人間関係や内面へ注目が集まるようになったことが関連していると考えられる．

　1990年代以降の生徒指導の側面では，広い範囲にわたって行ってきた指導を減らし，従来逸脱とされてきた行動が「個性」や「選択肢」として許容された（樋田 1999）．また，子どもたちが家庭，学校，地域に囲い込まれていた時代はすでに過去のものとなり，生徒にとっては，消費文化やメディアといった，「都市的現実」に存在する若者としての側面が重視されたとされる（宮台 1994）．

　したがって，学校はより生徒を尊重する場となり，校内暴力といった非行問題が減少していった結果，「逸脱文化」は学校文化に対する反抗の根拠を失い，生徒は「そこそこ」学校に適応するようになったと考えられる（大多和 2000）．そのため，生徒文化の分化の規定要因であった「逸脱文化」の規定力は弱体化し（伊藤 2002），学校格差体制にあげられるような学校タイプや成績，希望進路との関連性や分化過程は希薄化したとされる．

　1990年代以降に実施された青少年を対象とした意識調査の結果は，生徒文化の分化の規定力が弱まったことを明らかにしている．轟（2001）は，自身が携わった高校生調査から，職業の態度にあらわれる学校格差は小さくなり職業意識の平準化が進んだと指摘した．また将来志向を尋ねた質問で，否定・肯定のどちらにも該当しない中間的な回答をする生徒が多い傾向を示した．轟は，職業観において不確実性が高い現代社会を前に適応を図る意味で「適応的変容」が起きていることを示唆した．室井・田中（2003）によれば，「良い学校→良い就職」という学業＝地位達成志向は進学校ほど強く，進路・職業希望にも同様の傾向が表れたとしている．そして教師より生徒の方が，受験競争や勉強に対し無意味感を感じていることから，高校生の地位達成志向に揺らぎが

生じていることを指摘した．金子（2000）によれば，1990年代以前の教師タイプは，生徒集団に規範を「外」から教え込み，そこからの逸脱を統制する強力な「社会化エージェント」であったという．だが1990年代以降の教師タイプは，明確な学校的・集団的規範を提示することが難しくなったほか，生徒個々人の「支援者」の役割を果たそうとする傾向があらわれたとしている．

1990年代以降における生徒文化の変容は，逸脱文化自体の弱体化と「向学校／反（脱）学校」文化における複雑な細分化が進んだが，その背景には受験競争の緩和による高校・大学進学率の上昇が相互に関連している．現在の学校は，生徒一人ひとりの個性を尊重して自己実現に向けて個別的に対応することが必要となり，教師は生徒の主体的選択を重視するようになった．そのため教師は，地位達成モデルにおける評価者であること以上に，生徒の選択を助ける支援者という複雑な立場に置かれているとされている（大多和2008）．

## 3．韓国の中高生に関する学校生活の現状

### 3.1. 1990年代までの学校生活に関する議論

韓国の中高生における学校生活をめぐる研究において，2000年代以前は，受験・教育制度が生徒の学校文化や学習行動に及ぼす影響が注目されてきた．

韓国では教育機会の平等や，保護者による教育熱の高揚を背景とした受験競争圧力により，1970年代前後に「中学校の受験準備校化」が問題となった．韓国政府は1974年に「一般系高校平準化措置」を導入した．平準化措置とは内申書と居住地域に基づき，抽選により高校進学者を割り振るものである．平準化措置は私立高校を含め全ての一般系高校が対象となった点，生徒に進学先の選択権が与えられていない点を特徴とし，「高校受験競争の緩和」という当初の目的は達成された（馬越1981；有田・中村・熊谷・藤田2002）．

日本でも平準化措置と似た制度で，1960年代後半から，東京都をはじめとする複数の自治体で，高校間の学力格差の是正を目的に「学校群制度」が導入された（学校群制度は1980年代初頭に全ての自治体で廃止されている）．韓国の平準化措置と日本の学校群制度が異なる点は，筆記試験の有無と学区の扱いである．平準化措置の場合は筆記試験が課されず，学区内の全学校を対象に，成績

や内申点をもとに，抽選により進学先が決定される．一方学校群制度は，生徒が2〜3の高校により構成される学校群を選んで受験し，合格者がどの高校に行くのかを，生徒本人の意志に関係なく抽選で決定されるものだった（九鬼 2009）．

平準化措置は高校における過度な受験競争を排除することに成功した．ただ，高校進学者は学区内の高校に「均等に」割り振るため，各学校の内部で，生徒における学力水準のばらつきが生じた．その結果として，多くの生徒が「授業の水準が自らの学力水準に合わない」と不満を抱えるようになった．そのため，韓国で現在もなお大きな社会問題となっている「課外授業受講（塾，家庭教師などを通じた学校外授業）の過熱現象」を招く要因となっているという[8]（大槻 1997；馬越 1981）．

韓国の生徒は日本の生徒に比べ学歴志向が強く，そのことが直接的に「未来への自信度・確信度」（将来志向）の高さにつながるとされる（大槻 1997）．また生徒は早い段階から「補充学習」や「自律学習」等の課外授業に参加し，学校や教師，保護者が大きく関与する形で勉強に多くの時間を費やしている．補充学習とは，放課後の受験科目を中心にした補習授業であり，自律学習とは午後6時以降に行われる授業で，教師の監督の下で学校側の強い意向を受けて実施される．自律学習や補充学習は，大学進学を目指す生徒にとって受験勉強や競争に対するストレスを増幅させる要因となるという[9]（有田・中村・熊谷・藤田 2002）．

### 3.2. 現在の学校生活をめぐる議論と課題

1980年代以降は，大学設置の規制緩和を主とした高等教育拡大政策によって高等教育進学率が大幅に上昇したとされる（金美蘭 1998）．その背景には塾や家庭教師などのように，家計に占める学校外教育費の負担能力によって，社会階層間の教育格差を縮小させるとともに，急速な経済発展による国民の高等教育進学需要の高まりがあげられる．ところが，1990年代後半に東南アジア諸国で発生した通貨危機を発端として，大卒就職率が急速に低下し，新規大卒者の失業率が上昇したという（有田 2006）．

通貨危機を契機に，韓国は日本と同様，年功序列・終身雇用を主体とする雇

用システムが崩壊し，企業や国の運営に全面的な見直しを迫られることになった．正社員の採用枠が大企業を中心に大幅に縮小したほか，国民の経済格差が急速に拡大した．また子どもや親の間には，習い事や塾通いの早期化など，「勝ち組」に入るための受験競争の過熱化がさらに進行したとされる[10]（九鬼 2009）．その背景としては，次の2点が考えられる．第1に大学進学率が急増した影響で，高給職種の大企業ホワイトカラー職に人気が集中する一方，中小企業や生産職に就くことを忌避する学生が増加した．第2に日本の大学入試センター試験に相当する「大学修学能力試験」の受験が，唯一の大学選抜規準となっている上に，大学の難易度や都市―地方の大学間格差によって就職の機会が左右されることである．

その結果，「高等教育が個人の社会経済的地位の向上に役立つという考え」（金美蘭 1998:23）のもと，韓国の親の間では教育熱の過熱化が強まったという．親は，幼児期の段階からお稽古事や学習塾に通わせるなどの早期の「受験シフト」を敷くほか，授業や学習時間を巡って，親による学校の関与が強化されたとされる[11]（金東椿 2000=2005；金鉉哲 2007）．そして韓国の高校では，日本に比べ現在でも校則指導が厳格であるとされ，大学進学に力を入れる一般系高校（日本の普通科高校に相当）ほど，補習授業の増加や，保護者による学校や授業内容への関与が強まる傾向にあるという（中村・藤田・有田編 2002）．

2000年代以降の学校文化研究においては，日本における日韓比較調査を中心に先行研究が蓄積しており，1990年代から学校生活と学歴・社会階層などの社会経済的地位との関連性をもとにした分析が進んだ（表6-1）．

先行研究によると，学業成績と学校適応との関係については，高校上位校であれば進学志向の強さから学業成績の重要性が高まるとされてきた（竹内 1995）．そのため，進学先の高校での位置づけが，成績と学校適応との関連性を規定すると考えられてきた．また，階層と学校適応との関係については，必ずしも生徒の出身階層が学校適応に影響を及ぼすとは限らないとされてきた（秦 1980）．藤田らによる調査分析の結果，中高生における成績の高さが，日韓ともに学校適応を促すこと，韓国では出身階層が高いほど学校生活の適応を促すものの，日本では階層と学校適応の関連性がみられないことが判明した（藤田・熊谷 2002）．

第6章　日韓青少年の学校生活を支える要因

表6-1　日本と韓国の教育システムの相違

|  | 日本 | 韓国 |
| --- | --- | --- |
| 受験競争・学校選抜の環境 | あり<br>（トラッキング） | なし<br>（高校平準化） |
| 高校間格差の存在 | あり（設立年や学校の威信，進路実績により決定） | 理念上はなし<br>（都市・地方間や地域差は存在） |
| 学校文化・志向性の次元 | 多元的志向（学業以外に部活やネットなど多様な目標が存在） | 一元的志向（生活の比重は学業や受験勉強が大きな位置を占める） |
| 教育に対する保護者の関与 | 子どもの出身階層により異なる | あり<br>（親の教育熱の影響） |

出典：中村・藤田・有田編（2002）を筆者が一部修正．

　また学校生活における親や教師，友人などの社会化のエージェントによる影響を分析した研究も蓄積している．金（2007）によれば，競争社会にある韓国では，望み通りの大学への進学実現が優先されるため，親や教師，友人に対する充実感や満足度が，勉学態度や学校生活に対するコミットメントを促す要因であることを指摘している．韓国の中高生では，他の調査でも社会化関係要因と学校適応要因との関連性に関して確認されている（熊谷 2008；趙・松本・木村 2011 等）．一方日本の中高生の場合は，学校や教師に対する普段の行動や家庭的背景（古田 2012），学級内での友人関係に対する満足感（松下・石津・下田 2011）が学校適応感に影響を及ぼすとされている．

　韓国の教育政策などのマクロの視点から，中高生における学校生活を検証する研究も進んでいる．石川（2005）によれば，韓国の高校入試における平準化政策の弊害として発生した生徒間の学力格差に対応するため，1980年代に才能ある生徒に能力と適性に応じた教育を行う科学高校が開校された．1990年代半ばには科学高校に受験名門校のイメージが定着し，学校側は授業内容の受験シフトを強めていった．それにより科学高校を取り巻く環境は，次のように変容したとされる．高校側は大学進学の有利さや実績をメリットに多くの生徒を集めることにより，中学期から受験競争が過熱化するようになった．その結果，高校側は受験シフトを組み厳格な教育指導を実施するようになり，大学への進学実績の向上に結び付いている．田中（2009）によれば，韓国の私費負担の教育費は，統計を取り始めた1982年より一貫して増加傾向にあり，私教育

参加者の若年化と家計負担に占める私教育費の高額化が顕著となった．2007年に実施した政府教育部の評価によれば，中下位階層では私教育費の軽減傾向が見られたものの，高所得層では減少傾向がみられず，質の高い教育を受ける機会や私教育へのアクセスに格差が生じていることを指摘した．

韓国の青少年の学校生活に関する研究では，受験競争の過熱化に対応する形で，私教育への投資や学校の補習授業の増加が顕著となったことが明らかとなった（藤田・熊谷 2002 等）．ただ，韓国の生徒の方が日本の生徒より学校に適応する傾向にあることから，学校適応の高さは学業―地位達成に関連する戦略の1つとして取られていると考えられる．また生活時間に学業の占める比重が高まる高校生になると，学校は学業に特化した場所だと捉え，学校外では消費空間やインターネットへのコミットを通じてストレスを発散するなど，学校内と学校外の切り替え志向が日本より高いことが指摘されている．場面に応じて生活スタイルを切り替えることで，学校生活が学業重視へとシフトしたと考えられる．

## 4．使用するデータと変数

使用するデータは慶應義塾大学 YES 研究会，韓国青少年政策研究院（NYPI）が日本と韓国で実施した「第2回青少年の生活についての調査」である．日本では住民基本台帳をもとに無作為に抽出した東京都に住む中学2年～高校2年生の生徒を対象に調査を実施した（有効回答数 711 人）．韓国における調査は，韓国統計局の人口統計（2008年度）に基づき，ソウル特別市行政区の無作為に抽出した中学2年～高校2年生の生徒を対象に実施したものである（有効回答数 771 人）．

次に分析に使用する変数について説明する．従属変数は学校適応に関する意識であり，本章では日韓中高生の学校適応に関わる設問として，「授業の時間が最も重要である」など授業・学習観を尋ねた6項目（授業適応尺度）と，「校則を守っている」など学校生活上のルールを尋ねた6項目（学校適応尺度）を用いた．なお学校適応に関する意識は，「そうである」「どちらかといえばそうである」「どちらかといえばそうではない」「全くそうではない」の4件法によ

り構成されている．

独立変数は前節までの先行研究に関する議論に従い，本人の属性（学年・性別・成績），出身階層（親学歴・現職・生活水準），社会化関係項目（教師や友人・家庭等）を独立変数として投入した[12]．成績は，上＝5〜下＝1の5段階評価で投入し，学年は中学2年＝1〜高校2年＝4という形で投入した．ダミー変数については，有資格者（性別＝女子，最終学歴＝高卒・大卒者，現職＝管理・専門職：ホワイトカラー）に1を与え，無資格者には0と設定した．「生活水準」は本人の家庭の生活水準を尋ねたもので，余裕がある＝7〜余裕がない＝1の自己申告による7段階評価により投入した．社会化関係項目については，「教師関係」（11項目）は「私は，学校の先生と気楽に話をする」等教師とのコミュニケーションの程度，「父親関係」「母親関係」は，「勉強や成績について話をする」等，家族とのコミュニケーションの良好さを尋ねた項目である（父親・母親とも同じ設問項目，各8項目）．「友人関係尺度」（12項目）は，「私は心配事がある時，友だちの意見を聞く」等友人関係に対する充実感や肯定度を尋ねたものである．

## 5．分析結果

### 5.1. 日本と韓国における学校生活

日本と韓国の中学・高校生を取り巻く生活の特徴を把握するため，最初に学校や教師等の学校生活の充実感に関する意識項目の傾向を分析する．

図6-1は学校生活に関係する項目を日本と韓国の中学・高校生との間で，項目ごとの平均値の比較を行ったものである．学習・授業観を尋ねた項目（授業適応項目）は，日本より韓国の方が平均値は高い．韓国の中高生は授業に熱心で，授業後も宿題や予習を欠かさずこなす生徒が多い様子がみられた．

学校生活でのルールについて尋ねた項目（学校適応項目）に関しては，学校便りへの注意を除いて韓国より日本のほうが平均値は高く，学校のルールやマナーの順守を示す項目（トイレ使用のマナー／ごみ箱に捨てる等）ほど差が開いていた．ただし，学校便りへの注意，行事への積極的参加／校則の順守といった生徒の学校における評価に関連する3項目に関しては，日韓の生徒との肯定

第Ⅱ部　日常

**授業適応項目**

- 授業の時間が面白い　4.729*
- 宿題や予習を欠かさずしている　44.815***
- 学んだ内容をほとんど理解している　20.555***
- 予習と復習をする　36.159***
- 全ての科目でベストをつくしている　33.998***
- 授業時間が最も重要　34.128***

**学校適応項目**

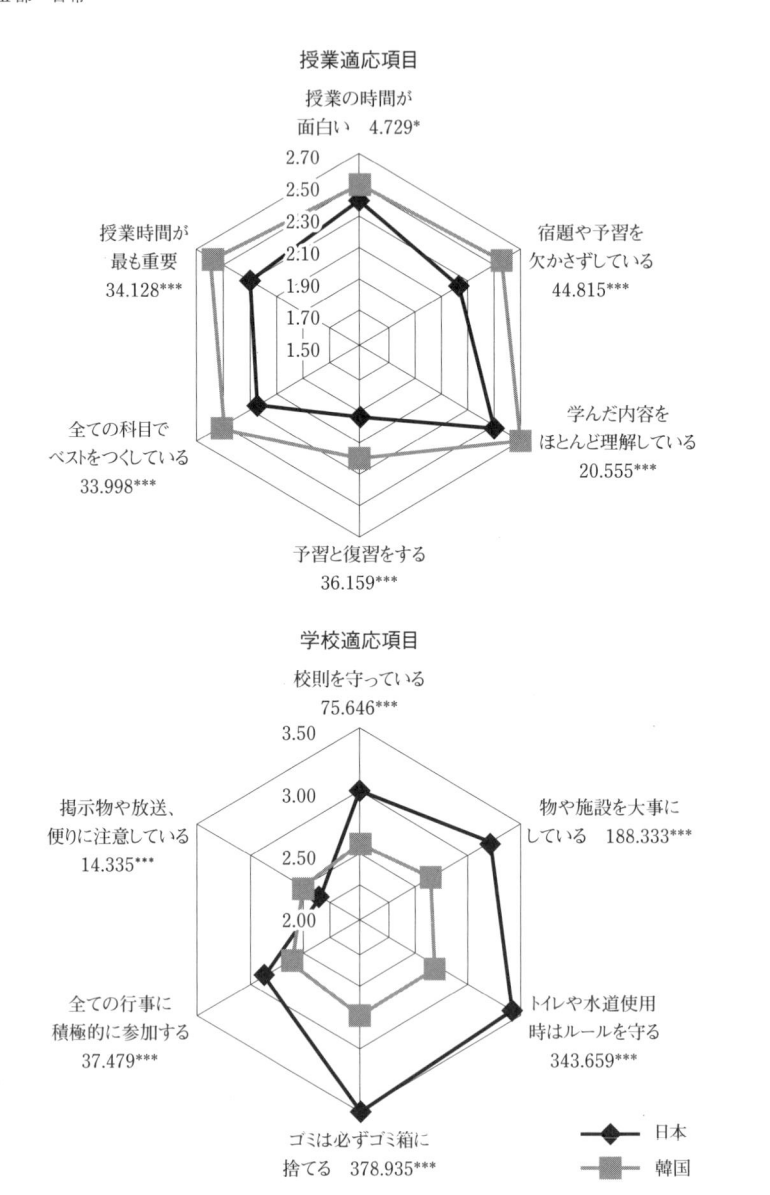

- 校則を守っている　75.646***
- 物や施設を大事にしている　188.333***
- トイレや水道使用時はルールを守る　343.659***
- ゴミは必ずゴミ箱に捨てる　378.935***
- 全ての行事に積極的に参加する　37.479***
- 掲示物や放送、便りに注意している　14.335***

― 日本
― 韓国

注：数値は「まったくそうではない」（1点）〜「まったくそうである」（4点）の平均値．項目隣の値はF値（一元配置分散分析の結果）．$+ p < .1$　$* p < .05$　$** p < .01$　$*** p < .001$

図 6-1　学校生活に関する項目

表6-2 教師が好きな理由と教師が嫌いな理由（単位：%）

| 好きな理由 | 日本 | 韓国 | 嫌いな理由 | 日本 | 韓国 |
|---|---|---|---|---|---|
| 全体（N） | 496 | 439 | 全体（N） | 514 | 575 |
| 生徒のことをよく理解してくれる | 58.3 | 51.5 | 生徒を差別する／不公平である | 46.5 | 53.2 |
| 親切に教えてくれる | 47.6 | 44.2 | 生徒を無視する | 13 | 48.3 |
| いつも最善を尽くして教えてくれる | 32.9 | 41.9 | よく怒る／怖い | 28 | 46.6 |
| 実力がある | 27.8 | 27.6 | 授業が面白くない | 63.2 | 45.0 |
| 授業が面白い | 59.7 | 44.2 | 実力がない | 33.3 | 39.1 |
| スタイルがいい／かっこいい | 8.3 | 13.0 | 偉そうな顔をする | 43.2 | 29.9 |
| 人格がすばらしい | 39.9 | 24.1 | つめたい | 19.1 | 26.4 |
| その他 | 7.5 | 0.7 | その他 | 20 | 3.8 |

回答の差が小さい，もしくは韓国の生徒のほうが，肯定回答が多かった．その背景にはこれら3項目が，韓国の生徒にとっては，自身の行動がどれだけ学校生活の適応や生徒自身の評価に直結するのかの可否によるのではないかと考えられる．

全体的に学校生活の回答傾向としては，授業や予習・復習等学業面を重視する韓国の中高生と，校則や学校の用品の扱い方等，学校生活のルールを重視する日本の中高生という，両国の特徴があらわれている．

### 5.2. 日本と韓国の教師――生徒関係

次に，学校で常に接する教師と生徒の関係を学校適応の観点から分析するために，日韓中高生の教師関係に対する意識の違いについて注目する．表6-2は，教師の「好きな理由」「嫌いな理由」をそれぞれ複数回答式であげてもらった項目である．教師の好きな理由については，日本と韓国で共通して「授業が面白い」「親切に教えてくれる」「生徒のことをよく理解してくれる」が主要な理由として選ばれた．

一方，教師の嫌いな理由としては，日本は「授業が面白くない」，韓国は「生徒を差別する／不公平である」が最も多い．理由の回答傾向をみると，日本は授業を教える教師がいかに授業へ関心を引き付けるのかといったコミュニケーション能力，韓国は公平・公正にかつ授業内容をいかに生徒にわかりやすく教えるのかという技術が問われている．

日本と韓国の生徒はともに，「好きな理由」より「嫌いな理由」を回答した比率が多く，特に日本より韓国のほうが顕著にあらわれた．韓国の生徒は日本

の生徒よりも,教師の学級・授業運営に対する不満を多く抱えているものと考えられる.

図6-2は教師関係の良好さや充実度を尋ねた項目に関して,日韓の中高生の間で,平均値の比較を行ったものである.全体的には教師関係の充実度を尋ねた項目(「先生に感謝している」「優しく親切で,近く接しやすい」など)で軒並み2.50を超えていたことから,教師との関係は日韓両国の生徒とも良好である様子がうかがわれた.ただし教師とのコミュニケーションの充実度を尋ねた項目に関しては,「先生と気軽に話をする」「先生に悩みを相談できる」は有意差がみられず,日韓両国でそれほど違いはみられなかった.そのことから,教師と生徒によるコミュニケーションの充実感は,生徒にとって学校生活を過ごすうえで重要な要素として機能しているといえる.

具体的に教師関係の項目の平均値をみていくと,日本の生徒の場合は,「気軽に話をする」「先生に安心して話ができる」「感謝している」「優しく親切で接しやすい」「私に関心を示してくれる」の5項目において,韓国より日本の生徒のほうが肯定する割合が多かった.一方「優しい友達として感じる時があ

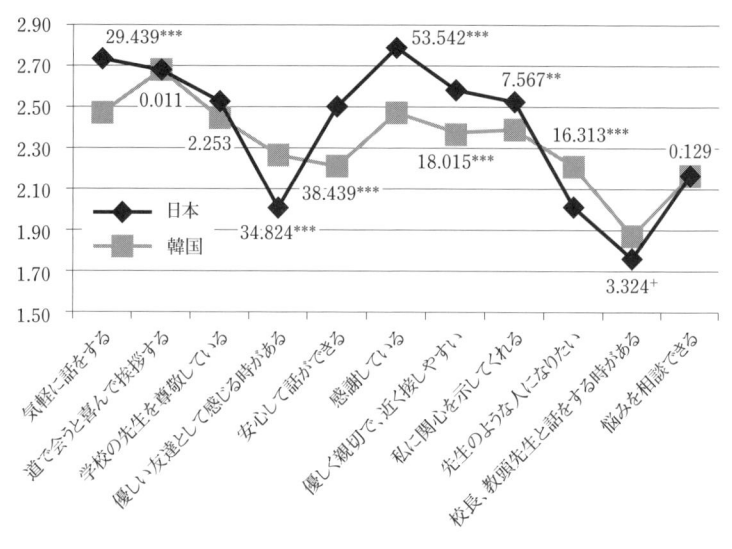

注:「まったくそうではない」(1点)〜「まったくそうである」(4点)の平均値.F値は一元配置分散分析の結果.
　+ p < .1　*p < .05　**p < .01　***p < .001

図6-2　教師関係に関する項目

る」「先生のようになりたい」の2項目においては，日本より韓国の生徒のほうが肯定する割合が多かった．日本の生徒は教師との親密な関係・充実感を重視するのに対し，韓国の生徒は教師との親密な関係を志向しつつも，教師を役割モデルとして尊敬の対象とする傾向にある．

これまでの日韓中高生の生活環境の相違点についてまとめると以下のとおりである．第1に学校生活で重視するポイントに関しては，韓国の中高生は予習・復習などの学業面，日本の中高生は校則や学級のルールなど学校生活面と違いがみられた．第2に教師との関係は両国ともに良好であり，教師とのコミュニケーションの充実は，生徒にとって学校生活を過ごすうえで重視されていることが窺われた．ただし，日本の教師は，いかに授業へ関心を引き付けるのかといったコミュニケーション能力，韓国の教師は，公平・公正にかつ授業内容をいかに生徒にわかりやすく教えるのかという技術が問われている．

### 5.3. 学校生活の適応を規定する要因

日本と韓国の中高生は学校生活だけでなく，教師の接し方や学習観などにも違いがみられた．その違いの背景にある規定要因を分析するため，日韓中高生の学校適応に影響を及ぼす要因について重回帰分析を用いて検討する．モデル1は分析枠組に基づいて階層・地位達成要因のみに限定し，モデル2では全ての要因を投入して分析を行った（表6-3）．

授業適応尺度に関しては，どのモデルとも，成績が良いほど授業に適応できる傾向にある．また韓国の生徒は女子生徒ほど，日本の生徒は低学年ほど授業に適応している傾向が見られた．モデル2ではどのモデルとも，教師や父親の関係が充実しているほど授業に適応しているものの，韓国の生徒のみ，友人との関係が充実しているほど，授業に適応している傾向を示した．

次に学校適応尺度に関しては，日韓の両モデルに共通して成績が良く，父親が大卒であるほど学校に適応する傾向にある（韓国の生徒のみモデル2は関連性がみられなかった）．モデル2に着目すると，どのモデルとも，教師や父親の関係が充実しているほど，学校適応が促進される傾向にある．さらに日本の生徒のみ，友人との関係が充実しているほど，学校に適応している傾向がみられた．

表6-3の分析結果を整理すると，最初に社会階層要因は一部を除き学校生活

表6-3 中高生の学校生活への適応感を規定する要因

| | 授業適応 | | | | 学校適応 | | | |
|---|---|---|---|---|---|---|---|---|
| | 日本 | | 韓国 | | 日本 | | 韓国 | |
| | Model1 | Model2 | Model1 | Model2 | Model1 | Model2 | Model1 | Model2 |
| 学年 | -.146*** | -.133*** | -.062+ | -.033 | .049 | .033 | .011 | -.014 |
| 成績 | .447*** | .389*** | .169*** | .113** | .146*** | .073* | .315*** | .237*** |
| 女子ダミー | .006 | -.034 | .153*** | .093* | .038 | .048 | .013 | .034 |
| 父高卒ダミー | -.005 | -.012 | .054 | .017 | .061 | .038 | .048 | .015 |
| 父大卒以上ダミー | .046 | .057 | .009 | .017 | .169** | .130* | .180** | .103+ |
| 母高卒ダミー | -.075+ | -.045 | -.066 | .028 | .031 | .037 | -.029 | -.026 |
| 母大卒以上ダミー | .000 | -.033 | -.033 | -.076+ | -.006 | -.027 | -.070 | -.086 |
| 父ホワイトカラー上ダミー | -.016 | -.026 | -.021 | .012 | .050 | .055 | -.034 | -.028 |
| 母ホワイトカラー上ダミー | .006 | .032 | -.020 | -.030 | .023 | -.004 | .023 | -.007 |
| 父親関係尺度 | | .131* | | .132* | | .197*** | | .114** |
| 母親関係尺度 | | .047 | | .010 | | -.019 | | .103** |
| 教師関係尺度 | | .259*** | | .256*** | | .338*** | | .412* |
| 友人関係尺度 | | .037 | | .100* | | .037 | | -.013 |
| F値 | 25.521*** | 26.223*** | 5.351*** | 10.436*** | 4.836*** | 15.351*** | 11.992*** | 28.440*** |
| R Square (adj.) | .238 | .362 | .052 | .174 | .043 | .210 | .115 | .337 |

注:係数は$\beta$. +p<.1 *p<.05 **p<.01 ***p<.001

にあまり影響を及ぼさないことが判明した.但し韓国は,授業・学校適応の両尺度とも,出身階層要因の父学歴だけでなく,社会化関係項目の父親・母親関係尺度が影響を与えていた.したがって,韓国の中高生にとっては,親の社会経済的地位が高く,親との関係が充実しているほど,学校生活に対するコミットメントが促進される可能性があると考えられる.

本人の属性関連では,成績が強い正の影響を及ぼす.学校生活の適応に本人の学業成績の及ぼす規定力が依然として強いことがうかがわれた.ここで興味深い内容は,日本の中高生は,学業適応尺度において韓国の中高生より成績が及ぼす影響力が強いこと,低学年であるほど授業に適応する傾向にあることである.学年が若いほど授業に適応しやすい傾向と,成績の影響力の違いに関しては,韓国の受験競争の熾烈さよりも,日本の学校選抜システムに占める成績の比重の高さや,教師の教え方やカリキュラムの違いといった学習条件が影響を及ぼすものと考えられる.

社会化関係の要因では,授業適応では教師関係,父親との関係が影響を及ぼすことが確認され,学校適応では上記に加え,韓国の生徒のみ友人関係が影響を及ぼすことが示された.教師関係の充実度が学校生活の適応と関連していた

点に関しては，授業や学級など日常生活における接触頻度の高さに関係しているとみられる．また父親との関係の充実度は，家族とのコミュニケーション頻度の高さを示す指標であると思われる．また，友人との関係の充実度は，生徒本人がどれだけクラスや，部活や委員会などの学校関係の友人と親しく付き合うかを判断する指標として機能していると考えられる．

## 6．まとめと考察

本章では，日韓の中学・高校生における生活環境の違いと学校生活を規定する要因について分析してきたが，知見としては次の通りである．最初に日韓中高生の生活環境の違いに関しては，第1に学校で重視するポイントに関しては，韓国の中高生は予習・復習面などの学業面，日本の中高生は校則や学級のルールなど学校生活面と違いがみられた．第2に教師との関係については，日本の教師は，いかに生徒の関心を授業へ引き付けるのかといったコミュニケーション能力，韓国の教師は，公平・公正にかつ授業内容をいかに生徒にわかりやすく教えるのかという技術が問われていると考えられる．

次に学校生活の適応を規定する要因に関しては，性別に関しては，日本は女子生徒ほど学校に適応する傾向がみられたものの，韓国は関連性がみられなかった．藤田・熊谷（2002）によれば，日本の生徒の場合は女子であるほど学校適応を促進するのに対し，韓国の生徒の場合は女子のほうが男子より学校的秩序に反発する傾向を指摘した．藤田らは日韓中高生の学校適応に違いがあらわれる理由として，日本の生徒は部活動や友人など，学校内において様々な形で充足できる要素が多いこと，韓国の生徒は，男子の場合は学校の居心地の悪さに対し我慢して学校的秩序に従うのに対して，女子の場合は我慢せず秩序に反抗することをあげている．韓国の生徒で藤田らの知見と異なったが，その背景としては，韓国の女子生徒の場合は，急激な高学歴化が進むなかで，女子生徒の間にも男子生徒と同様，業績主義的な価値観が広く浸透していったため，女子ダミーによる違いがあらわれなかったと考えられる．

第2に出身階層に関しては，韓国のみ父学歴が正の影響を示した．韓国の生徒において，父学歴が学校適応を促す背景には，「出身家庭の文化資本の高さ

→学歴資本（学業成績や内申点等）の取得→社会的地位の達成（大学進学・就職）」という形で，階層再生産のメカニズムが反映された学校進学に対する価値観の違いが考えられる（金 1998）．

　第3に学業成績は，先行研究（藤田・熊谷 2002）と同様に，両国とも成績が良いほど学校に適応する傾向がみられた．このことから，学校成績の高さの程度が学校適応を促すモデルが，現在も依然として存続していることが確認された．日本では，長時間の受験勉強を必要とするコースに進学する生徒は多いものの，受験勉強のために多くの時間を割く必要のない高校生も少なくない．また韓国では，高校で夜遅くまで学校の教室で受験勉強をするという習慣があるように，学校生活より授業理解を優先する価値観が支持されていることが影響しているとみられる（馬居ほか 2004）．

　最後に社会化関係要因に関しては，授業適応では教師関係，父親との関係が影響を及ぼすことが確認され，学校適応では教師・父親関係の充実感に加え，友人関係が影響を及ぼすことが示された．注目すべきなのは教師関係と父親との関係に対する充実感が，学校適応を促す要因として一貫した効果を有することである．

　先行研究によれば，韓国の生徒は日本の生徒に比べて父親との関係が密接となる傾向にあるという（馬居ほか 2004）．また，韓国の生徒は教師からの生徒理解が深まるほど，学校生活での学習意欲の向上につながるとされている（宋 2007）．教師・父親に対する充実感が学校適応を促す背景には，教師や父親との関係を充実させることが，生徒における学校生活の充実感を左右する役割モデルとして機能することがあげられる．日本の場合は，学校での教師による普段の行動や，生徒本人による家庭的背景によって，中高生の生活構造や意識，態度に違いが生じていることが影響しているとみられる（古田 2012）．

注
1）日本の学校では，個性化教育により生徒の学校適応が促された一方，勉学への姿勢や進路に関しては，「学校格差体制」の弱まりではなく，社会階層による学校格差の拡大を示唆する知見もみられる（大多和 2000；伊藤 2002；堀 2000 など）．

教育社会学者の苅谷剛彦は，やる気と努力における不平等の拡大と，さらには受験競争から降りた者たちが自己肯定することに階層間格差が結びついているとして，「インセンティブ・ディバイド」（誘因・意欲の格差拡大）と形容し分析を試みている．その特徴としては，以下の3つをあげている．第1に子どもの勉学意欲は社会の豊かさを背景に，全体的に低下しているが，現場教師の授業実践に関して影響を受けない．第2に社会階層・上位グループの子どもほど，インセンティブがみえなくても環境を見抜いて意欲を維持でき，興味・関心（学ぶことの喜び）など「内発的動機づけ」による学習が容易になる．第3に社会階層・下位グループほど，学校を通した成功物語（立身出世主義）から自ら降りてしまい，学校での学習のレリバンス（有意味性）を切り捨てることで自己肯定を図る，といったことが考察されている（苅谷 2001：210-220）．
2）学校格差体制とは，主に高校において，設立年や学校の社会的威信，入学偏差値などによって格差が生じ，高校間に序列が生じる状況をいう．岩木（2000）は，学校格差体制が生まれた背景として次の2つの高校教育の動向を指摘している．
　　第1の要因は高学歴化による生徒やその親の意識変化である．1960年代から1970年代にかけて高校の入学者が急増し，高校進学率が90％に達した一方，同時に大学進学率はこの時期に15→26％へと大幅に伸びた．その結果，大都市圏を中心に普通科高校の増設が進み，高校間で大学進学実績を反映した格差が生じ，旧制中学校から続く高校の学校ランクを拡大再生産する形で広がった．
　　第2の要因は学校進学の指標として偏差値が重視されるようになったことである．偏差値はもともと校内データの判断材料として利用されてきた．ところが1957年に，東京都の城南中学校で，進学実績データをもとに生徒に受験合格が確実な受験先を選択させる指標として利用されてから，進路の悩みを抱える進路指導担当者の間で広がった．さらに，1970年前後における高校進学希望者の急増と，教育産業の担当者が中学で偏差値データを取るための模試を行う「業者テスト」の導入によって，進路指導における偏差値の利用が普及した．
　　高校における学校格差体制は，学校と親が一体となって子どもに努力を押し付ける活動でもあり，能力主義・集団主義の価値を内面化させる社会化メカニズムであった．
3）地位欲求不満説とは，学校ランクや成績が下位に属する生徒が，逸脱行動や学校不適応を起こしやすい現象を学校生活によって説明する理論である．特徴は，①成績や学校ランク，成績志望など将来的な報酬のアクセス可能性に応じて欲求不満や反動形成が形成される，②欲求不満や反動形成を通して，進学へのアスピレーションが低下する，の2つがあげられる．
4）複線型の学校システムのように，強制的に，生徒の進路を限定するということはないにしても，実質的にどのコース（学校）に入るのかによって，その後の進路選択の機会と範囲が限定されることをトラッキングという（藤田 1980）．

5）酒井（1994）は，学校格差体制が生徒文化の分化と一体となって進んだ理由として，次の2つをあげている．第1の理由は，青少年全体の行動を統制しようとする動きが学校内部に埋め込まれるようになったこと．第2の理由は，学校で学業に励みそこで期待される行動様式に従わなければ社会の承認を得られないほど，支配的な学校文化としての地位を築いていったことによる．

　この背景には，高校生で大学進学だけでなく就職を志望する場合にも，就職協定の慣行の成立によって学業を重視する傾向が強まったということがあげられる．これは単に高校生の就職の便宜を図るという目的の他に，当時は企業からの高卒者の新卒求人数が多く，効率的に就職の機会を与えるために学業成績による序列が有効な指標として認められていったことも考えられる．また戦前期は逸脱行動をするにも地域社会が味方について許容したのに対し，戦後以降に村落共同体が崩壊したころから，反対に社会的統制の対象として逸脱行動が類型化されたことも，学校化が生徒文化の分化と一体となって進行した要因ともいえるのである．

6）生徒に対する学校適応圧力や，成績や学校の所属先が役割モデルとして機能していた背景には予期的社会化が考えられる（苅谷 1986）．予期的社会化には以下の2つの特徴があげられる．第1に高校の階層構造は，既に入学以前の段階で生徒の高卒後の進路意識を強く規定している（高校の階層構造が，将来の教育期待に対して，成績自己評価とは独立に，「入学以前の効果」をもつ）．第2に高校階層の「入学以前の効果」は，学業成績により現実的な意味を与えている（中学時の成績が，高校入学後の教育達成について期待する上での明確な判断基準となることを示している）．

7）具体的には，化粧や染髪，服装の許容，不登校や欠席の是認の方針などといった生徒指導の弾力化，更には学校週5日制や学校行事の縮小，学習量の軽減など教育行政面の配慮が含まれる（伊藤 2002）．これまでの学校は，従来の方針である「将来のため」というロジックを根拠にして，生徒の身体・精神面にわたって指導を行ってきた．コンサマトリー化の進行した学校では，生徒指導や校則を縮減するとともに，生徒の個性や意志を尊重する学校としてあらわれている．

8）平準化実施地域においては，人々の意識レベルには，たとえばソウル市の江南地区のような「大学進学に有利な地域」と，「そうでない地域」との学区間格差が存在するとみられている．また平準化を実施する大都市と平準化を実施しない地方都市の間では，「大都市部の高校ほど教育条件が良く，水準の高い高校」と見なされており，韓国の保護者の間には，大都市部の高校選好が強い一方，地方都市の進学校はそれほど多くないとされる．

9）韓国の一般系高校の学校生活は進学のための勉強に力を入れており，学校外の楽しみのために部活動に参加する生徒もいるものの，たいていは1年生までで，あとは「夜中まで教科学習でいっぱいになる」とされる（中村・藤田・有

田編 2002).

10) 九鬼（2009）によると，韓国で受験競争の過熱化が進んだ要因としては，日本のセンター試験に相当する大学修学能力試験は，本来「高校の勉強をきちんとこなせば答えられる」はずだが，年々その難易度が高くなっていることが考えられる．そのため，九鬼自身が韓国の高校生をもつ保護者に聞いた話によれば，「学校の予習復習だけでは，とても試験で高い点数を期待できない．毎年の傾向もあるし，テクニックも必要で塾に行かざるを得ない」という．

11) 韓国の学校では補習をする場合，父母の方から「夜まできちんと勉強させてくれ」という要望が多いとされ，学習塾の講師によれば「早く授業を終わらせると，親から何でこんなに早く帰すのか，と苦情が出る」という（九鬼 2009）．また学校では，制服や上履きなどの服装や髪型だけでなく，ズボンの幅や長さ，靴などにも厳しい制限がかけられており，校則指導も行われていて窮屈であるとされている（藤田・中村・有田編 2002）．

12) 各尺度の信頼性を示すクロンバックの $\alpha$ は，「授業適応」（6 項目）が .811，「学校適応」（6 項目）が .773，「教師関係」（11 項目）が .896，「父親関係」（8 項目）が .841，「母親関係」（8 項目）が .786，「友人関係」（12 項目）が .864 である．

# 終 章

# 研究の総括と課題

渡辺秀樹

## 1. 日韓の比較研究と日韓の共同研究

　終章においてまず，本書が基づく調査研究の性格について確認しておきたい．本書は，日韓の青少年の社会化をテーマとする比較研究である，と同時に日韓の研究者の共同研究である．

　日韓の青少年についての比較研究，とくに同一の調査枠組によって得られたデータの分析による実証的な比較研究は多くはない．「まえがき」にも記したが，IT革命による双方向に流れる情報量の飛躍的な増大，あるいは韓流ブームや相互の人的交流の拡大のなかで，日韓双方の青少年の状況についても，様々なイメージや観念が流布しているのが現状である．現代の青少年が直面する自立の困難やキャリア形成の問題，あるいは，そこに至る就学上の様々な問題は両国に共通するものにみえる．また，韓国の青少年の受験や進学の加熱した状況や，日本の青少年の友人関係の希薄化や局所化などが，それぞれ話題になっている．

　こうしたイメージを含めて，本書は，日韓の青少年の社会化に関わる異同を，データに基づいて確かめようとするものである．また，そうしたイメージや状況の異同がなぜ生じているのかを，それぞれの社会の経済状況や教育制度，あるいは社会の構造的な側面に注目しながら解明しようと試みるものであった．表層的には共通にみえても，問題の基層としては異質な構造を有していたり，

終　章　研究の総括と課題

逆に，表層的には異質にみえても基層的な構造においては共通性を見出せたりするものがあるということがわかる．同時に，日本と韓国，それぞれの青少年を一枚岩的に平板に把握するのではなく，それぞれの社会のなかで多様な存在であることを階層・家族関係・ジェンダーなどの切り口によって立体的に析出し，その多様性の分化のしかたが，日韓双方でどのように異なるのかを探るものでもあった．

　各章で分析に用いたデータは，この研究プロジェクトで企画・実施された複数の調査によって得られたものである．アンケート調査（質問紙を用いた調査）とインタビュー調査の両方を含んでいる．調査の対象地域は，基本的に，東京および首都圏とソウル特別市である．従って，われわれの調査研究は厳密にいえば，日韓比較調査というより，東京とソウルの青少年の比較調査とするべきかもしれない．本研究では，階層の違いやジェンダー差など，青少年の多様性にとくに留意して議論を進めているので，東京やソウルという大都市に暮らす青少年と地方に暮らす青少年との実態や意識の違いは重要であり興味深いのであるが，地域差に関する実証的な比較は今回の分析には含まれず，別の研究を待たなければならない．

　ここでの比較は，おもに大都市において得たデータによって行なわれている．そのことに留意しつつ，われわれの視野は日本および韓国というマクロな制度的文化や構造におよぶ．そうした制度や構造の影響のなかにデータをおいて分析し，解釈することに重きを置いている．そうした主旨から，序章では，大都市圏に限らず日韓双方の青少年に関わる先行研究の整理と課題の提示，そして第1章では，国家レベルの教育政策や文化・構造比較を行ない，その問題と政策についての考察を行なって，第2章以下のデータの分析につなげている．

　もちろん，両国において大都市と地方では，青少年の現状において様々な差異があろうが，たとえば激烈な受験競争など，当該の社会の突出した問題や集約的な問題が大都市圏に顕われているとみることもできる．その意味でも，本書を，日韓比較研究と位置づけることが可能であると考えている．同一の調査枠組での全国調査による比較は，大規模な研究プロジェクトを必要とする．その萌芽は，SSM（2005年社会階層と社会移動に関する調査研究）など，すでに出現している．また，渡辺秀樹と裵智恵が参加した国立女性教育会館による『家

終　章　研究の総括と課題

庭教育に関する国際比較調査』(2006) の 6 ヵ国比較なども，全国調査に基づく比較研究の先行事例であり，日本と韓国が調査対象国として含まれている．本書でのデータの分析結果の考察においては，それら研究成果と付き合わせることを心がけておこなっていることはいうまでもない．

　本書各章で，「日韓の比較」，「日本と韓国では」という表現で分析し考察を進めているのは，以上の理由によっている．補足的に，日本のアンケート調査のサンプリングの特徴について述べておこう．教育社会学などの中学生や高校生を対象とする調査においては，彼ら／彼女らが通う学校を単位として対象を抽出する場合が多い．学校が持つ文化や学校ごとの均質な階層分化，あるいは輪切りにされた偏差値，公立・私立といった設立主体の違い，そしてまた共学か別学かなどが，生徒の意識や実態，たとえば教育アスピレーションやジェンダー意識，あるいは学校適応や進学実績などを規定していると考えられるからである．学校内格差が小さく学校間格差が大きい場合など，学校という変数はとくに重要となろう．しかし，われわれの調査では，学校単位という調査対象の抽出は行なわず，住基台帳からの無作為の抽出という方法を採っている．その功罪はどちらにも偏り難い．余裕があれば，まずは，個人単位で対象者を抽出し，その上で，学校単位を別に選んで目的に応じた分析をおこなうのが理想であると思われるが，われわれはあえて社会調査の基本に帰って個人単位の無作為抽出を選んだということを明記しておきたい．そのことが，日韓の大都市に居住する青少年の比較研究と称することを保障していると考えることもできる．

　次に，日韓の研究者による共同研究という性格である．これまで日韓の青少年の比較研究は，比較する一方の社会に属する（おもに日本の）研究者によって担われるということが多かったと思われる．しかし，本研究は，日韓双方の研究者による実質的な共同研究となっている．個々の研究者については，「あとがき」に記したが，日本は，慶應義塾大学大学院社会学研究科の渡辺秀樹研究室の出身あるいは所属の研究者，韓国は，韓国青少年政策研究院 (National Youth Policy Institute；NYPI) の研究者である金鉉哲を中心に構成されている．研究費は，韓国 (NYPI) と日本（科学研究費補助金ほか）の双方から得ている．また，研究報告は，慶應義塾大学の 21COE および GCOE 主催の国際シンポジ

終　章　研究の総括と課題

ウムとNYPI主催の国際会議で継続的に行ない，日本社会学会大会で3回（関東学院大学・東北大学・名古屋大学），韓国社会学会とNYPI共催の国際カンファレンスで1回（ソウル：プレスセンター）おこなっている．プロジェクト成立の経緯からすれば，金鉉哲のリーダーシップが大きいということができる．

こうした韓国の研究者および機関が主体的に関わるプロジェクトであるという性格は，調査枠組に反映されている．アンケート調査にしろ，インタビュー調査にしろ，まずは韓国側から素案が提出され，その上で日本側チームとの間で，調査項目や各質問項目における選択肢の突き合わせをおこなった場合，その逆の場合の両方がある．比較しようとする社会の片方の社会の問題意識に偏ること無く，両方の社会の青少年の現状についてそれぞれの社会における先行研究をふまえて，共通の問題設定に基づいて調査設計を試みているのである．

この点において，文化や経済状況あるいは家族制度や教育制度など，異質さを抱えつつも近似の環境と，交差する歴史を有する隣国相互の比較は有意義である．そして，共通の調査枠組の構築は，欧米の社会と比較する場合と比べて，たいへん有利であるということができる．比較研究においては，特定の社会，たとえば日本独自の，あるいは韓国独自の問題関心からより踏み込んだ調査項目を盛り込むことをある程度断念せざるを得ないのだが，その程度は欧米の社会を比較対象とする場合より少ないと考えられるのである．

さらには，欧米を比較対象国とする場合でも，日韓と米あるいはヨーロッパ諸国，というように，アジア近隣社会とともに欧米社会との比較をすることで，より立体的な考察が可能になるだろう．アジア近隣社会共通の問題なのか，あるいは，産業化段階といった別の要因による日本もしくは韓国固有の問題なのか，という識別が可能となり，議論を深めることが出来るだろう．第1章や第3章などは特に，こうした視点からの分析と考察を含んでいる．

もちろん，日韓比較をすることの有利さは，金鉉哲と裵智恵がともに日本に留学（慶應義塾大学大学院社会学研究科）し，日本の教育と家族について，そして日本の教育社会学と家族社会学について深い理解を有していたという個別事情もある．金鉉哲は，文科省の政策についての研究だけでなく，東京・東北・北陸などの自治体レベルあるいは学校レベルの教育実践についてフィールドワークを現在も重ねている．裵智恵は，日本の学界で精力的に研究を積み重ねて

いる．日韓の研究者が緊密な連携のもと，実質的な議論を重ねる共同研究を可能にしたと考えている．本プロジェクトに参加した研究者の研究領域は，教育社会学・家族社会学・ネットワーク論・階層論・ジェンダー論・職業社会学・比較社会学，あるいは量的調査方法と質的調査方法など，社会学の複合的な領域をカバーしている．こうした複合性は，共同研究の持つ意義として強調してよいだろう．

## 2．本書の知見から

本書で得られた知見を振り返っておこう．

第1章では，就学から就労への移行過程について，その政策に焦点をあて日本と韓国とを比較しながら論じている．青少年の社会化環境の変化は，彼らをめぐる政策の重要性をますます高めている．今後の日韓の目指すべき方向性として，3点を提示している．第1に，競争の構造的な変化をあげる．それは，多元的な競争構造にもとづく教育から労働市場への多様な移行のあり方である．多様性をいかに競争に組み込むかという問題である．第2に，地域ネットワークの構築である．青少年の社会化と自立への移行過程を取り巻く環境の主要なアクターとして，家族・学校・企業という枠組みで議論されることが多いのであるが，青少年の自立過程の取り組みの実践により近いところでみると，地域の重要性が浮上してくる．第3に，青少年の就学から就労への移行過程を単なる構造的な移行ではなく，自覚的な参画的移行とするということである．多様性と地域と参画をキーワードとして様々な政策と実践が要請される．

第2章からは調査データの分析となる．第2章は，家族の社会化のありようが，子どもの学業成績にどのように影響するのかについての考察である．親の子どもの教育への関わり（parental involvement）という概念を用いて，家族内における親子間の相互行為過程を把握している．親の学歴や職業あるいは家族の社会経済的地位や家族形態といった青少年の社会化についてのいわば外在的（extrinsic）な指標だけでなく，親の関与・サポートという内在的（intrinsic）な指標を組み込んで，それらが相互に学業成績にどのように関わるのかを問うている．また，それらが日韓両国の教育システムや選抜制度，塾などの学校外

終　章　研究の総括と課題

教育のあり方とどのように関わるかを比較して議論している．日韓それぞれの家族主義のあり方や福祉レジームとの関係についての議論につながる．社会関係資本論をベースとしている．

　第3章では，比較対象国として米国を加えて，日韓米の高校生の家庭環境と進学意欲の関係を分析した．この分析からは，高等教育の進学率や階層分化という変数の横断的側面（＝1時点）とともに，その変化の激しさやスピードの違いが影響していることを予測させる．学校平準化という政策的な次元に規定されながら，「圧縮された近代」ということが特に韓国の近代化に対して言われるように，高学歴化のスピード，そして産業化にともなう階層の流動化が，たとえば受験競争への全階層的な参加の促進に関わっていると思われる．日韓において見出される家族の関与の違いが，やはり近代家族型規範が変化するそのスピードの差とみるのか，あるいは教育や産業の部門と違って変化への反応が緩やかな基層的な家族文化の存在によるものなのかは，興味深い論点となる．韓国の場合，流動化する産業構造と教育構造に対する安定した家族規範の組み合わせのなかで生起する諸現象，という解釈もありうるだろう．いずれにしろ，変化についての分析には，パネル調査あるいは縦断的（時系列）調査を必要とする．それはほかの各章でも同様である．たとえば，第4章でみた青少年のジェンダー意識についても，その変化についてはパネルデータや時系列データが必要であると指摘している．

　第4章から第6章は，青少年の日常生活により近い分析である．第4章では，青少年のジェンダー意識と教育アスピレーションとの関連を中心とする議論である．日韓両国の青少年にとって家族と学校がもつ意味を，ジェンダーの側面から議論している．ジェンダー意識に関する調査研究においては，それらの間に一致した結果が得られていないことも多い．その理由を検討するなかで議論が進む．ライフステージの違い・学校の意味・就業構造の違い・職業世界におけるジェンダー構造の強弱とその変化・親の性別と子どもの性別の組み合わせ・両親の性別分業の影響の違いなどにおよぶ．諸研究の非一貫的な状況が，議論をさらにより丁寧にしている事例として読むことができる．

　続く第5章では，インタビュー調査のデータをもとに日韓の中高生のリアリティに迫る．ここでは，われわれが首都圏でおこなった中高生へのインタビュ

一調査，NYPI が作成した報告書のインタビューデータ，さらに 2009 年に韓国で刊行された若者のインタビュー録を用いて，青少年の意識の世界に分け入る．学校空間や友人関係，学校に対する生徒や親の期待，パーソナル・メディアの使用状況をめぐる日韓の青少年の個性が浮き上がる．「コンサマトリー／インストゥルメンタル」という分析軸が析出されて，成績や受験競争への関心を中心に生活が展開する韓国の若者と，「居場所」をめぐる関心が生活の中心となっている日本の若者の対照が示される．インタビュー調査のおもしろさを味わうことができる．

　第 6 章では，学校生活に関連する諸変数の関係構造の日韓比較をおこなっている．特に学校適応と成績との関係などが議論される．教育社会学の中心領域である中高生の学校生活の分析であるが，生徒の有するニーズや規範意識が性別や成績との関係として示される様相は複雑である．学校適応は，大きく分けて学業規範適応と生活規範適応に分けることができるが，それが単純に相対的な成績上位／下位に分化するわけでもない．総じて，中高生の学校に対する期待に関して，日本では，相対的に無限定的で（diffuse）広い期待があり，韓国では，勉強面という限定的で（specific）特定された期待がある．第 5 章の「コンサマトリー／インストゥルメンタル」という分析軸と整合的な議論となっているといえるだろう．

## 3．本調査の課題

　本調査は，比較調査の面白さと難しさの両面を鮮明に浮き上がらせている．その意味で，2 節で述べた新たな知見とともに，反省と課題も多い．
　すでに述べたように，大都市圏に限られた調査対象であること．これを全国サンプルにつなげる工夫が求められるということがある．また，調査対象の抽出において個人単位の無作為抽出であって，これに学校単位の抽出を組み込むことが望ましいということである．そして，変化を追うために，パネルデータや時系列データが必要になるだろう．
　個別の点について以下の課題をあげることができる．
　学校生活については，友人や教師との関係を中心に調べたため，部活等の生

活実態が十分つかめていない．特に日本の場合，部活は学生生活の中でウエイトが高い．学校生活の無限定性やコンサマトリー性をより明確に把握するためには，課外活動などの分析がさらに必要となるだろう．

　塾などの学校外教育の実態をより詳細に把握し，それと学校との関係の比較分析などが必要である．学校と学校外教育が，勉強や受験のための同一の相乗的な機能を果たしているのか，あるいはコンサマトリーな学校の機能に対するインストゥルメンタルな機能の担い手として塾などがあり，学校と学校外教育が別の機能を担っているのか，日韓双方の比較としても分析したい課題である．

　また，青少年政策を考える上では，中高生たちが，大学へ進学し，その後就職する際の実態や問題を調査の枠組みに組み込んでいく必要があるだろう．第1章の金鉉哲のフィールドワークにみられるように，学校・家族・就業という3次元の枠組みに，地域という次元を組み込んだ調査枠組を考えることも重要である．

　もちろん，われわれのプロジェクトによって得た種々の調査データをすべて分析し終えたわけではない．その意味でも，本研究は今後も継続される．本書の成果と課題をふまえて進んでいくことになる．

# 参考文献

**日本語文献一覧**

阿部真大，2011，『居場所の社会学——生きづらさを超えて』日本経済新聞出版社．
天野郁夫，1983，「学歴の地位表示機能について」『教育社会学研究』38：44-49．
天野正子，1988，「『性と教育』研究の現代的課題」『社会学評論』155：266-283．
青田泰明，2011，「日本の青少年の友人関係と社会化——首都圏インタビュー調査より」地域社会研究所編『調査研究報告書——日韓比較からみる青少年の社会化環境』：4-31．
荒牧草平，2000，「教育機会の格差は縮小したか——教育環境の変化と出身階層間格差」近藤博之編『日本の階層システム3——戦後日本の教育社会』東京大学出版会：15-35．
荒牧草平，2001，「学校生活と進路選択」尾嶋史彰編『現代高校生の計量社会学』ミネルヴァ書房：63-80．
荒牧草平，2002，「現代高校生の学習意欲と進路希望の形成——出身階層と価値志向の効果に注目して」『教育社会学研究』，71：5-23．
荒牧草平，2010，「『教育達成』を読み解く——階層構造・選抜システム・行為選択」塩原良和・竹ノ下弘久編『社会学入門』弘文堂：51-65．
新谷周平，2005，「青年の視点から見た社会・制度」『教育社会学研究』74：111-126．
新谷周平，2008，「居場所化する学校／若者文化／人間関係——社会の一元化を乗り越えるための課題」広田照幸編『若者文化をどうみるか？』アドバンテージサーバー，62-92．
有田伸，2002，「教育アスピレーションとその規定構造」中村高康・藤田武志・有田伸編『教育からみる日本と韓国——学歴・選抜・学校の比較社会学』東洋館出版社：53-72．
有田伸，2006，『韓国の教育と社会階層——「学歴社会」への実証的アプローチ』東京大学出版会．
有田伸，2009，「比較を通じてみる東アジアの社会階層構造——職業がもたらす報酬格差と社会的不平等」『社会学評論』59（4）：663-681．

参考文献

有田伸・中村高康・熊谷信司・藤田武志, 2002,「韓国の教育システム」中村高康・藤田武志・有田伸編『学歴・選抜・学校の比較社会学』東洋館出版社: 25-52.
浅野智彦, 2006,「若者論の失われた十年」浅野智彦編『検証・若者の変貌』勁草書房, 1-36.
浅野智彦編, 2006,『検証・若者の変貌』勁草書房.
浅野智彦編, 2008,「若者のアイデンティティと友人関係」広田照幸編『若者文化をどうみるか?』アドバンテージサーバー: 34-61.
裵智恵, 2009,『性別役割分業の日韓比較——意識と実態の関係が男性の心理的状態に及ぼす影響』慶応義塾大学大学院社会学専攻博士学位請求論文.
裵智恵, 2011,「女性の働き方と性別役割分業」斎藤友里子・三隅一男編『シリーズ21世紀の階層システム 第3巻 流動化の中の社会意識』東京大学出版会: 173-186.
Benesse 教育研究開発センター, 2001,『第3回学習基本調査報告書』.
趙善英・松本芳之・木村裕, 2011,「回想された親の養育行動が大学生の自尊感情に及ぼす影響の日韓比較——行動分析学的な解釈」『社会心理学研究』27 (1): 1-12.
中央公論編集部・中井浩一編, 2001,『論争・学力崩壊』中公新書.
土井隆義, 2004,『「個性」を煽られる子どもたち——親密圏の変容を考える』岩波書店.
土井隆義, 2008,『友だち地獄』筑摩新書.
藤田英典, 1980,「進路選択のメカニズム」山村健・天野郁夫編『青年期の進路選択』有斐閣: 105-129.
藤田晃之, 2010,「自立に向けての高校生の現状と課題」『Business Labor Trend』427: 3-6.
藤田武志・熊谷信司, 2002,「学校生活と生徒文化」中村高康・藤田武志・有田伸編『学歴・選抜・学校の比較社会学』東洋館出版: 131-154.
藤田武志・渡辺達雄, 2002,「学習時間の構造」中村高康・藤田武志・有田伸編『学歴・選抜・学校の比較社会学』東洋館出版社, 91-112.
福重清, 2006,「若者の友人関係はどうなっているのか」浅野智彦編『検証・若者の変貌』勁草書房: 115-150.
古田和久, 2012,「高校生の学校適応と社会文化的背景——学校の階層多様性に着目して」『教育社会学研究』90: 123-144.
不和和彦, 2012,「日本のキャリヤ教育政策の現象と課題——若者世代の社会的,

経済的自立を目指して」韓国青少年政策研究院『日本のキャリヤ教育政策コロキアム資料集』.
玄田有史, 2001『仕事の中の曖昧な不安――揺れる若年の現在』中央公論新社.
橋本摂子・土場学, 2001, 「性別役割規範と価値意識」片瀬一男編『教育と社会に対する高校生の意識――第4次調査報告書』東北大学教育文化研究会: 177-191.
秦政春, 1980, 「現代学校の選抜機能と生徒文化」『福岡教育大学紀要（第4分冊教職科編）』30: 63-87.
樋田大二郎, 1999, 「高校逸脱統制の内容・方法およびパラダイムの変容」『犯罪社会学研究』24: 43-59.
平田周一（近刊），「日韓の若者にみる非正規雇用とジェンダー」岩上真珠編『国際比較・若者と仕事――4ヵ国にみるキャリア形成とジェンダー』（仮題）新曜社.
広田照幸, 2008, 「学校と若者文化――ささやかな提言」広田照幸編『若者文化をどうみるか？』アドバンテージサーバー: 198-209.
本多公子・井上祥治, 2006, 「高校生の学級集団帰属意識の構成要因が精神健康度及び学校生活適応感に及ぼす効果」『岡山大学教育実践総合センター紀要』6(1): 111-118.
本田由紀, 2004, 「「非教育ママ」たちの所在」本田由紀編『女性の就業と親子関係――母親たちの階層戦略』勁草書房: 167-184.
本田由紀, 2005, 『多元化する「能力」と日本社会――ハイパー・メリトクラシー化の中で』NTT出版.
本田由紀, 2008, 『家庭教育の隘路』勁草書房.
堀健志, 2000, 「学業へのコミットメント」樋田大二郎・耳塚寛明・岩木秀夫・苅谷剛彦編『高校生文化と進路形成の変容』学事出版: 165-184.
稲葉昭英, 2010, 「ひとり親家族の子どもの教育達成」佐藤嘉倫ほか編『現代の階層社会1――格差と多様性』東京大学出版会: 239-252.
稲葉昭英, 2011, 「NFRJ98/03/08から見た日本の家族の現状と変化」『家族社会学研究』23(1): 43-52.
石川裕之, 2005, 「韓国の才能教育における科学高校の受験名門校化」『比較教育学研究』2005: 83-100.
伊藤茂樹, 2002, 「青年文化と学校の90年代」『教育社会学研究』70: 89-103.
岩木秀夫, 2000, 「高校教育改革の動向」樋田大二郎・耳塚寛明・岩木秀夫・苅谷剛彦編『高校生文化と進路形成の変容』学事出版: 21-48.
岩見和彦, 2005, 「現代社会と後期青少年問題」『教育社会学研究』74: 7-23.

参考文献

岩永雅也，1990，「アスピレーションとその実現――母が娘に伝えるもの」岡本英雄・直井道子編『現代日本の階層構造④女性と社会階層』東京大学出版社：91-118．

岩田弘三，2003，「勉強文化と遊び文化の盛衰」武内清編『キャンパスライフの今』玉川大学出版部：184-203．

神原文子，2001，「〈教育する家族〉の家族問題」『家族社会学研究』No.12（2）：197-207．

金子真理子，2000，「教師の対生徒パースペクティブの変容と『教育』の再定義」樋田大二郎・耳塚寛明・岩木秀夫・苅谷剛彦編『高校生文化と進路形成の変容』学事出版：123-148．

苅谷剛彦，1986，「閉ざされた将来像」『教育社会学研究』41：95-109．

苅谷剛彦，2001，『階層化日本と教育危機――不平等再生産から意欲格差社会（インセンティブ・ディバイド）へ』有信堂．

苅谷剛彦，2002，『教育改革の幻想』筑摩書房．

吉川徹，2006，『学歴と格差・不平等――成熟する日本型学歴社会』東京大学出版会．

金鉉哲，2003，「青年労働市場の変化がもたらした新たな選択への道――経済危機による韓国の青年労働市場の変化を中心に」『哲学（慶應義塾大学三田哲学会）』109：229-248．

金鉉哲，2005，「日本の学歴社会・学歴主義の歴史――韓国との比較」渡辺秀樹編『現代日本の社会意識』：157-175．

金鉉哲，2007，「親・教師・友人との関係からみた韓国青少年の社会化――国際比較調査より」『第5回慶應義塾大学21COE-CCC国際シンポジウム発表原稿集』慶應義塾大学21COE-CCC：347-363．

金美蘭，1998，「韓国における高等教育機会のメリトクラシー構造」『教育社会学研究』62：23-42．

金美蘭，2002，「ジェンダー意識と教育アスピレーションの分化」中村高康・藤田武志・有田伸編『教育からみる日本と韓国――学歴・選抜・学校の比較社会学』東洋館出版社：221-236．

木村邦博，2000，「労働市場の構造と有配偶女性の意識」盛山和夫編『日本の階層システム4 ジェンダー・市場・家族』東京大学出版会：177-192．

子ども・若者育成支援推進本部，2010，『子ども・若者ビジョン――子ども・若者の成長を応援し，一人ひとりを包摂する社会を目指して』．

国立女性教育会館，2006，『平成16年度・17年度家庭教育に関する国際比較調査

報告書』.

工藤保則, 2001, 「高校生の相談ネットワーク——準拠人, 準拠集団, 社会化」尾嶋史章編『現代高校生の計量社会学』ミネルヴァ書房:159-182.

九鬼太郎, 2009, 『超・格差社会韓国』扶桑社.

熊谷信司, 2009, 「韓国における高校の多様化と高校生の生活」『東京大学大学院教育学研究科紀要』49:33-42.

馬越徹, 1981, 『現代韓国教育研究』高麗書林.

牧野カツ子・渡辺秀樹・舩橋惠子・中野洋恵編著, 2010, 『国際比較にみる世界の家族と子育て』ミネルヴァ書房.

松田美佐, 2000, 「若者の友人関係と携帯電話利用——関係希薄論から関係選択論へ」『社会情報学研究』4:111-122.

松田茂樹, 2007, 「親が勉強を教えている——子どもの学力格差を生む親の意欲格差」『Life Design Report』2007.9-10:28-35.

松田茂樹, 2008, 『何が育児を支えるのか——中庸なネットワークの強さ』勁草書房.

松本良策・石津憲一郎・下田芳幸, 2011, 「学級適応感を支える要因の検討——自尊感情, 非排他性, 肯定的フィードバックの観点から」『教育実践研究(富山大学人間発達科学部附属人間発達科学研究実践総合センター)』5:61-68.

目黒依子・柴田弘捷, 1999, 「企業主義と家族」目黒依子・渡辺秀樹編『講座社会学2 家族』東京大学出版会:59-87.

耳塚寛明, 1980, 「生徒文化の分化に関する研究」『教育社会学研究』35:111-122.

宮台真司, 1994, 『制服少女たちの選択』講談社.

宮台真司, 2009, 『日本の難点』幻冬舎新書.

宮本みち子, 2004, 『ポスト青年期と親子戦略』勁草書房.

宮本みち子, 2012, 「成人期への移行モデルの転換と若者政策」『人口問題研究』68(1):32-53.

宮本みち子・小杉礼子, 2001, 『二極化する若者と自立支援——「若者問題」への接近』明石書店.

溝上慎一, 2004, 『現代大学生論』日本放送出版協会.

水野俊平, 2003, 『韓国の若者を知りたい』岩波ジュニア新書.

文部科学省, 2006, 『教育指標の国際比較平成18年版』.

文部科学省, 2012, 『教育指標の国際比較平成24年3月』.

文部科学省国立教育政策研究所生徒指導研究センター, 2012, 『職場体験・インターンシップ実施状況など経年変化に関する報告書[平成16年度〜平成22年

# 参考文献

度]』.
文部科学省国立教育政策研究所生徒指導研究センター, 2011, 『キャリヤ教育を創る』.
室井謙二・田中朗, 2003, 「高校生の学歴＝地位達成志向」友枝敏雄・鈴木譲編『現代高校生の規範意識』九州大学出版会:69-102.
内閣府, 2010, 『子ども・若者育成支援推進法――執務参考資料集』.
内閣府, 2012, 『平成24年度版 男女共同参画計画白書』. (http://www.gender.go.jp/whitepaper/h24/zentai/html/honpen/b1_s08_01.html, 2012年度9月25日アクセス)
中村高康, 2011, 『大衆化とメリトクラシー』東京大学出版会.
中村高康・有田伸・藤田武志編著, 2002, 『学歴・選抜・学校の比較社会学――教育からみる日本と韓国』東洋館出版社.
中西裕子, 1998, 『ジェンダー・トラック――青少年期女性の進路形成と教育組織の社会学』東洋館出版社.
中西祐子・中村高康・大内裕和, 1997, 「戦後日本の高校間格差成立過程と社会階層―― 1985年SSM調査データの分析を通じて」『教育社会学研究』60:61-82.
日本青少年教育振興機構, 2009, 『長期宿泊体験活動に対応した学校教育のカリキュラム開発と有効性に関する調査研究(中間報告書)』.
野々山久也・渡辺秀樹編, 1999, 『家族社会学入門――家族研究の理論と技法』文化書房博文社
野沢慎司, 1999, 「家族研究と社会的ネットワーク論」野々山久也・渡辺秀樹編『家族社会学入門』文化書房博文社:162-191.
小倉紀蔵, [2005] 2012, 『心で知る, 韓国』岩波現代文庫.
大沢真理, 2007, 『現代日本の生活保障システム――座標とゆくえ』岩波書店.
大多和直樹, 2000, 「生徒文化――学校適応」樋田大二郎・耳塚寛明・岩木秀夫・苅谷剛彦編『高校生文化と進路形成の変容』学事出版, 185-213.
大多和直樹, 2008, 「若者文化と学校空間――学校の遮蔽性と生徒集団の統合性はどう変容したか」広田照幸編『若者文化をどうみるか?』アドバンテージサーバー:94-119.
大槻健, 1997, 『韓国の子どもと教育』あゆみ出版.
小塩隆士, 2003, 『教育を経済学で考える』日本評論社.
労働政策研究・研修機構, 2012, 『データブック 国際労働比較』労働政策研究・研修機構
酒井朗, 1994, 「1970～80年代高校生文化の歴史的位相」『アカデミア 人文・社

会科学(南山大学)』59:225-254.
阪井裕一郎,2011,「現代青少年の友人関係の構造と類型——首都圏とソウルでのインタビュー調査を中心として」地域社会研究所編『調査研究報告書:日韓比較からみる青少年の社会化環境』:32-65.
佐藤俊樹,2000,『不平等社会日本——さよなら総中流』中央公論新社.
瀬地山角,1996,『東アジアの家父長制——ジェンダーの比較社会学』勁草書房.
白川俊之,2010,「家族構成と子どもの読解力形成——ひとり親家族の影響に関する日米比較」『理論と方法』25(2):249-265.
宋美蘭,2007,「韓国の「水準別教育」実践過程と子どもたちの学びに関する実証的研究」『北海道大学大学院教育学研究科紀要』100:123-165.
総務庁青少年対策本部,1996,『子どもと家族に関する国際比較調査報告書』大蔵省印刷局.
総務省,2008,『平成20年版情報通信白書』.
竹内洋,1995,『日本のメリトクラシー——構造と心性』東京大学出版会.
竹内慶至,2009,「友人関係は希薄化しているのか」友枝敏雄編『現代の高校生は何を考えているのか——意識調査の計量分析を通して』世界思想社,38-60.
多喜弘文,2010,「社会経済的地位と学力の国際比較」『理論と方法』25(2):229-248.
田村学・原田信之,2009,『リニューアル 総合的な学習の時間』北大路書房.
田中光晴,2009,「韓国における私教育費問題と政府の対応に関する研究」『比較教育学研究』38:87-107.
轟亮,2001,「職業観と学校生活感」尾嶋史章編『現代高校生の計量社会学』ミネルヴァ書房,129-158.
友枝敏雄・鈴木 譲編,2003,『現代高校生の規範意識』九州大学出版会.
「トライやる・ウィーク」評価委員会,2008,『地域に学ぶ「トライやる・ウィーク」—— 10年目の評価検証(報告)』.
東京都教育委員会,2011,『平成23年度中学生の職場体験報告書』.
馬居政幸・李照熙・夫伯夫・関根秀行・李在鴻,2004,「韓国における日本大衆文化の調査研究(8)」『静岡大学教育学部研究報告(人文・社会科学篇)』55:17-48.
海野道郎・片瀬一男,2008,『＜失われた時代＞の高校生の意識』有斐閣.
渡辺秀樹,1975,「家族における社会化過程について——構造機能分析による理論モデル構築の試み」『社会学評論』26(1):36-52.
渡辺秀樹,1989,「家族の変容と社会化論再考」『教育社会学研究』44:28-49.

参考文献

渡辺秀樹，1997，「家庭の養育環境の複雑性と単純性」『教育と医学』45（7）：638-644.

渡辺秀樹，2008，「IT型コミュニケーションと拡散的核家族——情報化と家族の変化のなかの社会化」渡辺秀樹・有末賢編『多文化多世代交差世界における市民意識の形成』慶応義塾大学出版会：97-112.

渡辺秀樹，2011，「出版されたインタビュー録にみる韓国の高校生の生活と意識」地域社会研究所編『調査研究報告書——日韓比較からみる青少年の社会化環境』：82-100.

山田昌弘，2002，『夫と妻のための新・専業主婦論争』中公新書.

安田雪，2010，『「つながり」を突き止めろ——入門！ネットワーク・サイエンス』光文社.

## 欧語文献一覧

Allmendinger, Jutta, 1989, "Educational System and Labor Market Outcomes," *European Sociological Review,* 5：231-50.

Amato, Paul R. and Alan Booth, 1997, *A Generation at Risk: Growing Up in an Era of Family Upheaval*. Cambridge: Harvard University Press.

Arum, Richard, Adam Gamoran, and Yossi Shavit, 2007, "More Inclusion Than Diversion: Expansion, Differentiation, and Market Structure in Higher Education." Yossi Shavit, Richard Arum, and Adam Gamoran ed., *Stratification in Higher Education: A Comparative Study*. Stanford, CA: Stanford University Press.

Bassani, Cherylynn, 2003, Social Capital Theory in the Context of Japanese Childeren, *Electronic Journal of Contemporary Japanese Studies* 3.

Bauman, Zygmunt, 2004, *Identity（1st Edition）*. London, Polity Press.（= 2007, 伊藤茂訳，『アイデンティティ』日本経済評論社.）

Beck, Ulrich, 1986, *Democracy without Enemies*. Cambridge: Polity Press.（= 2000, 장일준역『적이 사라진 민주주의』새물결.（ジャンイルジュン訳『敵がなくなった民主主義』セムルキョル.））

Becker, Gary, 1964, *Human Capital: A Theoretical and Empirical Analysis with Special Reference to Education*. New York: Columbia University Press.（= 1976, 佐野陽子訳『人的資本』東洋経済新報社.）

Blau, Peter M., and Otis D. Duncan, 1967, *American Occupational Structure*. New

York: Free Press.
Bott, Elizabeth, 1955, "Urban Families: Conjugal Roles and Social Networks," *Human Relations*, 8:345-384.（=2006, 野沢慎司訳「都市の家族――夫婦役割と社会的ネットワーク」野沢慎司編・監訳『リーディングス ネットワーク論』勁草書房, 35-91.）
Boudon, Raymond, 1974, *Education, Opportunity, and Social Inequality: Changing Prospects in Western Society*. New York: Wiley.
Breen, Richard, Ruud Luijkx, Walter Muller, and Reinhard Pollak, 2009, "Nonpersistent Inequality in Educational Attainment: Evidence from Eight European Countries," *American Journal of Sociology*, 114 (5):1475-521.
Brinton, Mary C., 1988, "The Social-Institutional Bases of Gender Stratification: Japan as an Illustrative Case," *American Journal of Sociology*, 94:300-334.
Brinton, Mary C., 2001, "Married Women's Labor in East Asian Economies." Mary C. Brinton ed., *Women's Working Lives in East Asia*. Stanford, Calif.: Stanford University Press, 1-37.
Brinton, Mary C. and Sun-hwa Lee, 2001, "Women's Education and the Labor Market in Japan and South Korea." Mary C. Brinton ed., *Women's Working Lives in East Asia*. Stanford: Stanford University Press:125-150.
Buchmann, Claudia and Ben Dalton, 2002, "Interpersonal Influences and Educational Aspirations in 12 Countries: The Importance of Institutional Context," *Sociology of Education*, 75 (2):99-122.
Burt, Ronald S, 1992, *Stuctural Holes: The Social Structure of Competition*. Cambridge: Harverd University Press.
Burt, Ronald S, 2001, "Structural Hole versus Network Closure as Social Capital," in Nan Lin, Karen Cook, & Ronald Burt (Eds.), *Social Capital: Theory and Research*. New York: Aldine de Gruyter.（= 2006, 金光淳訳「社会関係資本をもたらすのは構造的隙間かネットワーク閉鎖性か」野沢慎司編・監訳『リーディングス ネットワーク論』勁草書房, 243-281.）
Byun, Soo-Yong, Evan Schofer, and Kyung-Keun Kim, 2012, "Revisiting the Role of Cultural Capital in East Asian Educational Systems: The Case of South Korea," *Sociology of Education*, 85 (3):219-39.
Coleman, James S, 1988, "Social Capital in the Creation of Human Capital", *American Journal of Sociology*, 94:95-120.（= 2006, 金光淳訳「人的資本の形成における社会関係資本」野沢慎司編・監訳『リーディングス ネットワー

## 参考文献

ク論』勁草書房：205-241.）
Coleman, James S., 1990, *Foundation of Social Theory*. Cambridge: Harvard University Press.
Erikson, Robert, and Jan. O. Jonsson, 1996, "Explaining Class Inequality in Education: The Swedish Test Case." Robert Erikson and Jan. O. Jonsson ed., *Can Education Be Equalized? The Swedish Case in Comparative Perspective*. Boulder, CO: Westview Press：1-63.
Esping-Andersen, Gosta, 1999, *Social Foundations of Postindustrial Economies*. Oxford: Oxford University Press.
Fukuyama, Francis, 1995, *Trust: The Social Virtues and the Creation of Prosperity*, New York: Free Press.（= 1996，加藤寛監訳『「信」無くば立たず──「歴史の終わり」後，何が繁栄の鍵を握るのか』三笠書房.）
Granovetter, Mark S., 1973, "The Strength of Weak Ties," *American Journal of Sociology*, 78：1360-1380.（=2006，大岡栄美訳，「弱い紐帯の強さ」野沢慎司編・監訳『リーディングス ネットワーク論』勁草書房：123-158.）
Han, Byung-chul, 2010, *Müdigkeitsgesellschaft*, Berlin: Matthes & Seitz.（= 2012，김태환역『피로사회』서울：문학과 지성사.（キムテファン訳『疲労社会』ソウル──文学と知性社.））
Ho Sui-Chi, Esther, and Douglas J. Willms, 1996, "Effects of Parental Involvement on Eighth-Grade Achievement," *Sociology of Education*, 69：126-41.
Holliday, Ian and Paul Wilding, 2003, *Welfare Capitalism in East Asia: Social Policy in the Tiger Economies*. Houndmills: Palgrave Macmillan.
Ishida, Hiroshi, 1993, *Social Mobility in Contemporary Japan: Educational Credentials, Class and the Labor Market in a Cross-National Perspective*. Stanford, CA: Stanford University Press.
King, Ronald, 1973, *School Organization and Pupil Involvement*. London, Routledge & Kegan Paul.
Kulik, Liat, 2005, "Predicting Gender Role Stereotypes among Adolescents in Israel: The Impact of Background Variables, Personality Traits and Parental Factors," *Journal of Youth Studies*, 8 (1)：111-129.
Lee, Soojeong and Shouse C. Roger, 2011, "The Impact of Prestige Orientation on Shadow Education in South Korea," *Sociology of Education*, 84 (3)：212-224.
Lin, Nan, 2001, *Social Capital: A Theory of Social Structure and Action*. New York: Cambridge University Press.

McNeal, Ralph B., 1999, "Parental Involvement as Social Capital: Differential Effectiveness on Science Achievement, Truancy, and Dropping Out," *Social Forces,* 78（1）:117-44.

Morrow, Virginia, 1999, "Conceptualising Social Capital in Relation to the Wellbeing of Children and Young People: a Critical Review," *Sociological Review,* 47（4）:744-765.

Mueller, Walter, and Yossi Shavit, 1998, "The Institutional Embeddedness of the Stratification Process: A Comparative Study of Qualifications and Occupations in Thirteen Countries." Yossi Shavit and Walter Mueller ed., *From School to Work: A Comparative Study of Educational Qualifications and Occupational Destinations.* Oxford: Clarendon Press:1-48.

OECD, 1971, *Reviews of National Policy Education: Japan.* Paris: OECD.（= 1976, 深代惇郎訳『日本の教育政策』朝日新聞社.）

OECD, 2004, *OECD Country Note: Early Childhood Education and Care Policy in the Republic of Korea.*

OECD, 2011, *Education at a Glance.* Paris: OECD.

OECD, 2011, *Employment Outlook.*

Parcel, Toby L, Mikaela J. Dufur and Reha C. Zito, 2010, "Capital at Home and at School: A Review and Synthesis," Journal of Marriage and the Family, 72 (4): 828-46.

Park, Hyunjoon, 2007, "Single Parenthood and Children's Reading Performance in Asia," *Journal of Marriage and the Family,* 69（3）:863-77.

Park, Hyunjoon, Soo-Yong Byun and Kyung-Keun Kim, 2011, "Parental Involvement and Students' Cognitive Outcomes in Korea: Focusing on Private Tutoring," *Sociology of Education,* 84（1）:3-22.

Park, Hyunjoon, 2008, "The Varied Educational Effects of Parent-Child Communication: A Comparative Study of Fourteen Countries," *Comparative Education Review,* 52（2）:219-43.

Putman, Robert D., 1993, *Making Democracy Work: Civic Tradition in Modern Italy.* Princeton: Princeton University Press.（= 1999, 河田潤訳『哲学する民主主義——伝統と改革の市民的構造』NTT 出版.）

Putnam, Robert D., 2000, *Bowling Alone: The collapse and revival of American community.* New York: Simon & Schuster.（= 2006, 柴内康文訳『孤独なボウリング——米国コミュニティの崩壊と再生』柏書房.）

参考文献

Raftery, Adrian E., and Michael Hout, 1993, "Maximally Maintained Inequality - Expansion, Reform, and Opportunity in Irish Education, 1921-75," *Sociology of Education*, 66 (1):41-62.

Schultz, Theodone, 1961, "Investment in Human Capital," *American Economic Review*, 51:1-17.

Seth, Michael J., 2002, *Educational Fever: Society, Politics, and the Pursuit of Schooling in So- uth Korea*. Honolulu: University of Hawaii Press.

Shavit, Yossi, and Hans-Peter Blossfeld, 1993, *Persistent Inequality: Changing Educational Attainment in Thirteen Countries*. Boulder: Westview Press.

Shavit, Yossi and Walter Müller, eds., 1998, *From School to Work: A Comparative Study of Educational Qualifications and Occupational Destinations*. Oxford: Oxford University Press.

Stephan, Cookie. W. and Judy Corder J., 1985, "The Effects of Dual Families on Adolescents' Sex-Role Attitudes, Work and Family Plan, and Choices of Important Others," *Journal of Marriage and the Family*, 47 (4):921-929.

Sui-Chu, Esther Ho and J. Douglas Willims, 1996, "Effects of Parental Involvement on Eighth-Grade Achievement," *Sociology of Education*, 69 (April):126-141.

Tsuya, Noriko O. and Larry L. Bumpass, 2004, *Marriage, Work, and Family in Comparative Perspective: Japan, South Korea and The United States*, Honolulu: University of Hawaii Press.

UNICEF, 2007, *An overview of child well-being in rich countries: A Comprehensive Assessment of the Lives and Well-being of Children and Adolescents in the Economically Advanced Nations*.

Willis, Paul, 1977, *Learning to Labour: How Working Class Kids Get Working Class Jobs*. Famborough, England: Saxon House.（＝ 1985, 熊沢誠・山田潤訳『ハマータウンの野郎ども』筑摩書房.）

Wrong, Dennis H., 1961, "The Oversocialized Conception of Man in Modern Sociology," *American Sociological Review*, 26 (2):183-193.

韓国語文献

고용노동부, 2012, 『지난 10년간의 노동력의 변화』. （雇用労働部, 2012, 『過去10年間の労働力の変化』.）

교육혁명공동행동연구위원회, 2012, 『대한민국교육혁명』 서울：살림터. （教育革

命共同研究委員会, 2012,『大韓民国教育革命』ソウル：サリムト.)

김경근, 2005,「한국 사회 교육 격차의 실태 및 결정요인」『교육사회학연구』15 (3):1-27.（キムギョングン, 2005,「韓国社会教育格差の実態および決定要因」『教育社会学研究』15 (3):1-27.）

김경근, 2006,「학업 성취에 대한 가족 해체의 영향」『교육사회학연구』16 (1):27-49.（キムギョングン, 2006,「学業成就に対する家族解体の影響」『教育社会学研究』16 (1):27-49.）

김경근・변수용, 2006,「한국 사회에서의 상급 학교 진학 선택 결정 요인」『교육사회학연구』16 (4):1-27.（キムギョングン・ビョンスヨン, 2006,「韓国社会における上級学校進学選択決定要因」『教育社会学研究』16 (4):1-27.）

김기헌・장근영・조광수・박현준, 2010,『청소년 핵심역량 개발 및 추진방안 연구Ⅲ：총괄보고서』서울：한국청소년정책연구원.（キムキホン・チャングンヨン・チョクァンス・パクヒョジュン, 2010,『青少年革新力量開発及び推進方案研究Ⅲ：総括報告書』ソウル：韓国青少年政策研究院.）

김동훈, 2001,『한국의 학벌, 또 하나의 카스트인가』서울：책세상.（キムドンフン, 2001,『韓国の学閥, もう一つのカストなのか』ソウル：チェクセサン.）

김동춘, 2000,『근대의 그늘——한국의 근대성과 민족주의』당대.（= 2005, 水野邦彦訳『近代の影——現代韓国社会論』青木書店.）

김소정, 2008,「청소년 성역할 고정관념에 관한 연구——성차이를 중심으로」『사회복지연구』36 (봄):129-149.（キムソジョン, 2008,「青少年性役割固定観念に関する研究——性差を中心に」『社会福祉研究』36 (春):129-149.）

김순천, 2009,『대한민국 10 대를 인터뷰하다』동녘.（キムスンチョン, 2009,『大韓民国10代をインタビューする』ドンニョク.）

김현철, 2006,「직업 세계로의 이행——이행 시스템에서 이행의 문화로」『패러다임의 변화와 여성 청소년의 도전』경기개발연구원：237-262.（キムヒョンチョル, 2006,「職業世界への移行——移行システムから移行の文化へ」『パラダイムの変化と女性青少年の挑戦』京畿開発研究院：237-262.）

김현철, 2007,「한일 학력주의 비교」연세대학교 교육대학 [미간행].（キムヒョンチョル, 2007,『韓日学歴主義の比較』延世大学校教育大学院 [未刊行].）

김현철, 2009,『이팔 청춘 꽃띠는 어떻게 청소년이 되었나』서울：인물과 사상사.（キムヒョンチョル, 2009,『イパル青春コッティはどうやって青少年になったのか』ソウル：人物と思想社.）

김현철・황여정・민경석・윤혜순, 2012,『창의적 체험 활동 지역 사회 운영 모형 개발 연구 Ⅱ』서울：한국청소년정책연구원.（キムヒョンチョル・ファンヨジ

参考文献

ョン・ミンキョンソク・ユンヘスン，2012，『創意的体験活動地域社会運営模型開発研究Ⅱ』ソウル：韓国青少年政策研究院.）

남재량，2011，「최근 청년 니트（NEET）의 현황과 추이」『노동리뷰』72：29-40.（ナムジェリャン，2011，「最近の青年ニート（NEET）の現状と推移」『労働レビュー』72：29-40.）

남재량，2011，「청년 니트（NEET）의 월별 현황」『노동리뷰』73：99-100.（ナムジェリャン，2011，「青年ニート（NEET）の月別現状」『労働レビュー』73：99-100.）

남재량，2012，「고졸 NEET 와 대졸 NEET」『노동리뷰』85：39-54.（ナムジェリャン，2012，「高卒 NEET と大卒 NEET」『労働レビュー』85：39-54.）

노국향・최승현，2001，『PISA 2000 평가 결과 분석 연구（총론）——국내 학생의 읽기, 수학, 과학적 소양 성취도 및 배경 변인의 영향 분석』한국교육과정평가원.（ノグックヒャン・チェスンヒョン，2001，『PISA 2000 評価結果分析研究（総論）——国内学生の読解，数学，科学的素養成就度及び背景変因の影響分析』韓国教育課程評価院.）

손원숙・노언경，2007，『PISA 2006 결과 분석 연구——과학적 소양, 읽기 소양, 수학적 소양 수준 및 배경 변인 분석』한국교육과정평가원.（ソンヒョンスック・ノオンキョン，2007，『PISA2006 結果分析研究——科学的素養，読解素養，数学的素養水準及び背景変因分析』韓国教育課程評価院.）

안승미，1991，「한국 지역 사회 복지 정책의 개선 방안——행정과 재정 중심으로 일본과의 비교 고찰」이화여자대학교대학원 석사학위논문.（アンスンミ，1991，「韓国地域社会福祉政策の改善方案——行政と財政中心に日本との比較考察」梨花女子大学大学院修士論文.）

안우환，2009，「부모-자녀 관계 사회적 자본과 교육 포부 수준과의 관계——초등학생을중심으로」『중등교육연구』57（1）：1-20.（アンウファン，2009，「親子関係社会的資本と教育アスピレーションとの関係——小学生を中心に」『中等教育研究』57（1）：1-20.）

우석훈・박권일，2006，『88 만원세대』서울：레디앙.（ウソクフン・パククォンイル，2006，『88 万ウォン世代』ソウル：レディアン.）

이광호，2012，『새로운 청소년 육성 제도 및 정책론』서울：창지사.（イクァンホ，2012，『新しい青少年育成制度及び政策論』ソウル：チャンジサ.）

이근재・강상목，2010，「일본의 지역간 소득 격차 요인 분석：기술 효율, 기술 변화 및 자본 축적을 중심으로」『국제경제연구』16（2）：87-110.（イグンジェ・カンサンモク，2010，「日本の地域間所得格差要因分析：技術効率，技術変化

及び資本蓄積を中心に」『国際経済研究』16（2）：87-110．）

이기봉・김현철・윤혜순・송민경，2011，『창의적 체험 활동 지역 사회 운영 모형 개발 연구 I』서울：한국청소년정책연구원．（イキボン・キムヒョンチョル・ユンヘスン・ソンミンキョン，2011，『創意的体験活動地域社会運営模型開発研究Ｉ』ソウル：韓国青少年政策研究院．）

이미정，1998，「가족 내에서의 성차별적 교육 투자」『한국사회학』32（봄호）：63-97．（イミジョン，1998，「家族内の性差別的教育投資」『韓国社会学』32（春）：63-97．）

이선미・김경신，1996，「부모와 청소년 자녀의 성역할태도——모의 취업여부를 중심으로」『대한가정학회』34（1）：49-64．（イソンミ・キムキョンシン，1996，「親と青少年子女の性役割態度——母親の就業有無を中心に」『大韓家政学会』34（1）：49-64．）

이재훈・김경근，2007，「가족 및 학교 내 사회 자본과 학업 성취」『한국교육학연구』13（2）：175-208．（イジェフン・キムキョングン，2007，「家族と学校内社会資本と学業達成」『韓国教育学研究』13（2）：175-208．）

이주리，2010，「가족 자원이 청소년의 학업 성취에 미치는 영향——부모의 양육 태도와 사교육의 매개 효과 차이 검증을 중심으로」『아동학회지』31（1）：137-146．（イジュリ，2010，「家族資源が青少年の学業成就に及ぼす影響——父母の養育態度と私教育の媒介効果差異検証を中心に」『児童学会誌』31（1）：137-146．）

임인숙，2000，「경제 위기가 남편의 권위 상실에 미치는 영향」『한국사회학』34：1105-1127．（イムインスク，2000，「経済危機が夫の権威喪失に及ぼす影響」『韓国社会学』34：1105-1127．）

전영수，2012，『장수대국의 청년보고서』서울：고려원북스．（チョンヨンス，2012，『長寿大国の青年報告書』ソウル：コリョウォンブックス．）

전하람・김경근，2006，「고등학생의 교육 포부 결정 요인 분석：의미 있는 타인의 영향을 중심으로」『교육사회학연구』16（4）：185-206．（チョンハラム・キムギョングン，2006，「高等学生の教育抱負の決定要因分析：意味ある他人の影響を中心に」『教育社会学研究』16（4）：185-206．）

정선이，2002，『경성제국대학연구』서울：문음사．（チョンソンイ，2002，『京成帝国大学研究』ソウル：ムンオンサ．）

정소희・양성은，2011，「부모의 성취 압력과 청소년의 자기 불일치가 학업적 성취 동기에 미치는 영향」『대한가정학회지』49（3）：23-37．（ジョンソヒ・ヤンソンウン，2011，「父母の成就圧力と青少年期自己不一致が学業的成就動機に及

参考文献

ぼす影響」『大韓家政学会誌』49（3）:23-37.）

정익중, 2011, 「초중고 사교육비의 사회 계층적 예측 요인과 성적에 미치는 영향」 『한국아동복지학』35:73-98.（チョンイクジュン, 2011, 「小中高　私教育費の社会階層的予測要因と成績に及ぼす影響」『韓国児童福祉学』35:73-98.）

정종희, 1983, 『어머니의 성역할 태도가 딸에게 미치는 영향』숙명여자대학교 대학원 석사학위논문.（チョンジョンヒ, 1983, 『母親の性役割態度が娘に及ぼす影響』淑明女子大学大学院修士学位論文.）

조영은, 1983, 『국민학교 여학생의 성역할 태도와 어머니의 성역할 태도에 관한 연구』이화여자대학교대학원 석사학위논문.（チョヨンウン, 1983, 『小学校女子学生の性役割態度と母親の性役割態度に関する研究』梨花女子大学大学院修士学位論文.）

주동범, 2005, 「어머니의 직업 유무와 자녀의 교육 포부 수준과의 관계」『교육사회학연구』16（2）:141-161.（ジュドンボム, 2005, 「母親の職業有無と子どもの教育抱負との関係」『教育社会学研究』16（2）:141-161.）

통계청, 2011, 『2011년 맞벌이 가구 및 경력 단절 여성 통계 집계 결과』.（統計庁, 2011, 『2011年　共働き家口及び経歴断絶女性統計集計結果』.）

한국교육개발원, 2011, 『교육통계연보』.（韓国教育開発院, 2011, 『教育統計年報』.）

한국노동연구원, 2008, 「OECD 국가들의 NEET 비율」『노동리뷰』45:79-81.（韓国労働研究院, 2008, 「OECD 国家の NEET 比率」『労働レビュー』45:79-81.）

한국청소년정책연구원, 2006, 『청소년기 사회화 과정의 국제 비교 연구Ⅱ——부모 자녀 관계, 교사 학생 관계, 또래 관계를 중심으로』.（韓国青少年政策研究院, 2006, 『青少年期社会化過程国際比較研究Ⅱ——親子関係, 教師学生関係, 友人関係を中心に』.）

함인희・양재진, 2004, 「고교 평준화 정책의 사회적 영향 분석」『교육개발』통권152호:41-48.（ハムインヒ・ヤンジャジン, 2004, 「高校平準化政策の社会的影響分析」『教育開発』152:41-48.）

## あ と が き

　本書は，執筆者たちが7年あまりにわたって行ってきた日韓青少年の教育・生活実態に関する調査・分析の結果である．中心的な研究課題は，日韓青少年の学習意欲・進学意欲（教育アスピレーション）及び彼らの社会化を支えるネットワークの実態を解明して，青少年の社会化を支えるための政策的課題を導き出すことにある．しかし，これ以外にも，各章で述べたように日韓青少年の生活実態について様々な知見をえている．

　近年，韓流とよばれる韓国の芸能が，わが国のお茶の間をにぎわすようになった．新聞やテレビをみれば，産業・文化・スポーツ競技などで韓国と比較された記事や解説も目につく．韓国から日本への留学生は数多い．双方に譲れないものがあり，歴史や領土問題等をめぐって対立することもある両国であるが，経済・文化・人的な交流は密になり，「近くて，近い国」になりつつある．

　しかしながら，われわれが手がけている教育，家族，階層に関する分野においては，本書中で引用した有田伸氏らの研究や初めて韓国も調査対象に加えた2005年のSSM調査などがあるものの，日韓の青少年を量的・質的に調査して分析した研究はまだ少ないのが実情である．両国の教育や家族等の異同を知るためには，さらなる研究が必要とされている．特に日韓両国を比較するだけにとどまらず，わが国や韓国の人々の生活や教育等の改善に寄与する知見をえるという視点での研究は必要だろう．本書は，そうした研究の一翼を担うものとなることを期して取り組まれた．

　この研究を通じて，日韓青少年の状況には，共通性及び少なからぬ差異があることがわかった．国際学力調査において日韓両国の子どもたちは成績上位層に位置していることからも――日本ではさらに細かな順位のことが話題にされているが――，彼らは世界のなかでもよく学ぶ子どもたちであるといえる．また，私たちはソウルで行った高校生に対するグループインタビューに参加したが，彼・彼女らは日本にいる＜いまどきの＞子どもたちと多くの点で似てい

あとがき

ると感じた．しかし他方で，本書の研究から，両国の青少年の状況の違いもまた目についた．たとえば，日本では親の学歴が高い子どもほど高等教育への進学意欲が高く，反対にそうでない家庭の子どもは進学意欲が高くはないという進学意欲の格差があるが，韓国では家庭の階層にかかわらず進学意欲は高い．この背景には，両国における高等教育の普及段階の差の他に，親の教育姿勢・行動の差――韓国では広範な階層において親が子どもにあらゆる教育支援を行うこと――がある．

また，日韓の中高生にとって，学校の位置づけも違う．韓国では学校は一にも二にも教育を受ける場という性格が強く，部活動などは盛んではない．他方，日本では，学力の高い生徒にとって学校は教育を受ける場として重要であるが，そうでない生徒たちにとっては教育を受ける場というよりも部活動や放課後の遊びで友人とつながる場という性格が強い．本書の主題である『勉強と居場所』という言葉は，こうした両国の青少年の学校生活の対照性をあらわしたものである．

私たちが青少年の日韓比較研究をこれまで続けることができたのは，共著者である金鋹哲の存在が大きい．彼は，1999年に慶應義塾大学大学院社会学研究科博士課程に入学し，渡辺の大学院ゼミに加わった．研究領域は教育社会学であり，日韓の教育について，特に青年期の教育に強い関心をもっていた．彼の大学院留学中に，大学院生の先輩・同僚として出会ったのが，竹ノ下弘久（階層論と国際移動論）と松田茂樹（子育て論とネットワーク論）である．研究テーマが異なっても，彼らは毎回積極的に発言しコメントをし合う，お互いに切磋琢磨した仲である．金鋹哲は，渡辺の文学部のゼミにも参加して，年2回のゼミ合宿の参加をはじめ，面倒みの良い先輩として後輩とも分厚いネットワークを築いていった．

その金が韓国に帰国後，金と同じ延世大学の修士学位を取った裵智恵が，家族社会学を研究領域として，2003年に慶應義塾大学大学院社会学研究科博士課程に入学してきた．裵は，竹ノ下や松田，そして帰国した金を先輩として，大学院ゼミに新たな刺激をもたらした．留学生としての苦労もあったと思うが，金の留学経験に基づく親身のアドバイスもあり，真摯に研究を進め，博士学位

あとがき

　を取得した．金と裵は，研究者としての優れた能力はもちろん，人柄という面でも，大学院生をはじめ周囲の人々をおおいに魅了してきた．大学院の後輩が，教育社会学を研究領域とする小澤昌之と家族社会学を研究領域とする阪井裕一郎である．日本に留まった裵は学界で若手研究者として高い評価を得て，SSM調査研究や家族社会学の調査研究グループへの参加など研究者のネットワークを着実に広げて活躍している．

　金は，博士課程修了後，韓国に戻って後，韓国青少年政策研究院（NYPI）の研究員として韓国の青少年政策研究の中枢で研究をするようになった．本研究が，日韓双方の研究者が参加する実質的な「共同」研究になっていると自負できるのは，金の存在と貢献による．彼は，NYPIが主催する青少年に関わる国際比較研究に，われわれを日本チームとして誘ってくれた．「青少年の社会化に関する5ヵ国比較研究」（2006～07年：韓国語による調査研究報告書が発行されている）では，主催者側としてわれわれに調査研究費の提供とともに，済州島での国際フォーラムへの参加報告（2006年8月：渡辺秀樹・松田茂樹・裵智恵・椋尾麻子），ソウルでの韓国社会学会とNYPIとの共催によるシンポジウムでの参加報告（2007年4月：渡辺秀樹・松田茂樹・裵智恵）など，多くの機会を提供してくれた．

　2010年秋には，ソウルの男女高校生のグループインタビューの機会を得て，韓国の高校生と日本側研究グループが直接に会い，食事をともにしたのは楽しい思い出ともなっている．彼ら／彼女らの学校生活，友人関係やアニメなどの興味，あるいは将来の希望などを聞いたのである．残念ながら，日本側研究者に韓国語を駆使するものはいなかったが，金と裵は共同研究者として協力しながら通訳を担ってくれた．たとえば，韓国語から日本語へは金が，日本語から韓国語へは裵が，という具合である．これにより，大変スムーズなインタビューが可能になったと思っている．

　われわれの研究チームとNYPIとの継続的な日韓研究フォーラムを，ソウルにおいて毎年のように開催したが，その折のコメンテーターとして，NYPIの研究者や韓国の大学の研究者を多く招待して，貴重な意見交換の機会を得ることができた．これらは，すべて金のネットワークによるものであり，共同研究に関係したNYPIの　金恩延（Kim Eunjung）氏，文京淑（Mun Kyongsuk）氏，

## あとがき

林姫辰（Lim Heejin）氏，他に韓国の研究者の金鎮淑（Kim Jinsuk）氏，閔庚石（Min Kyongsok）氏，Son Sungyoung 氏，Lee Kijae 氏，スウェーデンの韓国人の学者である Choe Yonhyok 氏（南ストックホルム大学），アメリカの韓国人の学者である Kim Jaeon 氏（アイオワ大学），ドイツの韓国人の学者である Suh ByungMun 氏（ベルリン大学），アメリカのバヒラ・シャリフ・トラスク氏（デラウェア大学），グードレン・クヮーンチェル氏（ジュイスブルクーエッセン大学）たちである．日本側からは，本書の執筆者以外に，青田泰典氏（元慶應義塾大学大学院博士課程），鹿又伸夫氏（慶應義塾大学）や西村純子氏（明星大学）らがソウルでのフォーラムに参加してくれた．

東京では，慶應義塾大学 21COE（2003〜2008 年）および同 GCOE-CGCS（2008〜2013 年）によって毎年開催された国際シンポジウムで，青少年の日韓比較研究をテーマとするセッションを毎回設置することができた．このセッションには，ソウルから毎回のように金の参加を得るとともに，年度によってジョン・リー氏（カリフォルニア大学バークレイ校），クリストファー・ボンディ氏（国際基督教大学），有田伸氏（東京大学），小針進氏（静岡県立大学），藤田結子氏（明治大学），福田亘孝氏（青山学院大学），などに司会や討論者として参加していただき有意義なコメントやアドバイスを得た．韓国からも，金恩延（Kim Eunjung）氏，金鎮淑（Kim Jinsuk）氏，閔庚石（Min Kyongsok）氏，文京淑（Mun Kyongsuk）氏の参加があり，本研究を進める貴重な機会となった．

日本での調査は，アンケート調査はサンプリングと実査を社団法人中央調査社，株式会社日本リサーチセンター，ヤフーバリューインサイト株式会社に依頼し，インタビュー調査は対象者の選定やスケジュール調整をクリエイティブ・プランニング・アンド・プロモーションに依頼した．各社の担当者は調査の専門家として質の高い学術調査とするために協力を惜しまなかった．首都圏の中／高生のインタビューは，本書の執筆者以外に，青田氏の参加があった．

勁草書房の松野菜穂子氏には，本書の企画から刊行に至るまで，原稿の遅れでご迷惑をおかけしたが，終始，熱心に支援していただいたことに感謝したい．

最後に，日韓双方の中学生・高校生をはじめとして調査に協力をしていただいた多くの方々に，何よりの感謝を捧げたい．

あとがき

ソウルと東京で出会った中・高生のさわやかな笑顔とまなざしを忘れずに，研究を進めていきたい．

2013 年 4 月

渡辺秀樹

# 索　引

## あ行
圧縮された近代　176
逸脱文化　153
インセンティブ・ディバイド　3, 72, 87, 95
液状化する世界　147
SSM　172

## か行
階層化　44, 45, 47
課外授業受講　155
架橋型社会関係資本（bridging）　130, 134
学校外教育　175, 178
学校外教育投資　58, 62, 63
学校外教育費　155
学校群制度　154, 155
学校のコンサマトリー化　145, 152, 153
希薄化／選択化　134, 171
希薄化論　121, 123
教育アスピレーション　i, 4, 16, 30, 75, 102, 104-106, 113, 114
教育機会の不平等　40, 41, 46
教育システム　51, 70
教育の標準化　45
経済資本　43, 51
結束型社会関係資本（bonding）　124, 134
高校平準化　3, 154
構造的隙間論（structural holes）　130, 135
公的な教育支出　46, 49
高等学校の序列構造　51
コンサマトリー　17, 177

## さ行
財的資本　16, 77, 78, 82, 94-96
ジェンダー意識　17, 102-118
自己実現モデル　125, 126

私的な教育費負担　46
社会化　i, iii, 5-11, 13, 15, 16, 102, 103, 157, 159, 166, 171, 175
社会関係資本（ソーシャル・キャピタル）　ii, 16, 42, 43, 51, 77-79, 82, 83, 86, 94-97, 124, 130
社会民主主義レジーム　46
状況志向　122, 147
情緒的支援　59, 63
人的資本　16, 77, 78, 82, 94-96
人文系（普通科）高校　48
青少年の生活についての調査　53
制度編成　44
選択化論　122
選抜システム／選抜制度　42, 48, 51, 62, 164, 175

## た行
大学修学能力試験　156
男性稼ぎ主モデル　49
単線型の教育システム　45
地位達成　40, 125, 126, 153, 163
地位欲求不満説　151
トラッキング　41, 48

## な行
日本型雇用システム　151, 152

## は行
persistent inequality 仮説　44
橋渡し型社会関係資本　124
88万ウォン世代　4, 22
PISA（OECD 生徒の学習到達度調査）　1, 27, 28

索　引

ひとり親家族　42, 52, 55, 57, 58, 62, 63, 66, 69
標準化　48
ブードン・モデル　41
福祉政策／福祉レジーム　46, 50
複線型の教育システム／複線型の教育制度　45, 47
文化資本　43, 51, 165
平準化政策／平準化措置　28, 29, 48, 154, 155

ま　行
Maximally Maintained Inequality 仮説　44

や　行
優しい関係　123
弱い紐帯（weak ties）　135

ら　行
ライフコース　40

## 編者紹介

**渡辺秀樹**（わたなべ　ひでき）
1948 年生まれ．東京大学大学院教育学研究科博士課程単位取得退学
現　在　慶應義塾大学文学部教授
主　著　『いま，この日本の家族』（弘文堂，2010 年，共著），『世界の家族と子育て』（ミネルヴァ書房，2010 年，共著），『希望の社会学』（三和書籍，2013 年，共著）．

**金鉉哲**（きむ　ひょんちょる）
1964 年生まれ．延世大学大学院教育学専攻修士課程修了．教育学博士．慶應義塾大学大学院社会学研究科博士課程単位取得退学
現　在　韓国青少年政策研究院研究委員
主　著　『二八青春どうやって青少年になったのか』（人物と思想社：ソウル，2009 年，共著），『現代日本の社会意識』（慶應大学出版会，2005 年，共著）

**松田茂樹**（まつだ　しげき）
1970 年生まれ．慶應義塾大学大学院社会学研究科博士課程単位取得退学．博士（社会学）
現　在　中京大学現代社会学部教授
主　著　『少子化論』（勁草書房，2013 年），『何が育児を支えるのか』（勁草書房，2008 年）

**竹ノ下弘久**（たけのした　ひろひさ）
1971 年生まれ．慶応義塾大学大学院社会学研究科博士課程単位取得退学．修士（社会学）
現　在　上智大学総合人間科学部准教授
主　著　Labour market flexibilisation and the disadvantages of immigrant employment（Journal of ethnic and migration studies 39, 2013 年），Family, labour market structures and the dynamics of self-employment in three Asian countries（Comparative Social Research 29, 2012 年）

## 執筆者紹介（執筆順）

**裵智恵**（べ　じへ）
1976 年生まれ．慶應義塾大学大学院社会学研究科博士課程修了．博士（社会学）
現　在　桜美林大学リベラルアーツ学群専任講師
主　著　「女性の働き方と性別役割分業意識」斎藤友里子・三隅一人編『シリーズ 21 世紀の階層システム　第 3 巻　流動化の中の社会意識』（東京大学出版会，2011 年），「男性のワーク・ファミリー・コンフリクトに関する日韓比較研究」『桜美林論考　法・政治・社会』第 4 号（2013 年）

**阪井裕一郎**（さかい　ゆういちろう）
1981 年生まれ．慶應義塾大学大学院社会学研究科博士課程単位取得退学．修士（社会学）
現　在　慶應義塾大学文学部ほか非常勤講師
主　著　「家族の民主化——戦後家族社会学の〈未完のプロジェクト〉」『社会学評論』第 249 号（2012

執筆者紹介

年),「明治期『媒酌結婚』の制度化過程」『ソシオロジ』第166号(2009年)

**小澤昌之**(おざわ　まさゆき)
1981年生まれ．慶應義塾大学大学院社会学研究科後期博士課程単位取得退学．修士(教育学)
現　在　青山学院大学大学院法務研究科助手，静岡大学人文社会科学部・東洋大学社会学部非常勤講師
主　著　「現代社会における大学生の生活意識――「まじめ」志向を持つ大学生の進路戦略」『年報筑波社会学』第Ⅱ期第3・4号合併号(筑波社会学会，2011年),「現代社会における青少年の友人関係――中学・高校生を対象とした日韓意識調査から」『年報社会学論集』第22号(関東社会学会，2009年).

勉強と居場所　学校と家族の日韓比較

2013年9月15日　第1版第1刷発行

編者　渡辺秀樹
　　　金　鉉哲
　　　松田茂樹
　　　竹ノ下弘久

発行者　井村寿人

発行所　株式会社　勁草書房
112-0005 東京都文京区水道2-1-1　振替 00150-2-175253
(編集) 電話 03-3815-5277／FAX 03-3814-6968
(営業) 電話 03-3814-6861／FAX 03-3814-6854
本文組版 プログレス・三秀舎・牧製本

©WATANABE Hideki, KIM Hyuncheol,
MATSUDA Shigeki, TAKENOSHITA Hirohisa　2013

ISBN978-4-326-25093-6　Printed in Japan

JCOPY〈(社)出版者著作権管理機構 委託出版物〉
本書の無断複写は著作権法上での例外を除き禁じられています。
複写される場合は、そのつど事前に、(社)出版者著作権管理機構
(電話 03-3513-6969、FAX 03-3513-6979、e-mail: info@jcopy.or.jp)
の許諾を得てください。

＊落丁本・乱丁本はお取替いたします。

http://www.keisoshobo.co.jp

|  |  |  |
|---|---|---|
| 松田茂樹 | 少子化論<br>なぜまだ結婚，出産しやすい国にならないのか | 2940円 |
| 松田茂樹 | 何が育児を支えるのか<br>中庸なネットワークの強さ | 2940円 |
| 松田茂樹他 | 揺らぐ子育て基盤<br>少子化社会の現状と困難 | 2835円 |
| 永井暁子<br>松田茂樹 | 対等な夫婦は幸せか | 2520円 |
| 本田由紀 | 「家庭教育」の隘路<br>子育てに脅迫される母親たち | 2100円 |
| 本田由紀編 | 女性の就業と親子関係<br>母親たちの階層戦略 | 3255円 |
| 大島真夫 | 大学就職部にできること | 2835円 |
| J.フィッツジェラルド<br>筒井・阿部・居郷 訳 | キャリアラダーとは何か | 3885円 |
| 橘木俊詔<br>松浦司 | 学歴格差の経済学 | 2520円 |
| 佐藤博樹<br>武石恵美子 編著 | ワーク・ライフ・バランスと働き方改革 | 2520円 |
| 佐藤博樹<br>武石恵美子 編著 | 人を活かす企業が伸びる<br>人事戦略としてのワーク・ライフ・バランス | 2940円 |
| 佐藤博樹<br>永井暁子 編著<br>三輪哲 | 結婚の壁<br>非婚・晩婚の構造 | 2520円 |
| 牧野智和 | 自己啓発の時代<br>「自己」の文化社会学的探究 | 3045円 |
| 石田光規 | 孤立の社会学<br>無縁社会の処方箋 | 2940円 |

＊表示価格は 2013 年 9 月現在。消費税は含まれております。